스스로 헤일이 된 여자들

# 스스로 해일이 된 여자들

페미몬스터즈에서 믿는페미까지 —
우리는 어떻게 만나고 싸우고 살아남았는가

**초판 1쇄 인쇄** 2019년 1월 5일 ＼**초판 1쇄 발행** 2019년 1월 15일
**지은이** 김보영 김보화 ＼**펴낸이** 이영선 ＼**편집 이사** 강영선 김선정 ＼**주간** 김문정
**편집장** 임경훈 ＼**편집** 김종훈 이현정 ＼**디자인** 김회량 정경아
**독자본부** 김일신 김진규 김연수 정혜영 박정래 손미경 김동욱

**펴낸곳** 서해문집 ＼**출판등록** 1989년 3월 16일(제406-2005-000047호)
**주소** 경기도 파주시 광인사길 217(파주출판도시) ＼**전화** (031)955-7470 ＼**팩스** (031)955-7469
**홈페이지** www.booksea.co.kr ＼**이메일** shmj21@hanmail.net

ISBN 978-89-7483-975-8 03330
값 15,000원

이 도서의 국립중앙도서관 출판예정도서목록(CIP)은 서지정보유통지원시스템 홈페이지(http://seoji.nl.go.kr)와
국가자료공동목록시스템(http://www.nl.go.kr/kolisnet)에서 이용하실 수 있습니다.(CIP제어번호: CIP2018041803)

# 스스로 해일이 된 여자들

페미몬스터즈에서
믿는페미까지—

우리는 어떻게 만나고
싸우고 살아남았는가

김보영
김보화
편저

서해문집

지난 몇 년간 한국의 페미니즘은 역사상 한 번도 존재한 적 없는 방식으로 대중 속에 들어가 가장 급진적인 담론을 제시해 왔다. 그 변화를 만든 사람들은 바로 주어진 자리를 거부하고 다르게 살고자 한 여자들이고, 엄마처럼 살지 않음으로써 엄마를 기억할 시공간을 만들어 낸 여자들이며, 기꺼이 작고 약하고 다른 것들 곁에 머물며 살아가기로 결심한 여자들이다. 페미니즘을 통해 스스로를 구하고 이 사회를 구원하려는 이들이 바꿔 낸 한국에서 페미니스트로 오래오래 살고 싶다는 마음이 든다. 이 책은 페미니스트지만 아직 동료를 만나 보지 못한 사람에게는 힘이 되어 줄 것이고, 페미니스트가 대체 무엇을 하는지 알고 싶었던 사람에게는 길이 되어 줄 것이다.

_**권김현영**, 여성주의 연구활동가 · 한국예술종합학교 객원교수

이 책은 '기울어진 운동장'에서 일상을 살아가는 페미니스트들의 고민과 도전, 그리고 분투에 관한 이야기다. 다양한 분야에서 기발한 아이디어와 에너지로 거침없이 세상을 바꾸고 있는 멋진 페미니스트들의 활약을 읽다 보면, 어느새 내 안의 욕망을 새롭게 인식하고 나를 존중하게 된다. 우리가 바라는 세상을 향해 연대하고 싶은 마음과 힘까지 생겨나게 하는 마법 같은 책이다.

_**이미경**, 한국성폭력상담소 소장

지하철 안에서 페미니즘 책을 꺼내 들면 괜히 조마조마할 때가 있습니다. 짧은 머리에 화장하지 않은 얼굴로 지하철에서 책을 읽고 있노라면 누군가 '저 여자 메갈인 듯' 하면서 괜한 시비를 걸어오진 않을까, 몰래 내 사진을 찍진 않을까 걱정을 합니다. 고작 책을 읽는 일인데 왜 이렇게 눈치를 봐야 하나 싶어 보란 듯이 책을 펼치기도 하지만 페미니스트라는 이유로, 심지어는 여자라는 이유만으로 폭력의 피해자가 되기도 하는 세상에 살다 보니 사람들이 많은 장소에서 페미니즘 책을 펼쳐 드는 일이 나름의 투쟁처럼 느껴질 때가 있습니다.

페미니스트에게 적대감을 가진 사람이 얼마나 많은지는 모르겠지만, 그 적대감의 정도가 심각한 것은 분명해 보입니다. 여자가 대통령도 한 나라인데, 여학생들 때문에 남학생들이 기를 못 편다던데, 여자들은 군대도 안 가는데, 대체 한국에서 여자가 무슨 차별을 당한다는 말이냐고 묻지요. 이런 말들을 바로 앞에서 마주하면, 어떤 때는 화가 나서 윽박을 지르기도 하고 어떤 때는 착한 마음으로 친절하게 설명을 하기도 합니다. 무시하는 일도 많고요.

이해받지 못하는 건 굉장히 지치는 일입니다. 구구절절 자신을 설명해야 하는 상황에 놓이는 건 주로 '약자'들입니다. 당신이 왜 나를 이해해야 하는가, 내가 왜 이런 생각과 행동을 하는가, 세상이 어떻게 잘못되었는가를 이야기해도 힘을 가진 사람들은 몇 마디 말로 무마합니다. 세상을 있는 그대로 유지하는 것이 세상을 바꾸려는 것보다 쉬운 일이니 그렇습니다. 온갖 통계자료와 이론들을 갖고 와 한국 사회가 불평등함을 장황하게 설명해도 "너 메갈이야?"라는 한 마디로 대화가 끝납니다. 페미니스트가 되었더니 친구가 없어졌다는 말을 동료들이 자주 하는데 생각해 보면 당연한 것 같습니다. 공감받기 위해, 설득하기 위해 설명을 늘어놓는 것도 한계가 있으니까요. 그러다 보니 원래는 잘 지냈던 친구와 멀어지기도 하고 가족들에게서 독립하는 것을 선택하기도 합니다.

저와 비슷한 상황에 처해 있는 사람들이 무슨 고민과 생각을 갖고 살아가는지 궁금했습니다. 그들의 이야기 속에서 잠시나마 답답한 마음을 풀어놓고 싶었습니다. 그래서 최근 몇 년 사이에 등장한 페미니스트들의 이야기를 모아 놓은 책을 찾아 봤지만 아직 만들어지지 않았다는 걸 알게 되었습니다. '없다면 내가 만들어 볼까?' 그게 이 책의 시작이었습니다.

그런데 인터뷰를 하고 책을 만들어 나가다 보니 인터뷰이들과 나눈 대화를 기록으로 남겨야 할 이유들이 더 많이 생겨났습니다. 무엇보다 우리가 어떻게 만났고 어떤 감정을 느꼈고 어떻게 싸우고 좌절했는지, 그 과정을 조금이라도 붙잡아 두어야겠다는 생각이 들었습니다. 그렇게 하지 않으면 이 이야기들은 흩어져 버릴 것 같았습니다. 저 또한 제가 알지 못하는 어떤 시간들에 대한 기록과 함께 자라 왔고 그 기록들 덕에 가야 할 방향을 찾았으며 그런 시간들이 있었다는 것을 그저 아는 것만으로도 잠시 위로를 받을 수 있었기에, 한국 사회에 페미니즘의 새 물결을 일으킨 여성들의 목소리를 기록하는 일은 아무리 많이 해도 부족해 보였습니다. 시간이 흐름에 따라 인터뷰이의 생각이나 각 그룹의 목표, 정체성이 달라질 수 있겠지만, 페미니즘 운동을 처음부터 다시 시작하는 것 같은 상황이 반복되지 않게 하는 데 도움이 되고 싶었습니다.

여성들의 역사는 부차적이고 중요하지 않은 것으로 치부되기 일쑤입니다. 여성들이 참조할 만한 이야기는 늘 부족하지요. 일례로 박근혜 전 대통령을 탄핵으로 이끌었던 2016~2017년 촛불집회에 대한 기록물들이 하나둘 나오기 시작했지만 그 기록들 중 '페미존'의 흔적이 남아 있는 것은 많지 않습니다. 페미존은 집회 공간을 보다 평등하고 안전하게 만들기 위해 페미니스트들이 모여 조성했던 집회 안의 집회였습니다. 분명 집회 문화를 바꾸는 데 중요한 역할을 했음에도, 그리고 이것이 집회의 목적이었던 '민주주의'를 향해 가는 과정 중 하나였음에도 어느샌가 페미존의 기억들은 사라지고 있습니다. 그래서 기록은 투쟁인 것 같습니다. 쓰고 쓰고 또 써서 기어코 남기는 일, 그 의미를 멋대로 축소시키거나 삭제할 수 없도록 증거를 남기는 일이니 말입니다.

이 책이 기억하려는 사람들은 모두 2016년 강남역 여성 살해 사건 이후에 만들어진 페미니스트 그룹에서 활동하고 있으며 현재까지 페미니즘 운동을 이어 오고 있는 페미니스트들입니다. 요즘에는 특정할 수 없을 만큼 수많은 사람들이 폭발적인 힘으로 페미니즘 운동을 함께 이끌어 왔기 때문에, 처음에는 누구를 인터뷰해야 하나 고민했습니다. 일상에서 나눴던 대화들이 누군가에게 영향을 미치고, 인터넷에 떠도는 글 한 편이 한 사람의 삶의 방향을 바꾸는 순간이 되기도 하니까요. 하지만 그 모든 이야기들을 다 담을 수는 없기에 편저자들의 위치에서 손 닿는 팀들을 만나 인터뷰를 진행했습니다. 한국사이버성폭력대응센터, 페이머즈, 믿는페미와의 인터뷰는 2018년에, 그 외의 인터뷰들은 2017년 봄에서 여름 사이에 진행되었습니다. 인터뷰를 부탁드렸지만 거절하거나, 인터뷰를 했지만 후에 연락이 닿지 않아 책에 담지 못한 경우도 있습니다.

인터뷰 과정이나 인터뷰이들의 말은 되도록 그대로 전달하는 것에 중점을 두고 읽기 쉬운 형태로 편집했습니다. 이들의 모든 생각과 고민들을 다 옮겨 적지 못하는 대신 최대한 생생하게 전하기 위해서입니다. 이 책을 읽는 분들이 고민이 있을 때, 위로가 필요할 때 언제든 그 대화에 쑥 끼어들 수 있도록요.

1부에서는 강남역 여성 살해 사건 추모 행동에서 주요하게 활동했고 그 사건을 기점으로 페미니스트 그룹을 형성하게 된 이들의 이야기를 담았습니다. 2부에서는 영화계, 대학교, 온라인상에서 벌어지고 있는 성폭력과 여성에 대한 성차별 문제를 폭로하고 해결하기 위해 종횡무진하고 있는 사람들의 이야기입니다. 마지막 3부는 그간 주로 남성들이 중심이 되어 활동해 왔던 영역에서 여성들의 자리를 구축해 가고 있는 페미니스트들의 이야기를 모은 것입니다. 그리고 이 이야기들은 모두 한국 사회 구석구석에 페미니즘적 가치를 확산하고 있는 페미니스트들의 분투기입니다.

2016년 강남역 여성 살해 사건부터 함께 '미투'를 외치고 있는 지금까지, 여성들은 자신의 경험을 설명하는 새로운 언어를 끊임없이 만들어 내고, 그 언어들을 통해 이전과는 다른 방식으로 세상을 마주하고 있습니다. 〈다시 만난 세계〉라는 노래가 수많은 페미니즘 행사에 울려 퍼지게 된 건 우연이 아닐 것입니다. 다만 세상이 얼마만큼 나아졌나를 따져 보면 다가올 시간을 흔쾌히 낙관하기가 쉽지 않습니다. 여성이 살해되거나 폭행당하는 사건이 매일 보도되고 여성 혐오가 더 거세지는 것처럼 보입니다. 페미니스트들 사이에서의 갈등도 간단히 해결될 문제는 아닌 것 같습니다.

그럼에도 이전과 달라진 것이 있다면 이런 이야기들을 나눌 사람들을 만날 수 있게 되었다는 겁니다. 나만 불편하고 극성스러운 게 아니라고 편들어 줄 사람들이 생긴 것이지요. 그런 사람들이 곁에 있다면 앞으로도 수많은 실패들이 기다리고 있다는 것을 알면서도 멈추지 않을 이유가 생깁니다. 지금부터 만나게 될 이들의 이야기가 책 속의 글자로만 남겨지는 게 아니라, 페미니스트로 살아가는 일이 버거워질 때 마음 편히 찾아가 속을 털어 놓고 다시 힘을 얻을 수 있는 곳이 되기를 바랍니다.

책을 처음 기획했던 때부터 지금까지 여러모로 지원하고 도움을 주신 분들, 특히 흔쾌히 어려운 작업을 함께해 주신 편집자님께 감사의 인사를 전합니다. 마지막으로, 저보다 앞서 살았던, 그리고 함께 살아가고 있는, 앞으로 살아갈 모든 페미니스트 동료들에게 연대와 지지를 표합니다.

편저자들을 대신하여
김보영

# 차례

# 강남역
# 여성 살해
# 사건이

# 남긴 것

# 운 좋게
## 살아남은
### 자들의
# 추모

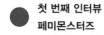 **첫 번째 인터뷰**
**페미몬스터즈**

**지원**    저는 페미몬스터즈에서 활동하고 있는 이지원입니다.

한 사람이 자기 피해 경험을 얘기하기
시작하면 주변에서 같이 많이 울어요.
다 처음 보는 사람들인데.

여성 혐오에 반대하는 자유 발언
ⓒ 페미몬스터즈

우리가 공통적으로 경험한 어떤 것이 있고
그것이 우리를 여기다 묶어 놨구나 하고
생각하게 되었어요.
'우리는 같은 이야기를 하고 있고 같이 아팠다'는
동질감, 연대 의식이 그 공간에 분명히
있었다고 생각해요.

때리지 마세요

죽이지 마세요

강간하지 마세요

같은 인간으로 바라보세요[*]

2016년 5월 17일 강남역 인근 화장실에서 한 여성이 살해당하는 사건이 발생했다. 이 사건은 한국 사회를 살아가는 여성들에게 우리가 여자라는 이유만으로 죽을 수 있다는 공포감과 무력감, 동시에 분노를 느끼게 했다. 강남역 여성 살해 사건은 수많은 이의 삶을 바꿔 놓았다. 폭력의 피해자였던, 늘 피해자가 되지 않기 위해 조심하는 삶을 살고 있던 이들은 우리가 조심할 게 아니라 폭력을 행사하고 방조하는 당신들이 바뀌어야 하는 거라고 외치기 시작했다.

　강남역에는 내가 죽을 수도 있었는데, 나는 오늘도 운 좋게 살아남았다는 말들이 포스트잇과 함께 붙기 시작했다. 그리고 피해자를 추모하기 위한 자유 발언대가 만들어졌다. 이렇게 추모 행동을 만들어 가던 이들 중 하나가 '강남역10번출구'라는 이름의 모임이었다. 강남역10번출구는 당시 강남역 앞에 자유 발언대를 만들어 피해자를 추모하는 사람들이 발언대에 올라 자신의 마음을 이야기할 수 있도록 했다. 이 자리에서 사회를 맡았던 활동가 '지원'을 만나 강남역 여성 살해 사

───────
[*]　강남역 10번 출구 앞에 붙어 있던 강남역 여성 살해 사건 피해자 추모 포스트잇의 내용이다. 포스트잇은 다음 사이트(http://gangnam-exit-10-archive.tumblr.com)에 보존되어 있다.

건 피해자 추모 행동부터 차별에 맞선 다양한 활동에 대한 이야기까지
들어 봤다.

• • •

## 나는 오늘도 우연히 살아남았다

**반갑습니다. 페미몬스터즈의 이야기는 강남역 여성
살해 사건에서부터 시작해야 할 것 같습니다. 당시에
'강남역10번출구'라는 이름으로 강남역 앞에서 자유
발언대를 진행하신 것으로 알고 있어요. 어떻게
시작하시게 된 건지 궁금합니다.**

**지원**　2015년도에 디시인사이드(거대 남초 커뮤니티 사이트. 이 사이트에
있는 주제별 커뮤니티를 '갤러리'라 한다) 메르스갤러리를 거쳐 메갈리아가
만들어졌죠. 그 일을 계기로 '대체 페미니즘이 뭘까?'라는 질문을 갖
고 마음 맞는 사람들과 여성주의 세미나를 시작하게 되었어요. 세미
나를 하면서 제가 겪어 온 일들이 저 개인의 불운이 아니라 성차별적
인 구조와 문화의 문제로 언어화되는, 눈이 뜨이는 경험을 했죠.

　2015년 말에 모임을 마무리하고 학교를 다니며 취업 준비를 하고
있던 와중에 강남역 여성 살해 사건이 벌어졌어요. 다음날 언론에 보
도되면서부터 SNS 등을 통해 추모 물결이 형성되었는데, 19일에 세
미나를 같이 했던 친구들에게 연락을 받았어요. 페이스북에 '강남역

10번출구' 페이지를 만들고 오늘 강남역 10번 출구에서 이 사건의 피해자를 추모하자는 게시물을 올렸는데 사회자가 필요하다고 하더라고요. 여성들이 직접 자기 자신의 경험을 통해 우리 사회의 여성 혐오를 증언하는 중요한 자리가 고작 사회자가 없다는 이유로 엎어지면 안 될 것 같아서 하겠다고 했어요.

원래는 하루만 도와주고 말 생각이었는데, 현장의 분위기에 압도당했던 것 같아요. 하루만으로는 안 되겠더라고요. 끝나고 나서 자연스럽게 내일은 어떻게 할지에 대해 회의를 하게 되었고 그렇게 9일에 걸쳐 강남역 여성 살해 사건을 추모하면서 이 사건이 왜 여성 혐오를 바탕으로 하는지를 이야기하는 자유 발언대를 열었어요.

**사회를 보는 것에 대해 부담은 없으셨나요? 굉장히 무거운 자리였을 것 같은데요.**

**지원**   수많은 사람들이 포스트잇을 통해서 그 공간에 자기 얘기를 하고 있는 게 의미 있다고 생각했어요. 국가나 언론이 규정해 온 것처럼 묻지 마 살인이 아니라 여성 혐오가 배양한 살인이라고 얘기하고 있었잖아요. 이런 목소리를 내는 것이 여성들로 하여금 폭력의 피해자로서만이 아니라 직접 항의하고 자기 목소리를 낼 수 있는 적극적 개입자로서의 포지션을 스스로 다시 구성하게 만드는 방식이라고 생각했어요.

그런 의미에서 포스트잇 이외에도 자기 목소리로 이야기하고 싶은 게 있을 거라고 봤고, 그렇다면 현장에서 목소리를 낼 수 있는 자리를 만드는 게 필요하겠다고 생각했어요. 사회를 보면 제 사진이 찍혀서 온라인에 올라가 비난받을 수도 있었지만 워낙 이 일의 의미가 크다고 여겼기 때문에 크게 두렵거나 하지는 않았던 것 같아요.

### 추모를 위한 자유 발언대는 9일 동안 매일 이어진 건가요?

**지원**　매일은 아니었고 중간에 하루 빠졌어요. 서울시청 시민청에서 '젠더폭력의 현주소 긴급 집담회'가 있었거든요. 그날 하루는 집담회 참여를 위해서 발언대를 열지 않았고 그날 말고는 매일 진행했어요. 6번은 강남역 10번 출구 앞에서 했고 홍대입구역에서 하루, 신촌역에서 하루, 이렇게 8번 진행을 했네요.

### 당시 분위기는 어땠나요?

**지원**　이 얘기는 정말로 하고 싶었어요. 기록되어야 한다고 생각했거든요. 그런데 이런 얘기를 할 자리가 없었어요. 나중에 혼자 책을 써 볼까 싶긴 했는데 이렇게 기록될 수 있어서 다행이에요.

　우선 저희가 처음 자유 발언대를 시작했던 19일은 무겁고 가슴 아픈 분위기가 지배적이었어요. 자유 발언대를 시작하기 전에 미리 도착해서 개인적으로 추모 포스트잇을 적고 묵념을 했는데요, 원래 '강남역' 하면 '젊음의 거리' '시끌시끌한 분위기'를 떠올리잖아요? 여기가 그 강남역이 맞나 싶을 정도로 그 공간 반경 50m 내의 모두가 숨죽여 흐느끼는 것 외에는 그 어떤 말도 하지 못하더라고요. 포스트잇을 적고 묵념을 하는 사람들, 다른 이들이 적은 포스트잇을 찬

찬히 훑어 보는 사람들, 복받치는 감정을 참지 못해 흐느끼거나 그런 친구를 다독여 주는 사람들, 차마 자리를 뜨지 못하고 서성거리는 사람들이 기억나요.

이런 분위기 속에서 이야기가 나올 수 있을까 걱정했는데, 추모 공간과 조금 떨어진 곳에 자리를 마련하고 추모제의 의미를 설명하고 나니 한 분씩 자유 발언을 신청하시더라고요. 첫날에는 발언이 대부분 추모에 집중되었어요. 다들 피해자의 죽음을 남 일처럼 느끼지 않는 것 같았어요. 내 친구나 가족이 죽은 것처럼, 심지어는 나 자신이 죽은 것처럼 느끼는 것 같았어요. 말하는 사람도, 듣는 사람도 비통한 마음인 채로 진행되었죠.

둘째 날부터는 비슷하면서도 약간 양상이 달라졌는데, 이 사건이 여성 혐오 사건으로 규정되어야 함을 역설하면서 자신이 겪어 온 성차별과 여성 혐오에 대한 이야기를 본격적으로 하기 시작했어요. 이 사건이 드러내 보인 여성 혐오적 성격이 여성으로서 우리가 겪었던 일들과 본질적으로 닿아 있다는 것을 서로의 이야기에서 확인하게 된 게 아닐까 싶어요.

정말 기가 막힌 이야기를 많이 들었어요. 친족 성폭력을 겪고 원가족에게서 벗어나기 위해 도망자처럼 생활하신다는 분의 얘기도 있었고 그 외에도 정말 많은 폭력의 피해 경험들이 그 자리에 쏟아졌어요. 이 사람들이 이렇게 아픈 얘기를 꺼냈던 이유는 국가와 사회가 우리나라에는 혐오 범죄가 없다고 단언했기 때문이라고 생각해요. 이 사건이 혐오 범죄이고 이것에 대한 대책이 마련되어서 이런 죽음들이 더 이상 있으면 안 된다는 걸 얘기하기 위해서요.

한 사람이 자기 피해 경험을 얘기하기 시작하면 주변에서 같이 많이 울어요. 다 처음 보는 사람들인데. 이 낯선 모습을 보면서 이런 생각이 들었어요. '되게 이상한 장면이다. 낯설고 이상한데 왠지 모르게 마음이 일렁거려, 이게 무슨 기분이지?' 누군가 울기 시작하면 같이 울고 위로해 주고 안아 주는 모습들을 보면서 우리가 공통적으로 경험한 어떤 것이 있고 그것이 우리를 여기다 묶어 놨구나 하고 생각하게 되었어요. '저 사람과 내가 다르지 않고 우리는 같은 이야기를 하고 있고 같이 아팠다'는 동질감, 연대 의식이 그 공간에 분명히 있었다고 생각해요.

사흘째 되는 날부터는 그전엔 개별로 움직였던 남초 사이트 유저들이 조직적으로 움직이기 시작했어요. '강남역에 같이 갈 일게이들(일베 유저들) 모여라', 이런 게시물들이 올라오면서 본격적으로 추모 현장에 집단적 위협을 가하는 존재로서의 남성들이 등장하게 된 거죠. 그날 강남역 앞 기업은행 쪽 화단, 거기에 남자들 수십 명이 서서 추모 참여자들의 사진을 찍고 위협적인 분위기를 조성했어요. 많은 여성들이 그들을 둘러싸며 맞서기도 했고요. 언제 싸움이 일어날지 모른다는 긴장감이 흘렀는데 그 분위기들이 자유 발언대로 이어지면서 사흘째부터는 발언들에 사회에 대한 분노가 드러나게 되었던 것 같아요.

사진을 찍는 남자들이 정말 많아서, 그날은 자유 발언대를 진행하면서도 그 사람들이 무슨 짓을 할지 모른다는 부담감이 있었어요. 사진 찍지 말라고 경고하거나 방어하면 '내가 내 휴대폰으로 사진 찍는데 어쩔 거냐', 대개 이런 반응이에요. 사실 그거는 어쩔 수 없거든요. 남자를 상대로 사진기를 뺏을 수도 없고요. 어려웠어요. 아무리 막는다고 막아도 몰래 찍어서 올리는 건 제가 어떻게 할 수 없는 거잖아요.

며칠 동안 자유 발언대를 진행하면서 딱 두 번 울 뻔했는데, 그게 바로 그날이었어요. 어떤 남자가 대놓고 자유 발언대 참여자분들의 사진을 찍어서 찍지 말라고 경고했는데도 들은 척 만 척 계속 찍어 대는 거예요. 제가 사회자니까 사람들에게 발언대에 나와서 자신의 이야기를 들려 달라고 요청해야 하는데 '만약에 발언자의 사진이 찍혀서 인터넷에서 심각한 성희롱을 당하거나 하면 어떡하지? 내가 그 여성을 사지로 몰아넣는 거 아닌가?' 이런 생각이 드니까 정말 힘들었어요. 그 남자를 제지하면서 울컥했죠. 동요하는 걸 들키고 싶지 않아서 꾹 참았지만요.

그 이후 비 예보가 있었어요. 그래서 현장을 지키고 계시던 '총대' 분들이 포스트잇을 지키기 위해 서울시에 요청을 했어요. 포스트잇들을 다 회수해서 보관해 달라고요. 그래서 다음날에는 현장에 포스트잇이 남아 있지 않은 상황이었어요. 현장이 철거되고 나니까 분위기가 한풀 꺾였죠. 그런 상태에서 강남역에서의 추모와 자유 발언대를 마무리하고 홍대와 신촌에서 각각 하루씩을 더 진행한 뒤에 마감했어요.

**자유 발언대에는 주로 어떤 분들이 참여하셨나요? 주로 20~30대 여성들이 참여했다고 보면 되나요?**

**지원**   주로 20~30대 여성이었다고 생각하는데 10대부터 중년의 여성분까지 다양한 연령대의 여성들이 참여했어요. 제가 발언대를 진행하다가 울컥한 적이 두 번 있었다고 말씀드렸는데 그게 사실 같은 날 있었던 일이에요. 제지에도 불구하고 막무가내로 발언대 참여자들의 사진을 찍던 남자를 앞에 두고 감정적으로 무너져 내리기 일보 직전이었는데, 어떤 중년 여성분이 그 남자의 카메라를 등지고 슥 서시는 거예요. 그 남자는 자기 어머니뻘 되는 분이 카메라를 몸으로 막아서니까 어떻게 하지 못하고 혼자 짜증을 내다가 그냥 돌아서서 가더라고요. 그때 '아, 이게 여성 연대인가?' 하는 감각과 함께 다시 한 번 울컥했던 것 같아요. 거기에는 세대를 초월한 뭔가가 있었고, 그게 되게 인상적이었죠. 혹시 이 글을 보신다면 그때 정말 감사했다고 말씀드리고 싶어요.

**굉장히 감정적으로 힘든 상황들이었을 것 같아요. 아까 긴장과 갈등이 고조되었던 때가 있다고 하셨는데 실제로 물리적 충돌은 없었나요?**

**지원**   현장에서 포스트잇을 지키기 위해 교대해 가며 24시간 자리를 지켰던 분들이 계세요. 앞서도 언급했던 '총대'분들인데, 그분들 말씀으로는 많은 남성들이 실제로 위협을 하고 갔다고 하시더라고요. 특히 밤늦은 시간 인적이 드물 때 와서 현장을 지키는 분들을 위협하고 포스트잇을 훼손했다고 말씀하셨어요. 혼자 있으면 무슨 일이 생길지도 모른다는 생각에 새벽에도 2~3명씩 자리를 지키고, 집에 갈 때에도 혹시 미행이 붙어 집을 알아낼까 봐 일부러 대중교통을 갈아타면서 귀가했다고 해요.

**정말 많은 사람들의 힘으로 지켜졌던 추모 현장인 것 같습니다. 자유 발언대 집회에 참여하신 분의 숫자는 어느 정도 되었나요?**

**지원**　가장 많았을 때는 유동 인구를 포함해서 70명 정도 참여했던 것 같고 마지막 날에는 3~4명 정도였어요.

**고생 많으셨습니다. 얘기만 듣는데도 울컥울컥했어요. 카메라 가려 주셨다는 분 얘기도 그렇고 안아 주셨다는 분 얘기도 그렇고. 자유 발언대를 진행하면서 어떤 것들을 느끼셨을지 궁금해요.**

**지원**　현장에서 성폭력 피해 경험에 관한 이야기가 정말 많이 나왔어요. 이후에 반성폭력 운동을 오래 하신 분과 얘기를 나누면서 알게 된 건데 성폭력 피해 경험 말하기 대회는 소수의 사람들이 모여 폐쇄된 공간에서 진행해 온 역사가 있대요. 피해자임에도 불구하고 여성에게 찍히는 낙인의 효과가 그만큼 컸기 때문인 거죠. 그런데 강남역 현장에서 불특정 다수의, 익명의 사람들이 모여 자신의 피해 경험을 말하는 것을 보고 놀랐다고 하시더라고요.

그걸 듣고 이런 생각을 했어요. 내 이야기를 들어 주고 공감해 주고, 함께 울어 줄 수 있는 사람들이 몇 겹으로 둘러싸고 있었던 그 공간에 어떤 보이지 않는 방벽 같은 것이 형성되었던 것 같다고요. 안전함을 느낄 수 있는 방벽이요. 그걸 연대감이라 부를 수도 있고 우정이라 부를 수도 있고 동료 의식이라고 부를 수도 있겠죠. 그게 무엇이었든 그 보이지 않는 감정의 교류로 인해 강남역이라는 공개적인 장소에서 자기 말하기가 가능했던 것 아닌가 하고 생각해요.

**강남역 여성 살해 사건을 추모하는 흐름이 전국에서 일어났었다고 해요. 전에 없던 일이기도 한데 어떻게 이런 흐름들이 만들어졌다고 생각하시나요?**

**지원** 저는 메갈리아의 역할이 분명 있었다고 생각해요. 모두가 각자의 경험들을 나의 불운과 부주의 때문이라고만 생각하고 혹은 이 부당함에 대한 감각이 대체 무엇인지 언어화하지 못한 채 짊어지고만 있었는데 메갈리아를 계기로 이것이 여성 전반의 문제라는 걸 확인했고, 그런 와중에 이 사건이 일어난 거죠. 범인이 자기 입으로 화장실에 '여성'이 들어올 때까지 기다렸다가 범행을 저질렀다고 얘기했는데 국가, 언론, 사회까지 이 사건을 여성 혐오 범죄가 아니라고 재단하면서 오히려 이 사회의 여성 혐오 문화 자체를 부인하는 식의 백래시*들

---

* 백래시Backlash는 '반격'이라는 뜻이다. 여기서는 페미니즘 운동에 대한 반격이라는 의미로 쓰였다. 1991년에 미국에서 발간되고 2017년 한국에 번역 출간된《백래시》의 저자 수전 팔루디는 여성의 권리 신장을 저지하려는 반동의 메커니즘에 '백래시'라는 이름을 붙임으로써 정치, 사회, 문화적 역풍을 해석한다.

을 확인하는 과정에서 분노가 동력이 될 수밖에 없었던 것 같아요.


## 추모 행동 그 이후

**강남역10번출구라는 이름으로 활동하시다가
페미몬스터즈로 이름을 바꾸신 것으로 알고 있어요.
강남역10번출구라는 이름을 붙였던 이유와 이름을 바꾸게
된 계기는 무엇인가요?**

**지원**　강남역10번출구라는 이름을 붙인 게 제가 아니라서 정확하지 않은데, 처음엔 우리 사회의 어떤 문제의식을 공유하고 이를 해결하려는 사람들이 함께 모이는 공간의 의미를 강조하고자 했던 게 아닌가 싶어요.

　그러다가 이 사건이 강남역 여성 살해 사건으로 규정되면서 강남역이라는 공간 자체가 특정 사건을 강하게 암시하게 되어 버렸고, 사건을 연상시키는 이름을 바꿔 달라는 피해자 유가족분들의 요구가 있었어요. 거기에 더해서 저희의 활동 영역이 섹슈얼리티 토크쇼, 낙태죄 폐지를 위한 검은 시위, 여성 노동자 파업투쟁 연대 등으로 넓어지면서 저희 안에서도 이름을 바꿔야 하지 않을까 하는 고민이 계속 있어 왔고요.

　페미몬스터즈에서 '몬스터즈', 다시 말해 '괴물'은《양성평등에 반대한다》에 수록된 글들 중 루인 선생님의 '음란과 폭력을 다시 생각

한다'에 착안한 단어예요. '폭력적인 가부장제와 젠더 이분법, 소수자의 희생을 자양분으로 삼는 성장주의 등에 반대함으로써 페미니즘을 실천하는 우리는 이 사회의 불청객이요, 괴물 같은 존재'라는 의미를 담았죠. 이 사회에 대고 '우리를 무서워해야 할 걸?'이라는 메시지를 던지고 싶기도 했어요.

**강남역 여성 살해 사건 추모 행동 이후에 페미몬스터즈는 다양한 활동들을 하게 되었군요. '페미존'\*에서도 열심히 활약해 주셨다고 들었는데요. 페미존은 어떤 기억으로 남아 있나요?**

**지원**  페미존에서 페미니즘 정치가 구현되었다고 느꼈던 순간들이 있었어요. 각자의 정의가 조금씩 다를 수 있겠지만 개인적으로 페미니즘 정치란 민주주의를 확대하는 작업이라고 생각하거든요. 근대 이후 국가와 자본이 어떤 종류의 생산성을 중심에 놓고 굉장히 임의적으로 정상성과 보편을 규정하면서 경계를 구획해 온 작업에 반대하고 그 규범 바깥에 있는 우리의 소수자성을 연결시켜서 그 존재

---

\*  2016년 박근혜 대통령 탄핵 촛불집회 현장에서는 여성 비하 발언과 성희롱 등이 잇따랐다. 이에 항의하고자 모인 페미니스트들은 광장 안에 '페미존'이라는 구역을 만들어 모두가 안전하고 평등하게 시위에 참여할 수 있는 문화를 만들고자 노력했다. 페미당당, 불꽃페미액션, 우리는 서로의 용기당, 박하여행(박근혜 하야를 만드는 여성주의자 행동), 전국디바협회(현 페이머즈) 등 많은 단체들과 노동당, 녹색당, 정의당 등의 진보 정당들이 함께했다. 페미존에서 일어났던 일들에 대해서는 페미당당과의 인터뷰 참조.

들이 목소리를 낼 수 있게끔 하는 거죠. '천만 촛불 성추행이 웬 말이냐' '페미가 당당해야 대통령이 퇴진한다' '오빠는 필요 없다. 우리가 바꾼다', 이런 구호들이 외쳐지던 순간들, 서로가 서로를 지켜 주고 있다는 믿음을 바탕으로 깔깔 웃으며 신나게 행진했던 순간들이 페미니즘 정치가 구현되었던 때였던 것 같아요.

**지원 씨가 생각하는 페미니즘 정치에 대해 조금 더 자세히 설명해 주실 수 있나요?**

**지원** 이번 촛불 정국을 지나며 했던 생각이 있어요. 박근혜 퇴진을 만들어 냈던 촛불 광장에 굉장히 많은 혐오표현이 범람했고, 그것이 많은 사람들에게 풍자의 한 방식으로 받아들여지기는 했지만 그저 낙담할 상황이기만 한 건 아니었어요. 퇴진행동본부에서 운영했던 무대에서는 발언자들이 혐오표현을 지양하게끔 가이드라인을 제공했고, 사회자의 혐오표현에 대한 공식 사과가 있었어요. 여성 혐오적 수사로 점철된 〈미스 박〉이라는 신곡을 발표하기로 한 DJ DOC 공연을 취소하기도 했죠. 본부 내부에서도 엄청난 설득과 투쟁의 과정이 있었을 거라고 감히 짐작해요.

촛불 광장에 운집했던 인원이 많았을 때는 100만 명이기도 했잖아요. 페미니스트로서 이런 문제들에 대해 목소리를 낸 사람은 절대 다수는커녕 전체 인원의 반도 안 되었을 거예요. 대부분의 사람들에게는 여성 혐오 없는 광장, 그러므로 보다 평등한 광장을 만들자는 얘기가 뜬구름 잡는 얘기처럼 들릴 수도 있었을 것 같아요. 그렇지만 그런 변화가 가능했던 것은 퇴진행동 밖에서 많은 페미니스트들이 문제 제기를 할 수 있는 사회적 분위기가 조성되었고, 퇴진행동 안에서도 이런 의견을 받아 안을 수 있는 내공 있는 여성단체들과 페미니스트들이 있었기 때문이었거든요.

제도와 접속하는 운동과 더불어 이 수많은 페미니스트가 각자 위치한 공간에서 끊임없이 의견을 던지고 그것을 적극적으로 수용해 내게끔 조건들을 조성하는 작업들이 광장과 의회를 넘어 곳곳에서 일어나는 것이 페미니즘 정치의 방식이 아닐까 싶어요.

**그런데 페미몬스터즈는 강남역 자유 발언대를 연다고 했을 때부터 '뭔충'*이라는 말을 종종 들어 오신 걸로 알고 있어요. 추모를 정치에 이용한다는 식으로요. 이에 대해서는 어떻게 생각하고 계신가요?**

**지원**　586세대가 새로운 운동의 흐름을 보여 주는 이화여대 투쟁**을 근본 없는 운동으로 폄하하는 것을 보면서, 586 중심의 운동 방식이 이제는 변화할 때가 되었다고 생각했어요. 물론 이 '새로운 운동'

---

* '운동권'이라는 단어에 '벌레 충蟲'을 붙인 단어로, 운동권을 비하하는 말로 쓰인다.
** 2016년 이화여자대학교 학생들이 학교 측의 일방적인 '미래라이프대학' 신설 계획에 반대하며 설립 계획 철회와 총장 사퇴를 요구했다. 이 과정에서 박근혜 전 대통령의 '비선 실세' 최순실 씨 딸이 이화여대에 부정 입학하고 학점 특혜까지 받았다는 의혹이 불거졌고, 사태는 박근혜 전 대통령의 탄핵을 촉구하는 촛불집회로 이어졌다.

이라는 것도 그냥 '좋은 것'으로 정리할 게 아니라 이에 대해 더 많은 이야기들을 나눠야 할 필요가 분명히 있다고 생각하지만요.

기존 운동의 어떤 모습들, 이를테면 여성주의를 단순히 교양으로 인식하거나 여성주의자들만의 일이라고 떠밀어 왔던 역사들, 급기야 어떤 시점에는 대의의 걸림돌로 취급했던 상황들은 꾸준히 지적받아 왔죠. 사실 저는 하부 단위들을 일방적으로 의식화하거나 동원하는 방식 전반에도 여성주의적인 개입과 변화가 필요하다고 생각해요. 하지만 100인위 사건*이 분명히 보여 줬던 것처럼 운동사회 내부에서 여성주의적 문화가 자생할 수 있도록 노력해 온 사람들이 있어 왔고, 지금도 열심히 활동하고 있거든요. 그 한 사람 한 사람이 굉장히 분투하고 있어요. 수많은 내적 분열과 갈등을 겪으면서요. 아무래도 그런 모습들은 밖에서 확인하기는 어려우니까 아쉬웠고 어떻게 그것을 확인할 수 있을까 고민이 많았어요.

페미니즘 운동을 하면서 해 왔던 고민 중에 하나도, 손에 잡히지 않는 사람들이었어요. 누구를 대상으로 무엇을 홍보하고 있는 건지, 이 이야기를 누가 들어 주고 있는지를 잘 모르겠더라고요. 아무도 없는 공간에 외치는 것 같은 기분이 들 때가 있죠. 온라인을 통해서 아주 넓게, 약한 고리로 연결되어 있는 사람들이니까. 그래서 지속 가

━━━━  * 정식 명칭은 '운동사회내 성폭력 뿌리뽑기 100인 위원회'로 여성 활동가들이 운동사회 내 성폭력 문제를 해결하기 위해 구성한 모임이다. 이 모임은 2000년에 만들어져 2003년까지 지속되었으며 운동사회 내 성폭력 사건 처리를 촉구하고, 가해자 명단을 공개하는 활동 등을 했다.

능한 페미니즘 운동에 대해 고민할 때 그런 약한 고리들에 대한 고민들을 안 할 수가 없었어요.

사실 그건 현재의 페미몬스터즈가 감당하기에는 조금 어려운 고민이지요. '그 사람들과 우리가 연결되어 있되, 연결되어 있다는 느낌을 공유하지 못하는 것 같다', 달리 말하면 '대중과 운동은 어떻게 관계 맺고 있으며 어떻게 관계 맺어야 하는가'에 대한 고민은 많은 사람들이 같이 해 나갔으면 좋겠어요. 사회적 의제를 안고 지속적인 변화를 추동해 내기 위해서는 이런 연결 고리들에 대한 고민들이 필요하다고 생각해요.

## 페미니스트 활동가의 삶

**페미몬스터즈 내부의 이야기 또한 궁금한데요.
페미몬스터즈는 어떤 방식으로 운영되고 있나요?**

**지원** 대표는 없고 활동가 전원이 운영위원의 자격을 갖고 있고요, 중요한 결정은 운영위원회 회의를 통해 의결하고 있어요. 현재는 4인이 운영위원으로 있고 격주로 운영위 회의를 열어요. 돌아가면서 안건지를 작성하고 회의를 주관하게 되는데, 누구든 일정만 맞는다면 자기가 하고 싶은 활동을 이러저러하게 하면 좋겠다는 내용으로 안건을 써 올 수 있어요. 회의를 통해 그 일이 재밌겠다, 해 보자고 얘기가 되면 담당자를 정하고 일을 분업해서 진행해요. 여러 연대 활동도 하고 있고요. 그런데 운영위원이 4명밖에 없다 보니 독자 사업을 많이 하느라 힘든 점도 있어요. 그래서 활동가로 함께 살아갈 분들을 만나기 위해서 다양한 소모임을 진행해 오고 있어요.

**활동가로 사는 건 어떠세요? 일하는 시간은 길고 월급은 적고 때로는 돈을 안 받고 활동하기도 하는데 어떻게 하면 이런 활동들이 지속 가능할 수 있다고 생각하시나요?**

**지원**   저는 예전에 다른 단체의 사례를 보면서 '상근 활동가의 활동비, 최소 생계비를 보장해 주지 못하는 운동이 굳이 존재해야 할까'라는 생각을 한 적이 있어요. 그래서 저는 페미몬스터즈의 주체 중 하나가 되었을 때부터 활동가가 생계에 대한 걱정 없이 활동할 수 있는 조건을 단체 내에 조성하는 것에 대한 고민을 항상 해 오고 있는데요, 아직은 재정 구조가 따로 없어요. 회원과 함께 호흡하고 안정적인 운영이 가능하도록 회원 중심의 단체가 되는 게 목표인데 그러려면 저희를 믿고 회비를 내는 회원들을 실망시키지 않을 정도의 내용을 갖춰야 하잖아요. 그래서 지금은 그 내용을 갖출 준비를 하고 있어요.

페미니즘 운동 때문에 지치는 순간은 없었던 것 같아요. 그건 이상하게 없었어요. 제가 좋아하는 일을, 제가 하고 싶은 것을 하는 운동이라서 그런가 봐요. 다만 직장이 생기면서 이전처럼 몰입해서 하기가 어려워졌어요. 그게 아쉽고 힘들죠. 더 잘하고 싶고 더 많이 하고 싶은데 그러지 못하는 게 어려운 점이에요.

## 이렇게 본격적인 페미니즘 활동가가 되기까지 어떤 계기들이 있었나요?

**지원**　사실 강남역에서 자유 발언대를 시작할 때까지만 해도 저 스스로 페미니스트라고 생각하지 않았어요. 그런데 이제 와서 돌이켜 생각해 보면 페미니즘이나 페미니스트라는 단어만 쓰지 않았지 예전부터 페미니스트로서 생각하며 살아오고 있었던 것 같다는 생각을 해요.

　얼마 전 대학 때 썼던 단편소설을 다시 볼 기회가 있었는데 요새 제 고민이 그 글에도 그대로 녹아 있더라고요. 가족이라는 공동체 안에서의 여성/딸이라는 역할에 대한 글이었는데 '이게 여성주의야'라고 인식하고 썼던 건 아니었지만 그렇게 읽힌다는 사실에 깜짝 놀랐어요. 그리고 처음 했던 여성주의 세미나에서《여성 혐오를 혐오한다》라는 책을 봤을 때, '아, 내가 막연히 느껴 왔던 게 이렇게 설명되는구나' 싶었던 적이 있었어요. 그걸 계기로 페미니즘 이론에서 흡수한 관념들을 바탕으로 세계를 다시 이해하게 되었던 것 같아요. 책을 넘어 현장으로 가자면, 강남역 10번 출구에서 자유 발언대를 진행했던 것도 제 인생을 변화시킨 사건이고요. 그때부터 지금까지 1년이 채 안 지났는데 사람이 많이 변했다는 얘기를 들어요.

　또 다른 중요한 계기는 강연들이에요. 활동하다 보니 책을 읽을 시간이 별로 없었고 강연을 워낙 좋아하니 여기저기 가서 많이 찾아들었는데 내용을 채우는 데 중요한 역할을 했어요. 바싹 마른 스펀지처럼 강연 내용을 쭉쭉 흡수하는 느낌이었던 것 같아요. 좋아하는 선생님들이 있고 그들의 이야기가 저한테 굉장히 크게 와닿았죠.

활동을 시작하고 나서도 활동가로 살겠다고 결정을 내리기까지는 또 꽤 시간이 걸렸어요. 활동가로 산다는 게 어떤 건지 전혀 모르니 왠지 평범함과는 거리가 먼 것 같고, 불안정한 삶을 살게 될까 봐 두려웠거든요. 그때 강의를 들었던 게 큰 도움이 되었어요. 그전까지는 주변에서 삶의 지침을 줄 만한 선배를 찾기가 어려웠는데, 세상 멋있고 똑똑한 페미니스트 활동가들을 만나게 된 거죠. 그들의 존재 자체가 이 삶을 선택하는 데 용기가 되었던 것 같아요.

**페미니즘 운동을 하기 전에는 '오유(인터넷 커뮤니티 오늘의 유머)'를 열심히 하셨다고 들었어요.**

**지원**   언젠가 오유를 주제로 글을 쓰거나 뭔가를 해 보면 재밌겠다 싶어요. 저한테는 굉장히 중요한 텍스트거든요. 대학에 들어오고 한 5년 정도 계속 오유를 했어요. 헤비 유저였고요. 처음엔 그냥 대학 입학과 동시에 생긴 스마트폰으로 오유에 들어가 재밌는 글이나 봤는데, 나중엔 정치를 배웠어요. 오유의 특징 중 하나가 시사 게시물이 많이 올라온다는 거예요. 그때가 이명박 정권이었는데 당시 오유를 통해 시위 현장 중계를 보면서 부채감을 처음 느껴 봤던 것 같아요. '저 사람들은 자기 자신을 위해서가 아니라 모두를 위해 저렇게 싸우는데 나는 아무것도 안 하는구나' 하면서요.

오유를 통해 알게 된 언니한테 어떤 청년 정치 캠프를 소개받았고, 거기서 들은 강의에서 2009년 쌍용자동차 진압 사건을 봤어요.

'이런 세상을 알게 된 이상 나도 이전과 같을 수는 없겠다'고 막연히 생각했던 기억이 나요. 그렇게 활동을 시작하게 된 것 같아요.

오유는 제 삶을 바꿔 놓은 출발점이 된 공간이었고 그래서 의미가 있지만, 남성 시민들만이 온전한 시민 주체로 인정받고 여성을 비롯한 소수자는 끊임없이 주변화되어 왔어요. 제가 '깨시민', 진보 남성 문화에 대해 많은 생각을 하게 만들었고요. 문재인 정권에서 '달빛 기사단'으로 불리는 오유가 어떤 역할로 기능할 것인지 예상되면서도, 제 예상이 틀렸으면 해요.


**앞으로는 어떤 계획이 있으신가요?**

**지원**　15년 '#나는_페미니스트입니다' 해시태그 운동과 16년 강남역 여성 살해 사건 등을 계기로 그사이 많은 여성단체가 생겼어요. 물론 사라진 곳들도 있고요. 사실 사람들이 모여 처음 활동을 시작하려다 보면 맨땅에 헤딩하는 건데 우리는 아직 이런 시행착오의 과정 속에 있는 것 같더라고요. 그래서 우리끼리 모여 각자의 노하우를 공유하고, 또 이렇게 나눈 정보를 아카이빙해서 페미니스트 활동가로서 운동을 하고자 하는 사람들에게 도움이 될 수 있는 자리를 하나 기획했어요. 〈페미 돕는 페미〉*라는 제목의 집담회고요, 부제는 '지속

---

＊　〈페미 돕는 페미〉는 2018년 5월 19일부터 20일까지 1박 2일로 열렸다. 이 행사에는 페미몬스터즈를 비롯해 걸스로봇, 부산페미네트워크, 불꽃페미액션, 우롱센텐스, 찍는페미, 페이머즈, 한국사이버성폭력대응센터의 활동가들이 참여해 활동에 대한 고민과 각자의 경험을 나눴다.

가능한 활동을 위한 신생 페미니스트 단체 활동가 집담회'예요. 동세대 페미니스트로서의 연결감도 확인하고, 그 자리에 모인 단체 활동가들뿐만 아니라 이후에 아카이빙된 자료를 받아 보실 분들에게도 서로의 운동을 지원할 수 있는 자리가 되었으면 좋겠어요.

### 같이 살아가고 있는 페미니스트들과 나누고 싶은 이야기는 어떤 것인가요?

**지원**   이 운동이 우리에게 즐거운 것이었으면 좋겠어요. 페미니즘을 만나는 건 자기가 깨지는 경험이기도 하잖아요. 삶이 완전히 뒤바뀌는 경험인데, 그게 자신을 병들거나 낙담하게 만드는 것이 아니라 자신을 더 즐겁게 하는 거였으면 좋겠어요. 저는 정말 많이 변했거든요.

### 마지막으로 이 책이 어떻게 읽혔으면 좋겠다고 생각하시는지 궁금합니다.

**지원**   우리의 고민과 운동의 과정이 역사로 기록되는 것이 굉장히 중요하다고 생각해요. 그렇게 된다면 이 운동이 지속성을 확보하고, 미래에도 어떤 흐름들을 만들어 갈 수 있지 않을까요. 역사는 사실 누군가에게 읽힐 것이니까 역사인 것이잖아요. '이 글이 페미니즘 운동에 애정을 가진 누군가의 참고 문헌이 되지 않을까', 그런 기대 속에서 인터뷰를 하겠다고 했어요. 독자분들께서 저를 비롯한 책 속 사람들의 고민과 페미니스트로서 자신이 하고 있는 고민이 만나는 지점들을 발견할 수 있다면 개인적으로 목표했던 바는 이룬 거예요.

• • •

이 책을 처음 기획하면서 강남역 여성 살해 사건의 추모 행동만큼은 꼭 기록해야겠다고 마음먹었다. 그 상황을 모두 정확히 옮기지는 못하더라도 그 시간들이 우리에게 무엇이었는지에 대해 조금이라도 기록하고 싶었다.

지원의 말처럼 그 추모의 공간에서는 '이상한 장면'들이 만들어졌다. 생전 처음 보는 사람들 앞에서, 그것도 한국에서 가장 유동 인구가 많은 곳 중 하나인 강남역 앞에서 자기의 이야기를 꺼내 놓고 위로를 주고받았다. '운 좋게 살아남은' 이야기를 꺼냈을 때 기꺼이 그 이야기들과 함께 머물러 줄 이들이 있음을 확인했다. 페미니스트로서 어떻게 살아남을까를 매일 고민하면서도 결국 매일 다시 페미니스트로 살기를 결심하는 것은 나의 이야기를 진지하게 여겨 줄 서로가 있음을 알기 때문일 수도 있겠다는 생각을 한다. 우리의 두려움은 용기가 되어 돌아왔고, 이렇게 만난 우리는 멈추지 않을 것이다.[*]

──────
[*] 강남역 여성 살해 사건 1주기 추모 행사 제목 〈우리의 두려움은 용기가 되어 돌아왔다〉와 2주기 추모 행사 제목 〈우리는 멈추지 않는다〉에서 따온 것이다.

**페미몬스터즈를 만날 수 있는 곳**

페이스북 www.facebook.com/femimonsters

트위터 @femimonsters

**활동 약력**

2016년 5월 발족

강남역 여성 살해 사건 추모를 위한 자유 발언대 진행

〈모두를 위한 낙태죄 폐지 공동행동〉 참여

박근혜 퇴진을 외치는 페미니스트 모임 '우리는 여기서 세상을 바꾼다' 및 페미존 참여

섹슈얼리티 토크쇼 〈섹쇼〉 공동주최

여성주의 자기방어 훈련 진행

퀴어×페미니즘 〈필름을 씹다〉 영화 상영회 및 강연 진행

지속 가능한 활동을 위한 신생 페미니스트 단체 활동가 집담회 〈페미 돕는 페미〉 공동 주최

스스로 해일이 된 여자들

# 페미가
# 당당해야
# 나라가
# 산다

**두 번째 인터뷰**
**페미당당**

**미섭**    저는 철학 공부하는 대학원생이고 페미당당 활동을 계속 해
오고 있습니다.

**화용**    저는 시각디자인을 전공했고 대학원 준비를 하고 있어요.

**승민**    디자이너입니다. 〈페미니스트 인 서울〉 팀 프로젝트 매니저
를 맡고 있어요.

**예지**    저는 대학교에서 동양화를 공부하는 페미니스트입니다.

**천석**    가끔 사진을 찍고 영상을 만듭니다.

**지안**    노문학을 전공하는 대학생입니다.

박근혜 전 대통령이 탄핵되던 날
페미당당 4명이 집회에 나갔어요.
나갔는데 어떤 할아버지가
저희를 한 명 한 명씩 손가락으로 짚어 가며
"진, 선, 미, 아니 이렇게 선, 미, 진인가?" 하면서
저희 외모 순위를 매기는 거예요.

〈차별과 혐오 없는 집회를 위한 행진〉
ⓒ 페미당당

집회 현장에서 이런 불편한 일을 겪는
사람들이 많을 거라고 생각했어요.
페미니스트들이랑 이런 얘기를 하다가
아예 '페미존'을 만들기로 했죠.

페미니스트도 마음 편히 지지할 정당이 있었으면 좋겠다고 생각했다. 평등을 지향한다는 진보 정당이 내놓는 여성 의제도 여전히 구색 맞추기 수준에 머무르고 있다는 생각이 들 때가 많았기 때문이다. 성폭력 사건을 해결하고자 하던 여성 활동가들에게 한 남성 정치인이 '해일이 일고 있는데 겨우 조개나 줍고 있다'는 조롱을 보냈던 일이 있은 지 10여 년이 지났지만 여전히 이 문장이 자주 인용되는 것은 '진보 진영'의 남성 중심적 문화, 그리고 여성운동을 '중산층' 운동이나 다른 운동보다 덜 중요한 운동이라 여기는 인식이 여전히 남아 있기 때문이다.

지지하고 싶은 정당이 없으니 우리가 당을 만들어 보자는 농담 반 진담 반으로 시작된 페미당당은 지금 당장 정당을 만들 계획은 없다고 한다. 하지만 여전히 페미니즘 정당과 정치에 대해 고민하고 있다. 페미니즘 정치라는 게 도대체 무엇인지, 왜 우리는 같은 편이라고 믿었던 사람들 사이에서 계속 상처받는지, 페미니즘 정당이라는 게 가능한 건지, 질문이 꼬리에 꼬리를 문다. 오후에 시작했던 페미당당과의 대화는 해가 지고 나서도 한참 이어졌다. 강남역 여성 살해 사건, 페미존, 진보 진영 내 여성 혐오, 그리고 페미니즘 정치에 대해 나눴던 이야기를 전한다.

• • •

# 페미당당이 만들어지기까지

**페미당당을 만들게 된 과정부터 이야기해 볼까 합니다. 페미당당은 어떻게 시작하게 된 건지, 왜 정당을 만들어야겠다고 생각하셨는지 궁금해요.**

**화용**　처음 만들 때는 목적성이 없었어요. 그냥 만들었어요. 그런데 강남역 여성 살해 사건이 터졌어요. 사건과 사건을 둘러싼 모든 양상이 여성 혐오를 뚜렷하게 보여 주고 있는데 이것에 대해서 아무런 대응도 하지 않으면 안 된다고 미섭이 처음에 얘기를 했어요.

**미섭**　그래서 첫 번째 회의를 열었더니 친구들이 8~9명 정도 모였어요.

**화용**　그 회의에서 오프라인 추모 행동을 하자고 결정했어요. 퍼포먼스를 하자고 해서 〈강남역 거울행동〉*을 하기로 했고요.

**미섭**　그때 만났던 친구들이 기반이 되어서 페미당당이 된 거죠.

**잔디밭에 앉아 '우리가 다 당원인데 당을 지지할 수가 없다'고 토로하다 페미당당이 만들어졌다고 하던데, 그**

---

\* 페미당당이 페이스북에 올린 거울행동 참가 신청 게시물에는 다음과 같은 문구가 있다. "우리는 5월 26일 목요일에 검은 옷을 입고 근조 표시가 붙은 거울을 들고 강남역에 모인다. 스스로와 주변 시민을 거울 앞에 둠으로써 이 사회를 사는 여성은 모두 혐오 범죄에서 안전하지 않다는 사실을 비춘다. 〈강남역 거울행동〉 영상은 유튜브에서 찾아 볼 수 있다.

## 에피소드를 더 자세히 말씀해 주실 수 있나요?

**미섭**　2016년 총선을 앞둔 때였어요. 저뿐만 아니라 주변 친구들도 어느 당을 지지해야 할지 고민을 많이 하고 있었죠. 저희가 보통 정의당, 녹색당, 노동당 중 하나의 당원이거나 당원이 아니더라도 심정적으로 그곳을 지지하고 있었는데 당시에는 녹색당도 노동당도 여성 관련 이슈에 완전히 관심을 보이진 않았어요. 당 내 성폭력 사건이 잘 해결되지 않고 있기도 했고요. 저는 정의당원인데 그때 당에서 중식이 밴드 사건*이 있었어요. 그래서 친구들이랑 정당에 대한 얘기를 하다가 페미니즘을 기조로 하는 당을 만들자는 얘기를 했어요. 나에게 지금 제일 중요한 것은 페미니즘인데 그걸 대변하는 당이 하나도 없다는 생각이 들어서요. 우리끼리 속이라도 시원하게 '당'이라는 이름을 붙여서 활동해 보자고 이야기를 했죠. 그렇게 페미당당이 만들어졌어요. 맨 처음엔 '페미당당이라는 것을 만들자'며 장난처럼 얘기를 하고 페미당당 만들면 제1 공약은 페퍼스프레이 무상 지급이라고 하면서 놀았어요. 제가 전에 산책을 하다가 스토킹 같은 걸 당한

---

　*　정의당이 인디밴드 '중식이 밴드'의 곡을 2016년 4·13 총선 공식 테마송으로 선정해 온라인과 정의당 내부를 중심으로 논란이 일었다. 중식이 밴드가 여성 혐오적인 노랫말이 담긴 곡들을 발표해 왔기 때문이다. 중식이 밴드의 곡 중 "빚까지 내서 성형하는 소녀들/빚 갚으려 몸 파는 소녀들/홍등가 붉은 빛이 나를 울리네"(⟨Sunday Seoul⟩) "넌 비싸 보이기 위해 치장을 하고 싸구려가 아니라 말한다/난 말이 통하게 명품을 줘도 쉬운 여자 아니라 말한다"(⟨좀 더 서쪽으로⟩) 등이 문제가 되었다. ⟨여성신문⟩, 여성 혐오 밴드가 '청년의 목소리'? 정의당 공식 테마송 논란, 2016. 3. 31.

경험이 있어서. 그러다 페이스북 그룹을 만들었어요. 그 그룹에 있던 친구들이 모여 강남역 여성 살해 사건을 어떻게 추모할지 이야기를 해 보자고 해서 만나서 회의를 하게 되었죠.

**화용**　페미당당이 '당'이라는 이름을 붙이고 있지만 모두가 정당에 관심 있거나 어느 정당의 당원인 건 아니에요. 저는 당원인데 당에 1만 원 정도 자동이체하는 정도고요. 다들 진보 정당을 어느 정도 지지하는 거지 열성적으로 정당 활동을 하는 건 아니에요. 정당으로서의 정체성을 중요하게 생각한다기보다는 페미니스트끼리 모여서 가시적인 활동을 하고 서로서로 임파워링Empowering하는 걸 중요하게 생각해요. 하다가 당도 만들면 좋죠.

**미섭**　당을 만들려는 노력을 많이 했던 때도 있어요. 추진을 했는데 현실적인 문제들로 현재는 접어 둔 상태고요. 정치 세력화하는 건 역량이 부족해서 올해는 저희가 할 수 있는 일을 하려고 해요.

## 그럼 지금 페미당당에는 몇 분이나 모여 계신가요?

**미섭**　지금 활동하는 사람은 10명 정도 돼요. 페미당당 회원을 모집하거나 하진 않았어요. 같이 세미나를 하신 분들이 있긴 하지만요. 이걸 대중단체로 만들려면 그것도 일이잖아요. 일단은 그냥 안 하는 걸로 생각하고 당분간은 처음 모였던 친구들 그대로 가기로 했고요.

**화용**　대중단체로 나가게 되면 확실히 규모가 커지겠죠. 그런데 거기에 따라서 감수해야 하는 것도 많을 거예요. 사실 지금은 친구들이랑 하고 마음이 맞으니까 크게 갈등도 없고 재밌게 할 수 있는데 여기에 만약 다른 사람들이 들어오면 고민이 많아질 것 같아요. 어떤 규칙을 만들 것인지부터 시작해서 하나하나 신경이 쓰이니까요. 외부 사람이 들어왔을 때 잘 어울릴 수 있을지 아직은 잘 모르겠어요. 지치지 않고 계속 활동을 하려면 이런 것도 중요한 것 같아요.

**새로운 회원을 모집하지 않는다는 게 다른 단체와는 구별되는 지점인 것 같아요. 페미당당을 운영할 때 중요하게 생각하시는 부분은 어떤 건가요?**

**화용** 멤버 수가 11명 정도라서 가능한 것 같긴 한데 저희 운영의 포인트는 그 일을 실제로 집행하는 사람이 하고 싶은 대로 하는 거예요. 보수도 보람도 딱히 없는 일인데 어쨌든 하겠다는 사람이 있는 거잖아요. 그런데 그 사람에게 '이것도 해, 저것도' 이렇게 하면 좀 그렇죠. '이건 누가 좀 해 줘' 이런 말도 안 해요. 왜냐면 당장 할 동기가 자발적으로 나오지 않으면 그 일을 이끌어 나가는 원동력이 안 생기잖아요. 자기가 하고 싶어서 해야 스트레스도 자기가 감수할 수 있는 거죠. 남 원망도 안하고요.

**맞아요. 자기가 하고 싶어서 하는 일이 되어야 하는 것 같아요. 여기 계신 분들은 각자 다른 이유로 페미니즘 운동을 시작하셨을 텐데요, 그 이야기가 궁금합니다. 여러분 삶의 어떤 요소와 경험들이 여러분을 페미니즘으로 이끌었는지요.**

**예지**　저는 엄마 영향을 제일 크게 받았어요. 엄마가 되게 똑똑했고 공부도 많이 하셨어요. 엄마랑 아빠가 똑같이 일을 하셨는데 언니랑 저를 키운 건 엄마였어요. 시댁 일, 가사 노동도 엄마 몫이었고요. 아빠랑 싸우면 아빠한테 늘 "넌 나보다 돈 조금 벌잖아."라는 말을 들었죠. 그런데 아빠가 암으로 돌아가셨어요. 그런 다음에 엄마는 아빠 쪽 가족들이랑 연을 다 끊고 행복하게 살기 시작했어요. 이것저것 배우러 다니고요. 한편으로 저한테 '넌 다 될 수 있어' '아들과 딸을 차별하지 말아야 해', 이런 말들을 입버릇처럼 하셨어요. 그렇게 똑똑하고 독립적인 여성인 엄마가 아빠가 돌아가신 후에야 행복하게 잘 사는 걸 보면서 이런 사회구조가 너무 잘못되었다고 생각했어요.

**천석**　저는 그냥 집안 자체가 가모장 집안이에요. 실제로 어머니가 가장이고 아빠는 거의 주부예요. 그래서 어렸을 때부터 아빠가 아침을 차려 주고 청소하는 집안의 풍경이 익숙했어요. 그리고 항상 남자 친구들보다 여자 친구들이 많았어요. 남자애들하고 얘기할 땐 답답한 게 많았거든요. 제일 신기했던 거는 여자 앞에서는 상냥하게 이야기하다가 뒤에서 엄청 함부로 얘기하는 거였어요. 사물화해서 이야기하고 킬킬대면서 웃고 하는 게 너무 불편했어요. 고3 때까지는 저의 의지와 별개로 시스템에 의해 제가 있어야 하는 공간이 정해지잖아요. 그래서 대학에 가면 내 멋대로 살아야겠다고 생각했어요. 페미니스트로 정체화한 계기가 있는 건 아니고 이미 그냥 삶의 양식으로서 체득하고 있었던 거죠. 제 주변 친구들이 너무나 부당한 대우를 받을 때가 자주 있었고 이게 정말 불만이었거든요. 이 불만스러움을 해소하기 위해 내가 할 수 있는 걸 해야겠다, 조금씩이라도 해야겠다고 생각해서 장난처럼 페미니즘 운동을 시작하게 되었어요.

**지안**　페미니즘과 관련된 논의나 '완경'이란 말을 알게 된 게 다 엄마의 영향이었어요. 말하자면 극렬 운동권이셨거든요. 엄마가 운동권 내부의 마초적인 문화를 싫어했어요. 거기에 맞서 싸우고 싶어서 '정치적 흡연자'가 되기도 했고요. 회의 같은 데 가면 남자들이 다 담배 피우고 있으니까 여자도 담배 피운다는 걸 보여 주기 위해서 담배를 피우기 시작했대요. 또 대학 시절 학내에서 여학생들이 모여 제일 처음 시위했던 일이 있는데 그 일을 주도적으로 시작한 5명 중에 한 명이에요. 또 엄청 강한 사람이에요. 일도 잘하고 남편 없이 애 셋을 혼자 키웠어요. 그러면서 대학원까지 졸업하셨고요. 그런 사람이 저를 키웠어요.

그런데 제가 요즘 페미니즘 운동을 하면서 가장 상처를 받는 대상이 엄마예요. 제가 짧은 치마를 입고 담배를 피우고 있었는데 엄마가 그걸 보고는 '창녀 같다'고 했고 한번은 밤늦게 지하철을 타고 오다가 성추행을 당했는데 "앞으로 일찍 일찍 다녀라."라고 얘기하셨거든요. 그럴 때 남동생이 오히려 "누나 잘못이 아니잖아. 마음대로 하라 그래." 이래요. 엄마에게 복합적인 감정이 들어요. 남동생에게도 복합적인 감정이 들고요. 남자들은 세상 사는 게 좀 더 편하겠지 하는 생각이 있었어요. 그런데 제 남동생은 예민하고 섬세한 성격이라 학교라는 곳을 견디질 못해요. 남자라고 해서 무조건 가부장제 사회에서 좀 더 편한 게 아니구나 하는 생각이 들었죠. 물론 대부분의 남성들은 편하지만요. 페미니스트 엄마와 누나들 옆에서 엄청나게 예민하게 커 버린 아이가 이 세계에서 살아가는 걸 너무나 힘들어하는 모습을 보면 마음이 아파요. 제가 페미니스트가 된 계기는 가족인 거 같아요.

**많은 사람들이 메갈리아의 영향을 받은 것 같기도 해요. 정말 갑작스럽게 시작되어 한국 사회에 엄청난 영향을 끼치고 사라진 사이트인데, 여러분들은 메갈리아를 어떻게 경험하셨나요?**

**지안**   저는 한때 메갈을 엄청 열심히 했었고 메갈 팔찌도 집에 있어요. 이전에는 여성들의 목소리를 모아 놓은 플랫폼이 아예 없었는데 메갈을 하면서 역사의 한 페이지를 함께하고 있다는 생각, 여성 혁명이 일어났다는 생각을 했어요. 메갈에서 나온 얘기들이 다 처음 나온 게 아니잖아요. 예전부터 하던 얘기들인데 그런 얘기를 하던 언니들과 단절이 되어서 몰랐던 거죠. 지금은 메갈이 사라졌지만 저한테는 메갈이 되게 큰 의미가 있는 것 같아요. 메갈 망할 때 너무 슬펐어요. 어떤 배출구였으니까.

**미섭**   사람들이 메갈 얘기하면 미러링 얘기만 많이 하는데 친구들이 하는 얘길 들어 보면 자신의 성폭력 경험 같은 걸 인터넷에 얘기했을 때 주작이라고 안 하고 다 같이 위로해 주고 얘기해 주는 커뮤니티가 처음이라고 하더라고요. 공격적이기도 했지만 사람들의 얘기를 들어 주는 공간이기도 했죠. 성폭력 고발 해시태그 운동의 원류도 어떻게 보면 거기가 아니었을까요. 개인적으로는 메갈을 안 했지만 트위터 하는 사람이면 메갈 영향 안 받을 수 없다고 생각해요.

**지안**    저한테도 미러링보다 위로의 측면이 더 컸어요. 글이 많이 올라올 때는 하루에 수천 개씩 올라오고 베스트 글이 몇십 개 되고 이랬거든요. 너무 재밌어서 밤새도록 새로 고침하고 있다는 글도 많이 올라왔었어요. 그냥 그런 얘기를 할 공간이 없었던 거예요. 아빠한테 맞았다, 아빠랑 엄마랑 싸우는데 힘들었다, 성폭행당했다… 이런 얘기를 인터넷에서 했을 때, 불쌍하다는 시선 없이 같이 화내 주고 공감해 주는 안전한 공간은 처음이었으니까. '나 지금 성 판매 여성인데……' 하고 말했을 때 비난하는 게 아니라 '미친 한국 남자들' 이렇게 반응하고 '극한 직업'이라고 말해 주는 곳도 거기가 유일했죠. 밖에서 보기엔 거친 방식이었지만 그 안은 끊임없이 고민을 이어 가던 곳이에요.

## 페미존과 페미자경단

**이제 페미당당이 해 온 활동들에 대해 본격적으로 얘기해 보려고 하는데요. 우선 '페미설'이라는 프로젝트를 진행하고 계신 것으로 알고 있어요. 이에 대한 간단한 소개를 부탁드려요.**

**승민**   페미설은 서울 지역에 있는 페미니스트들을 만나고 그들의 이야기와 사진을 기록하는 아카이빙 프로젝트예요. 여성의 목소리는 잘 기록되지 않잖아요. 그걸 기록하려고 했어요. 인터뷰 참가자는 활동가가 아니어도 되고요. 페미니즘에 관심이 있고 페미니스트라고 정체화하고 있는 사람, '당신은 페미니스트입니까?' 하고 물었을 때 '그렇다'고 대답할 수 있는 사람들의 이야기를 모으고 있어요.[*]

### 페미설 인터뷰를 보니 한국어와 영어를 동시에 사용하시더라고요. 특별한 이유가 있나요?

**승민**   2016년 11월에 낙태죄 이슈가 커졌을 때 외국과의 연대가 잦았어요. 폴란드, 아르헨티나 등 외국 페미니스트들과 연대를 하다 보니까 우리 활동이 한국에만 국한된 활동이 아니고 전 세계적인 활동이라는 생각을 했어요. 그래서 자연스럽게 영어를 넣게 되었던 것 같아요. 처음에는 저희 멤버들 위주로 인터뷰를 했고 그다음에는 인터뷰이 섭외가 쉽지 않아서 주변 친구들 인터뷰를 많이 했어요. 최근에는 메시지로 연락 주시는 분들이 많이 계셔서 그분들을 인터뷰하고 있고요.

### 인터뷰하면서 있었던 일 중 기억에 남는 에피소드가

---

[*] 〈페미니스트 인 서울Feminists In Seoul〉 프로젝트는 페이스북 페이지 (https://www.facebook.com/FeministsInSeoul)에서 볼 수 있다.

있으신가요?

**승민**  오늘 의미 있는 일이 있었어요. 한겨레에서 어떤 기자님이 페미썰을 보고 연락을 해 오신 거예요. 페미썰 인터뷰이를 인터뷰하고 싶다고. 들리지 않았던 이야기들을 들리게 하려는 이 프로젝트의 목적에 딱 부합하는 이야기였죠. 그래서 우리의 목표를 이루고 있고, 사회적으로도 변화를 만들어 가고 있구나 싶어서 뿌듯해하고 있는 중이에요.

**2016년 촛불집회에서 처음으로 '페미존'이라는 게 생겼는데요. 페미당당이 주도적으로 만들었던 것으로 알고 있습니다. 페미존을 어떻게 시작하게 되신 건지 자세한 이야기를 듣고 싶습니다.**

**화용**  박근혜 대통령 탄핵 촛불집회 때 페미당당 깃발을 들고 나갔는데 아저씨들이 엄청 관심을 보이더라고요. "페미가 뭐야?" "페미당당?" 이렇게요. 우리한테 물어보면 되는데 굳이 허공에다 대고 말해요. 우리 들으라고 얘기하는 건데도요. 직면할 용기가 없는 거죠. 엄청 스트레스였던 건 집회에 모인 사람들이 계속 미는 거였어요. 저는 그게 너무 스트레스여서 화가 났고 "밀지 마!" 하며 계속 소리를 쳤어요. 가장 결정적이었던 건 광장에 도착했을 때 저희 앞뒤로 공간이 정말 많았는데 어떤 사람이 굳이 저희 가운데로 밀면서 들어오는 거였어요. 그래서 붙잡고 사과하라고 말했어요. 그 후에 페미당당 계정으로 '제 친구가 오늘 민중총궐기에서 페미당당 깃발 아래 모인 사람들이 남자들을 밀치고 욕하는 것을 보았다. 한국의 페미니즘 집단은 결국 남혐 집단일 수밖에 없나', 이렇게 쓴 쪽지가 왔다고 하더라고요. 부당한 일을 당해서 하지 말라고 요구하는 것조차 이렇게 곡해하는구나 싶었어요. 그리고 집회 현장에서 이런 불편한 일을 겪는 사람들이 많을 거라고 생각했어요. 페미니스트들이랑 이런 얘기를 하다가 아예 '페미존'을 만들기로 했죠.<sup>*</sup>

**미섭**   집회에 나갔을 때 '강남역10번출구' 활동가들이랑 같이 있었어요. 강남역10번출구는 강남역 여성 살해 사건 추모 집회 현장에서 자유 발언대를 진행해 본 경험이 있었으니까 페미존 집회의 사

---

* 2016년 11월 15일, 페미존을 처음 시작하면서 페미당당이 페이스북에 올렸던 게시글의 일부.

더 많은 페미니스트와 촛불집회 함께합시다.
지난 12일 민중총궐기 당시 광화문 광장에서는 여성에 대한 혐오 발언과 성폭력이 빈번하게 일어났습니다. 정부 비판과 정권 퇴진을 외치기 위해 거리로 나간 우리는 "병신년" "암탉" "아녀자" 따위의 발언에 분노를 느꼈습니다. 불쾌한 신체 접촉을 피하기 위해서 온 신경을 곤두세워야 했습니다.
누군가는 이런 위험을 무릅쓰고 집회에 나갈 필요가 없다고 합니다. 누군가는 이런 문제 제기를 하는 것이 시국에 맞지 않는다고 합니다.
우리는 더 많은 페미니스트가 모여 서로를 지키며 목소리를 내는 방안을 선택하였습니다. 우리는 여기서 세상을 바꿉니다.
부패한 정권과 부정의한 대통령을 규탄합시다. 단 지정 성별 여성임을 꼬투리 잡아 조롱하지는 맙시다. 집회 참여 여성에 대한 대상화와 폭력을 방지합시다.
11월 19일 토요일 4시 광화문 광장 페미니스트 단체 깃발 아래에서 만납시다. 혐오 발언, 혐오 문구, 폭언, 불쾌한 신체 접촉 없는 페미존을 만듭시다.

회를 맡아 주면 되겠다고 생각을 해서 현장에서 미니 집회를 열었어요. 처음에는 반응이 별로 없었는데 계속 진행할수록 좋은 이야기들이 많이 나왔어요.

**지안**　점점 더 많은 분들이 페미존에 같이 하고 싶다고 하셨어요. 매주 포스터를 새로 만들었는데 포스터에 함께하는 단체들 깃발을 다 넣었거든요. 그런데 새 포스터를 만들 때마다 그 깃발의 수가 점점 늘어났어요.

**예지**　저희가 평소 연대하는 몇몇 단체들이랑 1차 포스터를 만들어서 올린 뒤로 같이 하고 싶고 깃발을 거기에 올리고 싶다는 단체들이 엄청 많이 왔어요. 저희가 어쨌든 페미존이라는 이름을 짓고, 페미니스트들이 모인다는 식으로 써 놓았는데 거기 진짜 장수풍뎅이 연구회부터 고양이 모임까지 왔었어요. 아주 조그만 단체들이라도 다 페미존에 오고 싶어 하고 깃발을 올리고 싶다고 얘기하더라고요. 그냥 동물권을 지키고 싶어 하는 사람이든 성소수자든 그곳이 정말 세이프 존이라고 생각해서 같이 하고 싶다고 생각한 거죠. 그때 '나는 페미니스트다'라고 말하지 않는 단체더라도 같이 와서 구호를 외칠 수 있겠구나 싶었어요.

**당시에 민중총궐기를 보이콧해야 한다는 페미니스트들도 있었던 것 같아요.**

**화용**　그때 '꿘페미'를 비판하던 페미니즘 진영에서 이렇게 여성 혐오적인 민중총궐기는 보이콧해야 한다고 했어요. 그런데 피하면 어떡해요. 똥이 있으면 치워야지.

**미섭** 그래서 '우리는 여기서 세상을 바꾼다(우여세바)'는 구호를 전면에 썼어요.

**지안** 그 사람들이 그렇게 말한 것도 이해가 돼요. 집회 현장이 너무 위험하니까요.

**화용** 하지만 우리는 그걸 다 감수하면서 나가서 싸우는 건데 그 집회에 나가면 여성 혐오 세력한테 힘을 실어 주는 거라고 얘기를 해요.

**지안** 우리에게 상처가 되는 말이었죠. 사실 우리끼리 그렇게 상처를 줄 수밖에 없는 세상이라는 게 안타까운 지점인 거죠. 그런 공론장에 나가는 것조차 공포와 두려움이 된다는 게. 저도 페미존이 끝난 다음 민중총궐기에 한번 갔었는데 패닉 와서 울면서 집에 가고 그랬어요. 제가 지하철에서 성추행을 당한 직후여서 더 그랬던 것 같기도 하고요. 배려 없이 툭 치고 지나가는 중년 남성들이 너무 많아요. 제 주변에 있는 운동권 지인들에게 이런 얘기를 해 봤는데 남성 활동가들은 "그런 일이 있어?" 이래요. 직업 활동가들인데. 세계가 너무 다른 거죠.

**화용** 일단 체력적으로 힘들었고 정신적으로도 너무 힘들었어요. 구호를 외치다 보면 우리를 적대하는 얼굴을 너무 많이 만나게 돼요. 실제로 폭언을 듣거나 물리적인 공격을 받기도 했고요. 그래서 '페미자경단'이라는 걸 만들었어요. 그런 공격이 들어왔을 때 1차적으로 대처하는 인원을 만드는 거였죠. 경비대처럼. 하지만 전문적인 훈련을 받은 사람들이 아니고 평범한 사람들이다 보니 또 상처를 받았어요. DJ DOC 사건*도 타격이 컸죠. 그 노래는 확실하게 '여혐'이었어요. 저는 한 번도 '미스'라는 호칭을 존경의 의미로 들은 적이 없어요. 그런데 '영어에서 미스터 어쩌고 하는 것도 그럼 남혐이냐'는 거예요. 댓글도 엄청 많이 달리고 주적으로 페미당당이 지목되고 그랬어요. 공격이 너무 심하니까 나중에는 우리가 잘못 생각한 건가 싶더라고요. 저는 그때 외롭다는 생각이 정말 많이 들었어요. 정말 너무 힘들었어요. 집회 나갈 때 걱정도 많이 했어요. '맞으면 어떡하지?'라는 생각도 하고요. 집회 나가는 사람들이 DJ DOC 노래를 못 듣는 것에 대해서 너무너무 분노를 해서요. DJ DOC 다시 보기도 되는 거죠. DJ DOC가 민중의 햇불인가? (일동 웃음)

**지안** 우리는 집회에 나의 자리가 없다고 생각하는 사람들의 자리를 만들어 주고자 했던 거잖아요. 거기만큼은 안전해야 하니까 페미자경단을 만든 건데 페미자경단이 혐오와 공격을 대신 받게 된 거죠. 이게 무슨 의미인가 싶었어요. 아저씨들이 정말 많이 비웃기도 했고요. 우리는 절대로 위협이 되지 않고 되게 우스운 존재구나 하고 생각했어요.

---

\* DJ DOC가 박근혜 전 대통령을 비판하는 가사를 담은 〈수취인분명〉이라는 곡을 만들고 이 곡을 촛불집회 현장에서 공연하려 했으나 '미스 박' '하도 찔러 대서 얼굴이 빵빵' '잘 가요 미스 박 쎄뇨리땅' 등의 가사가 여성 혐오적이라는 논란이 일었고 결국 공연이 취소되었다. 이에 일부 사람들은 페미니스트들이 표현의 자유를 억압한다고 비난했다.

**화용**　아저씨들 얘기만 계속하는데 사실 제가 자경단하면서 제일 크게 싸웠던 건 20대 초반 남자들이었어요.

**지안**　집회에서 술판 벌이는 사람도 되게 많았어요. 그 사람들이 공간을 너무 차지해서 이동도 못 하고 서 있고 불편했어요. 그런데 그 분들이 먹고 안 치우고 그냥 가는 거예요. 그래서 "이거 치우고 가셔야죠."라고 했더니 "너 몇 살이야."부터 시작해서 뭐라고 하더라고요. 조금 있으니까 같은 단체 조끼를 입은 여성분들이 와서 그걸 치우는 거예요. 그러니까 술 마시던 남자분들이 "역시 여자가 최고야." 이러더라고요.

**화용**　바로 옆에서 그걸 들으면서 너무 벙쪘죠. 그 사람들도 우리가 연대해야 할 사람이라고 생각했는데 저걸 어떻게 바라봐야 하는거지 싶더라고요.

**지안**　그리고 국가는 모성의 보호를 위해 노력해야 한다고 얘기하는 김제동 같은 사람들을 보면서 매뉴얼을 만들었어요. 일단 주최 측에 페이스북 메시지를 보내고 그다음에 우리 구호를 외치자. '여성혐오 그만둬라'. 그런 식으로 하자고 했어요. 주최 측에 메시지를 보냈더니 정말 시정이 되더라고요. 그래서 그 외에도 집회 현장에서 느꼈던 여러 불편함을 정리해서 페이스북 메시지로 보냈어요. 주최 측도 그것들을 받아들여 줬고요. 주최 측이 그런 불만 사항들을 받아주고 고치려고 노력하니까 어떤 사람들이 우리보고 대 준 거 아니냐는 식으로 말하더라고요. 저희는 공개적인 루트로 항의를 하고 그게 받아들여진 거였는데도요.

내 몸은 전쟁터다
ⓒ 페미당당

**대 준 거 아니냐는 말이 몸을 대 준 거 아니냐, 이 뜻이에요?**

**지안** 네. 단체로 대 준 듯.

**화용** 그것도 어디였냐면 딴지일보였어요. 그런 사람들이 꼭 여혐이 어딨냐고 해요. 자기들이 온갖 여혐의 증거를 생산해 내면서 말이죠. 증거 공장이에요. 증거 공장.

**지안** 이런 것도 있었어요. "요즘 세상에 여혐이 어디 있냐, 이 보지년아~~~!" (일동 웃음) 올해의 어록이라고 생각해요.

**박근혜 전 대통령이 탄핵되던 날 광장에 있었는데 춤추시는 걸 봤어요. 페미당당을 아저씨들이 둘러싸고 구경하는 장면도요. 페미당당은 재밌게, 즐겁게 하고 있는데 이 아저씨들은 젊고 예쁜 여자애들이 대견하다는 식으로 보는 거 같더라고요.**

스스로 해일이 된 여자들

**화용**  "더 해 봐, 더 해 봐." 이러더라고요.

**미섭**  그 사람들을 한 명 한 명 어떻게 할 수도 없고 그렇다고 아무것도 안 할 수도 없고. 박근혜 전 대통령이 탄핵되던 날 페미당당 4명이 집회에 나갔어요. 나갔는데 어떤 할아버지가 "아유, 아주 예쁜 아가씨들이 왔네." 이러면서 저희를 한 명 한 명씩 손가락으로 짚어 가며 "진, 선, 미, 아니 이렇게 선, 미, 진인가?" 하면서 저희 외모 순위를 매기는 거예요. 엄청 화를 냈죠. 지안이는 쌍욕을 하고요. 도착하자마자 그런 일이 있었어요. 그리고 저희가 춤을 출 때 사람들이 저희를 둘러싸고 있었잖아요. 그때 방송사 카메라도 엄청 많아서 인터뷰를 하게 되었어요. 혐오 발언 없는 페미존에 대해 얘기하는데 아까 우리한테 미스코리아 어쩌고 한 할아버지가 거기서 또 구경하고 있는 거예요. 그래서 인터뷰를 하다가 그분을 가리키면서 확성기를 들고 말했어요. "저분한테 성희롱당했어요." 그랬더니 그 사람이 주춤주춤 사라지더라고요.

'촛불 시민'들의 촛불집회로 박근혜 전 대통령이 탄핵되었다고 역사책에 기록될 것 같은데요. 그 안에서 있었던 페미존과 같은 활동도 꼭 기록되어야 한다고 생각합니다. 같은 목적을 갖고 집회에 나온 사람들 사이에서도 서로를 향한 폭력과 차별, 혐오가 있었으니까요. 정말로 고생 많이 하셨습니다. 한편으로는 페미존을 진행하시면서 보람도 무척 컸을 것 같습니다.

**화용**　　페미존 하면서 너무 힘들었지만 그래도 하길 잘했다고 생각해요. 부정 피드백이 100개 있고 긍정 피드백이 1개가 있어요. 그래도 1이 100을 이겨요. 의미가 너무 크거든요. 자기 인생에서 가장 큰 이벤트, 전환점, 가장 소중했던 순간으로 기억하는 분들이 많아요.

**지안**　　역사적으로도 정말 의미 있는 일이라 생각해요. 2003년 촛불집회에서 나왔던 '미국을 강간하자'라는 구호도 그렇고 그 이후로도 시위 환경에 여성 배제적인 점이 많았어요. 그때도 문제의식을 가진 여성주의자들이 있었지만, 그것이 공론장에서 이만큼 공감대를 형성하지 못했거든요. 그런데 이제는 개인 발언자가 '병신년'이라는 말 한 마디만 해도 무대에서 내려가야 하는 때가 된 거예요. 그건 우리가 이런 행동을 하지 않았으면 일어날 수 없는 일이었다고 봐요.

**미섭**　　페미존은 그전까지 한 번도 없었던 문제 제기를 하고 그걸 위해 투쟁도 하고 비난도 받고 피드백도 있고 실제로 시정도 되는 경험이었어요. 그 과정을 저희가 주도했다는 게 자랑스러워요. 그때 저희가 예상하지 못했던 분들, 트랜스젠더, 성 노동자, 이민 온 청소년, 이런 분들이 발언을 많이 해 주셨는데요, 어떤 중년 페미니스트분은 '평생 페미니즘 운동하면서 바로 이 자리를 기다렸던 것 같다'고 말씀하시기도 했어요. 우리는 이 상황에서 해야 할 것, 할 수 있는 걸 했을 뿐인데 이게 굉장히 많은 사람들한테 큰 자리이고 큰 의미였다는 걸 알게 되었어요.

**예지**　　탄핵 축하 기념으로 헌재 앞에 갔었던 날도 기억나요. 저희가 '우리가 여기서 세상을 바꾼다'고 얘기했던 게 정말 조금이라도 실현되었구나 하고 생각했어요. 그날 '우리가 여기서 세상을 바꿨다'고 얘기하기도 했었고요. 그때 더 뿌듯하고 기뻤어요.

**미섭** 페미니즘 운동을 떠나서, '승리의 경험이 한 번도 없었는데 이게 진짜로 되네?'라는 생각이 들었어요. 너무 신기했어요. 이길 수 있다는 걸 처음 알았어요.


## '무거운 짐을 버리고 재밌게 하자'고 말하고 싶어요

**페미니즘 운동을 하는 단체들의 공통적인 고민일 것 같기도 한데, 활동을 하면서 살아가는 게 정말 쉽지 않다는 생각을 자주 합니다. 페미니즘 운동을 이어 오면서 어떨 때 힘들다고 느끼시는지 궁금합니다.**

**지안** 절대 틀리면 안 되고 섬세하게 모든 걸 고려해야 될 것 같은 기분이 들어요. 페미당당이라는 단체는 그러려고 노력을 해야 하는 게 맞는데 그러지 못하는 상황이 있을 수도 있잖아요. 여기에 속해 있는 사람들은 그냥 다 다른 개인들이니까요. 그게 좀 부담스럽죠.

**미섭** 저는 '진보저씨'들에 대한 기대가 없었기 때문에 상처를 받지 않는데 오히려 저와 연대하겠다고 하는 진보 진영의 여성분들로부터 상처를 받은 적이 있어요. 최근에 기존 운동권의 문법에 맞춘 커뮤니케이션을 했을 때 상처를 엄청 많이 받았었죠.

## 기존 운동권의 화법이라는 게 구체적으로 뭔지 설명해 주실 수 있으신가요.

**미섭** 나는 이 사람을 사람으로 만났는데 이 사람들은 나를 자원으로 생각하고 있었구나, 이런 생각이 들었어요. 그게 상처가 되더라고요. 그래서 저는 운동을 못 하겠다는 생각을 했어요. 그 사람들한테 실망을 했다기보다는 제가 그리고 있는 그림과 운동권 문법에 익숙한 사람이 그리고 있는 그림의 전제가 다른 것 같아요. 소통이 잘 안 되면 누군가는 상처받을 수밖에 없다고 봐요.

**화용** 그 사람들은 활동가기 때문에 그렇게 될 수밖에 없다고 생각해요. 그런 식으로 사람을 만나지 않으면 단체가 조직되지 않으니까요. 저희가 정당을 만들어 보려고 했지만 역량이 안 된다는 얘기와 맞닿는 거 같아요. 그런 걸 할 수 있는 사람들과 할 수 없는 사람들이 있는 듯해요.

**미섭** 최근에 어떤 선생님하고 얘기했는데 여성주의는 정당정치랑 어울리지 않는다고 생각한다고 하시더라고요. 정당정치라는 건 엄청난 인터레스트interest가 있거나 정말 확연한 의제가 있어야 하는데 페미니즘은 둘 다 없다는 거죠. 요즘엔 정치를 하려면 조직화를 해야 하는데 그게 페미니즘이랑 어울리는가, 이런 생각을 하고 있어요. 그런데 또 스웨덴 같은 나라들을 보면 페미니즘 정당이 이미 있어요. 그들을 보면 페미니즘을 정당정치로 실현하는 게 가능하구나 싶다가도, 처음에 정당을 만들기 위해 모인 사람들이 엄청 싸우고 비방하는 모습이 담긴 〈페미니스트 정당 창당기〉 다큐멘터리를 보면 페미니즘이라는 이슈 아래 모인 사람들이 그런 걸 감당하면서까지 정당정치를 하는 게 적절할까라는 고민이 들어요.

**화용**　그래서 페미당당은 단체 때문에 개인이 매몰되는 일이 없게 하자는 태도를 갖고 있어요.

**미섭**　그런 경우가 생기면 우리는 해체한다.

**화용**　미련 없이 박살 낸다. (웃음)

**미섭**　우린 조직보위론 따위 없다. (웃음)

**단체 활동에 개인이 매몰되는 일이 없게 한다고 하셨는데 그럼에도 활동을 굉장히 열심히 해 오고 계신 것 같아요. 활동을 지속하기 위해서 어떤 노력들을 하고 계신지 궁금하네요.**

**미섭**　'페미의 집'\*이 있어요. 거기 고양이도 있고요. 그 집에 모여서 금요 저녁 모임을 해요. 전에 트위터에서 알게 된 분을 만나서 얘기를 하다가 아무 생각 없이 페미의 집이 있다, 고양이도 있고 맛있는 거 해 먹는다고 했더니 그분이 "저분들은 힘든 거 어떻게 견디지 하고 생각했는데, 그게 비결이었군요."라고 하셔서 '아, 그게 비결인가?' 하고 생각했어요. 사소한 얘길 수도 있는데, 뭐가 필요하냐 묻는다면 '세이프 존'이 필요하다고 대답해요. 그 공간이 큰 역할을 하는 것 같아요.

───　　\*　지금은 사라졌다고 한다.

**천석**   어딜 가든 신경을 곤두세워야 하잖아요. 조용하고, 친밀한 사람들과 안전한 분위기를 공유할 수 있는 공간이 있으면 진짜 고맙죠.

**예지**   최고의 안티 소셜antisocial 인간이 되어 가고 있어요. 사람 만나는 게 싫고요. 새로운 사람을 만나서 이 사람이 내가 편하게 얘기할 수 있는 사람인가 살펴보는 과정을 거쳐야 하는데 그걸 하기보다는 그냥 대화를 안 하고 가만히 있다가 집에 와 버려요.

**지안**   학교 가면 저 보고 표정 안 좋아지는 애들이 있어요. 그래도 페미들이랑 살고 있어서 견딜 수 있는 것 같아요. 최근에 악플도 달렸는데 그걸 보면서 나 진짜 못생겼나 이런 생각도 꽤 했어요. 어쨌든, 재밌으니까 하는 거죠. 거의 이상한 얘기뿐이지만 가끔 의미 있는 것도 하니까 견딜 수 있는 것 같아요.

**공감되는 이야기들이 많네요. 친구가 점점 줄어든다는 면에서요. (웃음) 마지막으로는 다른 이들과 나누고 싶은 얘기와 각자가 꿈꾸는 세상에 대해 이야기해 주시면 좋겠습니다.**

**미섭**   다들 크든 작든 페미니즘 운동을 했으면 좋겠어요. 왜냐면 하는 사람이 너무 적어요. 이 책을 읽고 '우리도 할 수 있다', 이렇게 생각했으면 좋겠어요. 책 읽기 모임이든 시위에 깃발을 들고 나가든 뭘 하든 일단 저질러서 하셨으면 좋겠어요. 이 인터뷰를 보고 '아, 이 사람들이 이렇게 생각하고 있구나' '멋지다'라고 생각하는 게 아니라 '나도 해야지'라고 마음먹게 되면 좋겠어요. 페미니즘 운동을 하면서

퀴어퍼레이드에 참가한 페미당당 활동가들
ⓒ 페미당당

좋은 친구가 많이 생겼으면 좋겠어요. 부채감은 갖지 않았으면 좋겠어요. "나는 그냥 아가리 페미지."라고 말하는 친구들이 있어요. 말만 하고 책만 읽지 행동을 안 한다는 뜻이에요. 하지만 그 친구들은 남초 IT 회사에서 일하면서 버텨요. 직장 생활을 저보다 훨씬 힘들게 하고 있어요. 저는 그것만으로도 훌륭하다고 생각해요.

**지안**   너무 죄책감 갖지 말고 쉽게 쉽게 갔으면 좋겠어요. 여성들에게 짐이 너무 많은 것 같아요. 지금까지 충분히 잘했으니까 무거운 짐을 버리고 재밌게 하자고 말하고 싶네요.

**천석**   여성 혐오 발언을 하는 걸 두려워하는 세상이 되었으면 좋겠어요. 성찰적인 사회가 되면 좋겠어요. 한국 사회는 자기를 대상으로 해서 생각을 하는 버릇이 너무 없는 것 같아요. 특히 20~30대 한국 남자들. 기사에서 20~30대 남자가 독서량이 제일 적다고, 거의 독서 시장에서 전멸하다시피 했다는 걸 본 적이 있어요. 그 사람들이 기득권이 되었을 때의 사회상을 생각하면 끔찍해요. 어떤 방식으로든 자기 성찰을 하고 소수자에 대한 폭력을 잘 검열할 수 있는 사회가 되었으면 좋겠어요.

**예지**   저는 제가 '보수'가 되는 세상이었으면 좋겠어요. 제가 너무 시대에 뒤쳐지고 사람들이 하는 얘기가 너무 급진적인 거 아닌가 하는 생각이 들 정도로 변화한 세상에 살고 싶어요.

**지안**   저는 상식이 통하는 세상. (일동 웃음) 페미니즘 운동을 하다가 비참하고 불행하게 죽지 않아도 되는 세상이 되었으면 좋겠어요.

**미섭**   저도 그게 요즘 목표예요. 나혜석 안 되기. 행복하기가 힘든 것 같아요. 페미니즘 운동도 당연히 해야 하는 걸 아무도 안 하니까 하는 거거든요. MT에 가서 보니 설거지가 쌓여 있는데 아무도 안 하려고 하는 상황인 거죠. 그런데 설거지는 되어 있어야 하는 거잖아요, 인간답게 살려면. 아무도 안 하면 결국 내가 하게 되는데 그렇다고 엄청 뿌듯하지도 않은 거죠. 그냥 설거지가 있어서 한 거니까요. 그렇기 때문에 항상 계속해서 우울하고 힘들어요. 예지 말처럼 페미니즘 운동이 엄청 급진적인 운동이 되어서 제가 조금 더 깜짝 놀랄 만한 세상을 만들어 가기 위해 활동할 수 있게 되면 좋을 것 같아요.

• • •

박근혜 전 대통령의 탄핵을 이끌어 낸 시민들의 촛불집회는 많은 사람들에게 민주주의의 승리로 기억되고 있다. 부패한 권력자를 대통령직에서 끌어내리기 위한 시민들의 자발적인 정치 참여 과정에서, 많은 이들은 한국의 민주주의가 꽤 훌륭하게 작동하고 있다고 자랑스러워했다. 하지만 탄핵 촉구 시위 내내 어딘가 불쾌하고 불편한 감정을 느껴야 했던 시위 참여자들도 있었다. '탄핵'이라는 시대적 요구 앞에서 나의 불편함은 참고 넘어가야 하는 사소한 것이 되어 버릴 때, 이들은 과연 이것이 누구를 위한 민주주의인가를 되물을 수밖에 없었다. 그래서 페미니스트들은 광장에 페미존을 만들었다. 광장의 페미니스트들은 거대한 대오가 탄핵이라는 '대의'를 향해 나아가면서 차별과 혐오를 당연시할 때 그것은 더 이상 민주주의일 수 없음을 이야기했다.

페미당당과의 인터뷰에서 나는 이 차별과 혐오를 그냥 참아 넘기지 않겠다는 용기를 느꼈다. 우리는 당연히 모두 다르고, 그 다름이 차별의 근거가 되어서는 안 된다는 당위가 여전히 도래하지 않았다는 점에서 페미당당도, 페미니즘 정치도 여전히 할 일이 많다. 페미니스트들의 주장이 더 이상 급진적인 것이 아닌, 오히려 보수적으로 여겨지는 세상이 왔으면 좋겠다는 바람이 이루어져 당연한 말들을 계속 외쳐야 하는 이 지난한 시간이 어서 지나가기를 고대한다.

## 페미당당을 만날 수 있는 곳

페이스북 www.facebook.com/femidangdang

트위터 @femidangdang

## 활동 약력

2016년 4월 발족

강남역 여성 살해 사건 추모를 위한 〈강남역 거울행동〉 진행

페미니스트를 위한 파티 〈Feeeeee-kk!!!〉 진행

서울 지역 페미니스트 인터뷰 프로젝트 〈페미니스트 인 서울〉 진행

페미당당 세미나 〈페미나〉 진행

〈모두를 위한 낙태죄 폐지 공동행동〉 참여

2017년 대선 후보 여성 정책 공약 검증 영상 제작

박근혜 퇴진을 외치는 페미니스트 모임 '우리는 여기서 세상을 바꾼다' 및 페미존 참여

낙태약 자판기 설치 퍼포먼스 〈왜 우리는 "낙태약"을 자판기에서 살 수 없을까〉 진행

# 나의
# 털들아,
## 고개를
## 들어라

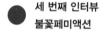 **세 번째 인터뷰**
**불꽃페미액션**

**가현**　　불꽃페미액션에서 우즈(woods, 불꽃페미액션 내 집행부 이름으로 '장작'이라는 뜻)로 일하고 있는 가현이라고 합니다.

**세정**　　저도 우즈를 하고 있고 일 줄이는 역할을 맡고 있습니다.

**아영**　　저는 2016년 12월부터 불꽃페미액션에 함께했고 대학에서 아동가족학을 공부했습니다.

**현아**　　류현아입니다. 친한 사람들이 페미니즘 운동을 하는 걸 보고 불꽃페미액션으로 흘러들어오게 되었어요.

**홍학**　　대학에서 디자인을 전공하고 있는 페미니스트입니다. 누가 설명도 없이 집행부 채팅방에 초대해서 그때부터 우즈를 시작하게 되었습니다.

가부장제와 여성 혐오가 구체적으로 발현되는
공간이 여성의 신체라고 생각해요.
남자는 겨털 기르고 젖꼭지 툭 튀어나와도
괜찮지만 여자에게는 그것들이 절대 허용되지
않아요.

〈서울고용노동청 앞 한국 직장 내
여성 혐오 철폐 촉구 기자회견〉
ⓒ 불꽃페미액션

불꽃페미액션은 실제로 내가 왜 이렇게 살고
있는가에 대한 현실적인 이야기를
많이 하는 것 같아요.
내가 왜 밤에 길을 걸을 때 두려워했나,
왜 겨털을 기르지 못했나,
자위 얘기를 왜 하지 못했나, 그런 것들요.

2018년 5월, 불꽃페미액션이 자신의 페이스북 계정에 여러 여성이 상의를 탈의한 채로 함께 찍은 사진을 올렸는데 페이스북 측에서 이 게시물을 일방적으로 삭제하고 1개월 계정 정지 처분을 내린 일이 있었다. 게시물에 있는 사진을 '음란물'로 규정했기 때문이다. 이에 회원들은 '우리는 음란물이 아니다'라는 구호를 내걸고 페이스북코리아 사옥 앞에서 상의를 벗는 항의 시위를 벌였다. 경찰들은 이불로 회원들의 몸을 가리기 위해 우왕좌왕했다. 이 상의 탈의 시위로 불꽃페미액션은 포털 사이트 인기 검색어에 오르내리며 많은 관심을 받았고, 결국 페이스북은 게시물을 복원시키며 사과의 뜻을 밝혔다.

불꽃페미액션은 20대 여성의 몸과 섹슈얼리티에 가해지는 통제에 저항하는 일을 계속해 왔다. 다 함께 삭발을 하거나 겨드랑이 털을 뽐내는 〈천하제일 겨털대회〉를 개최하면서 여성의 몸을 규정하는 사회적 통념에 도전했다. 〈페미들의 성교육〉을 진행하면서 여성들이 자신의 몸을 즐겁게 경험하는 법을 나누기도 했다. 여성이면 응당 이래야 한다는 규범들에 구체적으로 저항해 온 불꽃페미액션을 만나 이 번뜩이는 아이디어들이 다 어디서 온 것인지 들어 봤다.

· · ·

# 20대 여성의 몸과 섹슈얼리티

**안녕하세요. 저는 평소에 불꽃페미액션의 활동을 굉장히 관심 있게 지켜봤고 팬으로서 응원도 해 왔는데 이렇게 만나게 되니 정말 반갑습니다. 우선 불꽃페미액션이 어떻게 만들어지게 되었는지가 궁금합니다. 그 얘기부터 시작해 볼까요?**

**가현**　저는 '알바노조(아르바이트 노동조합)'라는 단체에서 활동을 했었는데요, 당시 알바노조 사무국장이 함께 농구를 할 여성들을 모으더라고요. 그래서 저도 같이 농구를 했어요. 그러다가 알바노조 내부에서 여성주의 네트워크라는 걸 만들게 되었어요. 여성주의 활동을 하고 있는 조합원들과 모여서 활동 내용이나 자신이 공부한 내용을 공유하고 그랬죠. 2016년 3월 8일 여성의 날에는 CGV 같은 영화관에서 일하는 여성 노동자들의 꾸미기 노동을 주제로 하는 집회를 기획했고, 같은 해 4월에는 알바노조에서 활동했던 하윤정 씨가 서울 마포구 국회의원 후보로 출마를 해서 거기에 모였어요. 무상 생리대나 자궁경부암 무료 접종 같은 정책을 생각해 내고 선거운동을 같이 했죠. 선거 이후에도 계속 그 멤버들이 모여서 농구 모임을 하고 그랬어요.

그러다 강남역 여성 살해 사건이 일어났고 같이 활동해 오던 사람들이 우리도 뭐라도 해야 되는 거 아니냐 하면서 뭉치게 되었죠. 다른 활동가들이 강남역 10번 출구 앞에서 자유 발언대를 운영하길

래 그걸 같이 할까 고민을 했었는데 지금은 활동가들이 나설 때가
아닌 것 같다는 생각이 들었어요. 분노한 여성들이 이미 소리치며
싸우고 있는 상황이었고 그들이 준비한 포스트잇과 추모 행진 같은
것들이 진행되고 있었는데 거기에 우리가 개입을 하는 게 맞지 않는
것 같아서요. 대신에 그동안 해 오던 기자회견 같은 방식으로 이 사
건에 대해서 말하자고 했어요. 이 사건이 '정신병자'의 소행이고 앞
날이 창창한 신학생의 실수처럼 포장되는 것에 항의해야겠다고 생
각했어요.

　그 기자회견을 시작으로 불꽃페미액션 활동이 시작되었다고 할
수 있을 것 같아요. 기자회견이 끝나고 다 같이 밥을 먹으러 갔는데
우리도 이름을 정해야 한다는 이야기가 나왔어요. 기자들이 하도 단
체의 이름을 물어봐서요. 경상남도, 전라남도 출신이 많아서 남도페
미로 할까 하다가 누구는 '불꽃'이라는 말이 들어가야 한다고 하고
누구는 '액션'이라는 말이 들어가야 한다고 해서 그 자리에서 '불꽃
페미액션으로 하자'는 결론이 났어요.

**불꽃페미액션은 정말 많은 활동들을 해 온 것으로 알고**
**있는데 그중에 몇 가지만 소개를 부탁드릴게요.**

**가현**　　일단 〈천하제일 겨털대회〉라는 걸 했었어요. 그 얘기를 하
자면, 〈우리는 기자회견女인가?〉*라는 기자회견을 한 날이었어요.
햇빛이 엄청 뜨거운 날이었는데 기자회견이 끝나고 세정이랑 얘기
를 나누다가 우리 '겨털대회'나 한번 해 볼까 이러다가 시작하게 되

었어요.

**세정** 급하게 홍보를 했어요. 퀴어퍼레이드 전날인가 전전날에 겨털에서 불나는 사진을 만들고 SNS에 우리 이런 대회 할 거라고 홍보를 했어요. 별 생각 없이 했는데 사람들이 트위터에서 그걸 보고 진짜로 왔어요. 시청 광장이 넓으니 겨털대회를 어디서 하는지 몰라서 한참을 찾아다녔다는 분도 계셨고요.

**가현** 겨드랑이만 들고 사진을 찍으면 우리가 무슨 얘기를 하고 싶어 하는지 잘 모를 수도 있으니까 피켓을 만들었어요. 피켓을 만들기 위해서 '털'이 들어간 재밌는 문구들도 만들었어요. '여자도 겨털 있답니다' '자라나라 겨털겨털' '내 곁에 열대우림' '무성히도 자랐구나' '나의 털들아 고개를 들어라', 이런 식으로요. 사진을 찍고 트위터랑 페이스북에 올려서 누구 털이 가장 멋진지 투표를 했어요. 그런데 이걸 보고 사람들이 혐오스럽다고 퍼 가고 그러더라고요.

**세정** 이게 제일 처음 해 본 대중적인 사업이었는데 하면서 많이 배웠어요. 참가자가 아닌 다른 사람의 얼굴이 나오면 안 되는데 그걸 모르고 SNS에 올렸다가 항의를 받기도 했고요. 고소를 하겠다는 사람들도 있었어요. 스트레스를 많이 받았는데 그래서 다음번 대회는

---

\* 강남역 여성 살해 사건이 일어나고 얼마 뒤인 2016년 6월 1일, 불꽃페미액션은 서울 중구 프레스센터 앞에서 기자회견을 열었다. 여성을 'ㅇㅇ녀'로 지칭하고 성폭력 사건을 '몹쓸 짓'으로 표현하며 가해자의 삶과 입장을 대변하는 기사를 쓰는 언론의 잘못된 보도 행태가 여성 혐오와 성차별적 문화를 양산하는 데 기여하고 있음을 알리기 위해서였다.

더 잘할 수 있지 않을까 싶어요.

**아영**　　저는 정부청사 앞에서 기자회견 했던 게 기억에 남아요. 〈정부야 네가 아무리 나대봐라 내가 결혼하나 고양이랑 살지〉* 기자회견이요. 거기서 저희가 퍼포먼스도 하고 그랬는데 기자님들이 그걸 보면서 당황스러워하시더라고요. 그게 즐거웠어요.

**가현**　　강남역에서 '밤길 걷기'** 도 했었어요. 그때 노출을 많이 하고 왔어요. 이렇게 노출하고 다니더라도 안전하게 밤길을 걸을 수 있어야 한다는 이야기를 하고 싶었어요. 그런데 일베에서는 그 행진 사진을 보고 '솔직히 말해서 자신 있어서 저렇게 드러낸 거 아니냐'고 하더라고요.

**세정**　　그 당시에 제가 행사만 끝나면 일베에 꼭 들어가 봤는데요. 특정 사람을 집어서 '돼지다' 이런 말도 하고, '얼굴을 보니 아무도 손을 대지 않을 것 같은데' '저게 추모하는 사람들 표정이냐, 너무 즐거워 보인다'고 하기도 했어요.

**가현**　　기자회견 사진 보면서 '오늘 내 딸감(자위용 사진 혹은 영상 등을

* 2017년 2월 27일, 서울 광화문 정부서울청사 앞에서 불꽃페미액션은 〈정부야 네가 아무리 나대봐라 내가 결혼하나 고양이랑 살지〉라는 제목의 기자회견을 열었다. 국책 연구기관인 보건사회연구원이 저출산 문제를 해결하기 위해 '고소득·고학력 여성의 눈높이를 낮춰 결혼을 유도하겠다'는 발상을 한 것에 대해 항의하기 위해 열린 기자회견이었다.

** 2016년 5월 24일, 강남역 여성 살해 사건 희생자를 추모하고 여성들이 안전하게 밤길을 걸어 다닐 수 있어야 함을 주장하며 신논현역에서부터 강남역까지 행진했던 행사다.

지칭하는 말)은 저 교복 입은 애다' 그리고, 또 어떤 사람한테는 '완전 몸매 좋다, 내 성 노예로 쓰고 싶다' 이러고요. 치마를 입고 온 사람이 있었는데 그 사진을 보고 '쟤 무릎이 까만 걸 보니 남자들한테 많이 봉사했을 것 같다'는 식으로 얘기를 해요. 굉장히 충격을 받았죠. 원래 얼굴을 다 드러내고 활동하던 사람들인데 이런 식의 반응은 처음이었거든요. 그리고 겨털대회 사진 보고는 꼭 못생긴 애들이 겨털 기른다며 더럽다고 하더라고요.

**세정**    여성들도 더럽다는 댓글을 너무 많이 달았어요. 같은 여자지만 겨털은 에티켓인데 왜 저러냐고 해요. 충격받았죠.

**가현**    악플 쓴 사람들을 고소하긴 했거든요. 여러 명을 고소했는데 두 명 빼고는 다 불기소나 기소유예 처분이 났어요. 기소된 두 명도 벌금 30만 원, 50만 원 이렇고요.

**세정**    그전까지는 얼굴 드러내는 것에 별 두려움이 없었거든요. 그런데 일베에서 댓글을 보는데 '저기 302호 여자가 있다', 이런 댓글이 있는 거예요. 제가 지금 303호에 살거든요. 사진에 저만 나온 게 아니니까 저를 특정해서 말한 게 아닐 수도 있지만 괜히 엄청 두려웠어요. 밤길 걷기 같은 행사를 마치면 성취감에 젖어서 신나게 집에 가지만 친구들과 있을 때랑 저 혼자 집에 가는 길은 또 완전히 달라요. 뒤에서 누가 따라오지 않을까, 우리 학교에 일베가 많다는데 일베에서 내 얼굴 보고 쫓아와서 해를 가하면 어떡하나, 이런 생각이 들었어요.

우여곡절을 얘기하면 정말 끝이 없을 것 같네요. 무엇보다 그런 악플에 시달리면서도 계속 활동을 하고 계신 게 대단하게 느껴져요. 한편으론 이야기를 듣다 보니 불꽃페미액션의 활동을 관통하는 테마가 있는 것 같다는 생각이 드는데요. 여러분이 생각하시는 불꽃페미액션의 중심 주제는 무엇인가요?

**가현** 20대 여성의 몸과 섹슈얼리티예요. 주로 몸에 관한 이야기들을 많이 하려고 하는 중이에요. 왜냐면 활동가들이 주로 20대고 20대 여성들의 중요한 이슈는 아무래도 젠더 폭력이나 낙태, 섹스 이런 거잖아요. 그래서 그렇게 정했어요. 그런데 저희가 나이가 들어갈수록 좀 달라지지 않을까요? 육아도 들어갈 수 있고 결혼이나 건강 이슈가 들어갈 수도 있겠죠.

**세정** 올해 겨털대회 때 '내 안의 열대우림'이라는 말을 만들었으니 열대우림을 보존하는 환경 운동과 병행해 보자는, 그런 우스개 반 진담 반 이야기도 있었는데 저는 좋다고 생각했어요. 채식, 동물권도 재밌는 것 같고요. 전 페미로 살다가 페미로 죽는 게 목표니까 활동 주제는 계속 달라질 것 같아요. 나중에 20대 후반이나 30대 되면 제 친구 또래는 재취업이나 육아, 임신, 결혼에 대한 얘기를 많이 하게 될 테니 그런 이슈에 대한 활동도 같이 하게 되겠죠.

**현아** 불꽃페미액션은 실제로 내가 왜 이렇게 살고 있는가에 대한 현실적인 이야기를 많이 하는 것 같아요. 그래서 사람들이 더 관심을 가지는 것 같기도 하고요. 내가 왜 밤에 길을 걸을 때 두려워했나, 왜 겨털을 기르지 못했나, 자위 얘기를 왜 하지 못했나, 그런 것들요.

**홍학**　가부장제와 여성 혐오가 공기처럼 존재하는데 그것이 구체적으로 발현되는 공간이 여성의 신체라고 생각해요. 단적으로 남자는 겨털 마음대로 기르고 젖꼭지 툭 튀어나와도 괜찮지만 여자에게는 그것들이 절대 허용되지 않아요. 이런 사소한 거 하나하나 얘기하다 보면 많은 사람들이 네 말이 맞는 것 같다고 해요. 굉장히 당사자성을 갖기 쉬운 주제인 것 같아요.

**아영**　예전에 불꽃페미액션 활동을 하기 전에 여성복 아웃렛에 간 적이 있는데 옷들이 전부 다 분홍색, 아이보리색이더라고요. 그거 입고 당장 선보러 나가도 될 거 같았어요. 그 단아함의 정서가 온 매장을 지배하고 있는 걸 보면서 도대체 어쩌다 저런 스타일이 형성되었는가 짚어 가다 보니까 몸과 관련된 주제들을 안 떠올릴 수가 없게 되더라고요.

**홍학**　옷 얘기에 진짜 공감을 하는 게, 저는 페미니즘을 본격적인 실천 영역으로 끌고 오기 전과 후의 옷차림이 진짜 달라졌어요. 사실 길거리에서 여자들 옷을 보면 되게 불편하게 나와요. 꽉 조이는 스키니진이라든가 단추가 뒤에 달려 있는 옷이라든가 주머니 없는 옷이 많아요. 정장 재킷 안쪽에도 주머니 없는 경우 되게 많고, 뷔스티에나 브라렛 같은 것도 다 흰 티셔츠에 받쳐 입어야 되고. 그런데 제가 페미니즘 접한 후로는 편한 옷에 노브라로 다니거든요. 구두도 안 신은 지 되게 오래되었고요. 그러다 보니까 쇼핑몰 뒤질 때 편한 옷 찾기가 너무 힘들어요 진짜. 유행을 만드는 건지 유행을 해서 그렇게 된 건진 모르겠지만 웬만한 옷들은 레이스 하늘하늘하고 소매도 짱커 가지고 음식물 다 묻게 생겼어요.

**현아** 그리고 머리 스타일. 숏컷으로 바꾸면 옷 다 바꿔야 하지 않아요 솔직히? 옛날에 입던 하늘하늘한 옷, 대학 들어갔을 때 맨 처음 입었던 신입생 룩. 그 옷은 입을 수 없어요, 이 머리로는.


## 낙태죄를 폐지하라

**낙태죄 폐지를 위해서도 계속 애써 오셨는데요, 그 시작이 '검은 시위'였죠. 이 시위는 어떻게 진행이 되었나요?**

**가현** 낙태죄에 반대하기 위한 검은 시위도 사실 급하게 준비된 거였어요. 보건복지부에서 모자보건법에 명시된 낙태 처벌을 강화한다는 이야기를 듣고 거기에 항의하기 위한 집회를 준비했어요. 그 당시에 폴란드에서도 비슷한 문제로 시위가 있었거든요. 여성의 재생산권에 애도를 표하는 뜻으로 검정색 옷을 입고 검정색 리본으로 눈을 가리고 자기 손을 묶고 시위를 했어요. 자가 낙태를 의미하는 옷걸이도 들고요. 거기서 모티프를 얻어 한국판 검은 시위를 해야겠다고 생각해서 주변에 활동하는 단체들이랑 같이 이 시위를 준비했어요. 저희 어머니 세대들은 그냥 말을 안 할 뿐이지 낙태 경험이 많으세요. 저희 엄마도 낙태와 유산 경험이 있으시거든요. 그리고 낙태 경험은 많은 여성들이 겪는 평범한 경험이기도 한데 그걸 죄로 규정하는 게 말이 안 된다고 생각했어요. 또 낙태가 죄로 규정되는 순간 낙태도 출산도 선택하지 못해서 자살하는 사건들도 있고요. 여성들만 처벌받는 것도 굉장히 불합리하다는 생각이 있었어요. 검은 시위가 기억에 남는 게, 그 시위로 처벌 강화안이 백지화됐거든요. 우리가 저항했기 때문에 그런 결과를 이끌어 낼 수 있었다고 생각했어요.

**세정**　섹스하고 임신은 진짜 떼려야 뗄 수가 없잖아요. '가장 확실한 피임 방법은 (섹스를) 안 하는 거'라는 말이 있을 정도로 섹스를 하는 이상 늘 임신의 공포가 있죠. 그런데 그 공포는 언제나 여성에게만 전가돼요. 이 시위를 하면서 놀랐던 건 낙태가 엄청 큰일일 수도 있지만 생각보다 흔하고 많이들 경험하는 일이었다는 거죠. 이 사회가 낙태라는 행위를 엄청 부끄러운 짓이나 큰 잘못처럼 생각하게 만들잖아요. 낙태 수술 하려고 하면 태아가 도망가는 영상을 학교에서 보여 주고 그러니까요. 그런데 낙태죄 폐지 운동을 하면서 그런 생각들에서 조금씩 벗어날 수 있었던 것 같고 다들 나도 그런 경험이 있었다고 얘기할 수 있는 분위기가 만들어진 것 같아요.

**가현**　낙태죄는 여성의 권리와 국가의 통제가 정면으로 맞닿아 있는 지점이라고 생각해요. 낙태죄 폐지가 생각보다 사회적으로 많은 관심을 받고 있을 뿐만 아니라 많은 지지를 받고 있더라고요. 그래서 이 문제가 해결될 시기가 가까워지고 있다는 생각이 들었어요. 위헌 심판 청구가 꾸준히 들어가고 있기도 하고요. 가장 최근에 합헌 4, 위헌 4가 되었대요. 그래서 조금만 더 노력하면 이 죄가 폐지될 수 있지 않을까 싶어요. 달성하고 싶은 목표 중 하나예요.

## 그런데 2016년에 낙태죄 폐지 시위와 관련해서 다른 단체와 갈등이 있었던 것으로 알고 있어요.

**가현** 　시위가 보통 일회성으로 끝나는 게 아니라 그다음 시위가 기획이 되잖아요. 그래서 저희가 검은 시위 하고 나서 한국여성단체 연합 등에서 검은 시위를 주최하기로 했어요. 아직 날짜가 정해지지는 않은 상태였죠. 그래서 그다음 시위가 언제라고 공지를 할 수가 없었는데 당시 '여성 커뮤니티 연합'이라는 곳에서 낙태죄 폐지 요구 시위를 계획하고 계셨어요. 그래서 그분들 집회가 있다고 공지를 하려고 했죠. 저희가 여는 집회는 아니지만 다른 검은 시위가 다음 주에 어디 앞에서 열리니 거기에 참여해 달라고 얘기를 했어요. 그런데 거기 있던 경찰이 얘기를 잘못 이해하고서는 저희가 그분들이 시위하기로 예정되어 있던 곳에서 시위를 하기로 했다고 얘기를 전달한 거죠. 그래서 저희가 시위를 탈취해 가려고 한다는 얘기가 그쪽에서 돌았대요.

　또 오해가 있었던 게 저희가 검은 시위를 보신각에서 했는데 거기에 저희가 시위하기 전부터 백남기 농민을 추모하는[*] 포스트잇들이 붙어 있는 곳이 있었어요. 그래서 시위가 끝나고 자발적으로 추모 포스트잇을 작성하는 분들이 있었는데 그걸 어떤 언론에서 찍어서 '검은 시위 끝난 뒤 백남기 추모 포스트잇 작성하는 시위 참여자들', 이

———

[*] 2015년 11월 14일 민중총궐기에 참여했던 백남기 농민이 시위대를 해산시킬 목적으로 경찰이 분사한 물대포에 맞고 응급실로 이송되었으나 결국 사망했다.

런 식으로 기사를 낸 거죠. 그랬더니 저희가 시위를 빼앗아 갔다고 생각하시는 분들이 '이것 봐라, 결국 정치적으로 여자들 이용한 거'라며 비난을 많이 했어요. 여러모로 '꿘충'이 여성을 수단으로 삼아 시위를 한 꼴이 되었죠. 그때 정말 많이 힘들었어요. 그 커뮤니티 홈페이지 찾아가서 사과문도 올리고 나름의 해명도 했는데 그냥 퇴출당했어요. 경찰 녹취록도 다 올렸지만 갈등을 풀 수 없었어요. 사람들이 그 사건을 두고 온라인 페미와 오프라인 페미 간 갈등이라고 하는데 페미니스트들을 그런 식으로 나눌 수 있는 건지도 모르겠어요. 우리 세대는 다 온라인과 오프라인을 넘나드는 사람들이니까요.

**홍학**　사실은 그때 '꿘'이라는 이유로 욕먹는 게 이해가 안 되기는 했어요. 그럼에도 불구하고 온라인 페미들이 운동권에 갖는 반감을 이해할 수 있어요. 당연한 감정이라고 생각해요. 그동안 운동이 여성을 대했던 방식, 페미니즘을 어떤 식으로 착취하고 입맛에 맞게 변형시켰는지에 대해서는 페미니즘을 공부한 사람이라면 알고 있잖아요. 그래서 적대적인 감정은 충분히 이해할 수 있어요. 하지만 '꿘페미'와 온라인 페미들이 같이 할 수 있는 부분들이 많다고 생각해요. 이를테면 낙태죄 폐지 시위는 같이 할 수 있는 거잖아요. 그런 건 같이 가도 괜찮지 않을까 싶어요.

**아영**　얘기를 듣고 나니까 '꿘'에 대한 혐오라기보다 오히려 공포일 수도 있다는 생각이 드네요. 조직이 어떤 식으로 개인을 억압해 왔는지 다들 너무 잘 아니까요.

## 페미니스트 단체를
## 운영하는 방법

**불꽃페미액션은 회원이 굉장히 많은 것으로 알고
있어요. 그래서 어떤 방식으로 이 모임이 운영되는지도
궁금하더라고요. 의사 결정 방식 같은 것들요.**

**가현**     정해진 의사 결정 방식이라든가 이런 게 아직은 없고 하고
싶은 걸 해요. 겨털대회 같은 건 해야 한다는 생각보다 하고 싶다는
마음이 더 강했었죠. 각 활동가들이 자기가 하고 싶은 활동을 제안
하고 같이 할 사람을 찾는 식으로 진행돼요. 1주일에 한 번씩 회의
를 하는데 회의에서 뭔가를 제안하고 싶은 사람이 안건을 써 온다든
지 해요. 그런데 의사 결정 구조가 없다 보니 어떤 일을 누가 책임질
건지가 모호해질 때가 있어요. 그러면 시간 많고 활동력 높은 사람
이 그걸 다 책임지게 되고, 다른 활동가들이 미안해하는 일들이 생겨
요. 또 하고 싶은 게 다 다른데 대부분 한두 명이 붙어서는 안 되는 것
들이거든요. 하나를 하려면 모두가 다 붙어 가지고 열심히 해야 하는
데, 만약에 활동을 하려는 우즈가 9명이라고 하면 일거리가 엄청 많
아지는 거죠. 우선순위 정하기도 힘들고요. 그런 게 힘들어요.

**세정**     처음에는 뭘 제안하면 바로 할 수 있었어요. 물론 그 과정에
서 현생 포기하고 해야 하는 경우가 많았지만요. 그런데 즉각적으로
대응해야 할 사안이 딱히 없을 때는 뭔가를 만들어 내서 해야 하는
데 서로 일을 해 온 경험도, 욕구도 다른 사람들이니까 이걸 맞추는 게

어렵긴 해요. 좀 다른 방법이 필요하지 않을까 싶고 활동비를 받고 싶다는 생각도 들고요.

**현아**　일단 대표가 없고 무슨 장, 무슨 팀 이런 구조도 없어요. 위계를 아예 안 잡는 구조로 가고 있는데 이게 과연 효율적인가에 대해서 고민을 많이 했죠. 많이 우왕좌왕했거든요.

**아영**　처음에 여기서 일을 하면서 느꼈던 건 '일을 주먹구구식으로 한다'는 거였어요. 제 인생의 모토는 효율성이었거든요. 그런데 여기서는 모든 의견을 받아 안고 선택지를 열어 놓고 해요. 그래도 이제는 많이 익숙해졌고 서로가 뭘 할 수 있는지 아니까 분담할 수 있는 게 늘어났어요. 다른 활동을 하다가 들어온 사람은 좀 수월할 것 같은데 저 같은 경우는 그런 경험이 하나도 없는 사람이었거든요. 그래서 엄청 꾸물댔어요. 어떻게 하는지도 모르겠고 물어보고 싶은데 다들 너무 바빠 보이고. 지금은 적응하는 데 드는 시간을 줄이기 위해서 약속문도 만들고 실무 매뉴얼도 만들 준비를 하고 있어요.

**홍학**　사실은 저도 처음 들어갔을 때 이 사람들 대체 나보고 뭐 하라는 건지 모르겠더라고요. 그런데 페미니스트 그룹이라는 게 굉장히 실험적인 거잖아요. 기존에 운동을 했던 친구들도 다 가부장적인 그룹에서 운동을 배워 오거나 해 왔던 친구들일 거고 이런 모델을 만드는 게 처음이기 때문에 시행착오를 계속 겪는 거라고 생각했어요.

**현아**　저도 몰랐고요. (웃음) 그래서 누군가는 일이 너무 없고 뭘 해야 될지도 모르겠는 상황에 놓이고, 누군가는 일이 너무 많아서 결국 폭발해 버리는 일이 발생했죠. 일을 분담할 때 자기가 안 해 본 일은 할 줄 모르니까 안 하게 되잖아요. 그러니 할 수 있는 사람만 계속 일을 하게 돼요. 저는 디자인을 할 수 있으니까 디자인만 했고 그것 말고는 거의 한 게 없어요.

**아영**    맨 처음에 왔을 때는 일을 맡고 싶어도 해 본 적이 없으니까 그 일의 사이즈가 안 나오잖아요. 얼마나 시간이 걸리고 얼마나 힘든지. 내가 이걸 덜컥 맡겠다고 했을 때 어떤 상황이 벌어질지 모르니까 어렵죠.

**현아**    그리고 개인의 일이 아니라 단체의 일이잖아요. 만약에 제가 일을 잘 해내지 못했을 땐 단체 이름에 먹칠을 하는 거니까, 이 단체를 좋아하는 사람으로서 내가 이 일을 맡겠다고 말할 용기를 내기가 힘든 부분도 있어요. 또 돈을 받으면서 활동하는 게 아니기 때문에 각자 돈 벌고 학교 다니면서 이 활동을 조율해야 하는데, 일을 해 본 적이 없으니까 쉽게 하겠다고 얘기를 못 하게 되고 결국 일을 하는 사람만 다시 하게 되는 거죠.

**홍학**    확실히 누구 한 명이 장을 맡아서 '너 뭐 하고, 너는 뭘 하면 돼', 이렇게 진행하는 방식이 편해요. 다들 그렇게 배워 왔고 살아왔으니까. 이런 걸 해체하고 같이 동등하게 대화를 하면서 일을 진행해 가는 과정이 어떻게 보면 되게 느리고 누가 보기엔 답답할 수도 있어요. 그런데 저는 이 과정이 답답할 때도 있지만 소중하다고 생각해요. 같이 맨땅에서 시작하고 어떤 주제에 대해 얘기를 하면서 의견 차를 좁혀 가는 이런 과정 자체가 소중해요.

**재정적인 건 어떻게 운영하고 있으신지 여쭤봐도 되나요?**

**가현**　누가 무슨 토론회에 가서 발제를 하거나 글을 쓰거나 인터뷰를 하거나 출연을 하면 원고료나 출연료가 들어오잖아요. 그런 거에서 어느 정도 떼고, 스티커랑 엽서 같이 예쁜 굿즈들을 만들어서 집회 같은 데 부스 차려서 팔고 하면서 돈을 마련하는 거 같아요. 감사하게도 많은 분들이 후원을 해 주세요. 여성재단에서 지원을 받기도 하고요. 그렇게 돈이 들어오는 거 같아요.

**불꽃페미액션 안에는 여러 가지 소모임이 운영되고 있다고 들었어요. 어떤 것들이 있나요? 그리고 재밌는 에피소드가 있었다면 소개해 주세요.**

**가현**　액션단을 모으고 보니까 너무나 성차별적인 직장 생활이나 가정생활에 지친 사람들이 모였더라고요. 자기 일상에서 페미니즘을 이야기할 사람이 없는 분들이었어요. 시간이 없어서 활동 못 하는 분도 계시고. 그래서 활동도 활동이지만 생업 하고 남는 시간에 취미 생활이나 페미들과 수다 떨 수 있는 해소의 공간을 마련하고 싶어서 소모임을 만들었어요. 친목, 스트레스 풀기, 이런 목적으로 잘 운영이 되고 있는 거 같아요.

불꽃페미액션 시작하기 전부터 했었던 농구 소모임인 〈불꽃여자농구팀〉이 계속 운영되고 있고요. 책 읽기 모임 〈딸들의 반란〉이 있고 고전 영화 소모임 〈영화르륵〉이 있어요. 큰 건 이렇게 3개고 불꽃페미 연애 관계 수다 모임 〈깔깔〉이라는 것도 있어요. 연애 관계에 대해 하고 싶은 이야기를 하면서 지지나 조언을 구해요. 비건 요리 소모임도 있어요. 채식을 하면 밖에서 음식을 사 먹기 너무 어려우니까 요리를 직접 해서 먹는 모임이에요. 또 공부 모임이 새로 생겼어요. 누가 나 좀 공부하게 잡아 줬으면 좋겠는데 보통 스터디 모임에 가면 연애나 여자 만날 목적으로 오는 사람들이 흔히 있거든요. 그래서 우리 안에서 스터디 모임을 만들었어요. 〈공페미〉라고 하고요.

**세정**　　농구를 처음에 시작했을 때 너무 재밌었어요. 우선은 농구 코트에 보통 남자들만 있는데 여자들이 가서 공을 튀긴다는 거 자체가 재밌었고 다들 농구를 잘하지 않다 보니 입으로 농구를 하는 거예요. 이상한 소리를 낸다거나. 그런 게 재밌었죠.

**가현**　　이건 소모임에서 있었던 일은 아니고 〈페미들의 성교육〉에서 있었던 일인데요. 섹스 토이를 체험해 볼 기회가 있었어요. 딜도랑 바이브레이터랑 콘돔이랑 핑거 콘돔이랑 러브 젤을 준비했는데 다들 그런 물건들을 처음 보는 거예요. 콘돔을 만져 본 적이 없는 사람들도 있었고요. 콘돔으로 풍선을 엄청 크게 불어 가지고 때리고 놀기도 하고 그랬어요.

**세정**　　그거랑 숙제 중에서 자기 성기를 그려 오는 숙제가 있었거든요. 제가 부끄러움이 너무 많아 가지고 이렇게 그려도 되나 하면서도 진짜 하이퍼 리얼리즘으로 열심히 그렸어요. 샤프를 들고. 그런데 가현이가 계속 보여 달라는 거예요. 보여 주기 싫다고 했더니 가현이가 "야, 너는 애인은 보여 주고 나는 안 보여 주냐."라고 했던 게 기억에 남네요. 아, 저는 다들 열심히 그려 올 줄 알았어요. 그런데 다들

나의 몸에 대한 질문들,
이제는 대답해 줘!
ⓒ 불꽃페미액션

예쁘게 그려 왔더라고요. 색칠도 해 오고 추상적으로 그려 왔어요. 저만 극사실주의로 그렸어요.

**여러 소모임을 통해 일상을 같이 해 나가는 게 불꽃페미액션이 가진 힘이 아닐까 하는 생각이 드네요. 강남역 여성 살해 사건 이후 많은 페미니스트 그룹이 생겼는데 여러분이 생각하는 불꽃페미액션과 다른 페미니스트 그룹의 차이점은 뭔가요?**

**홍학** 사실 여성의 섹슈얼리티 자체를 메인 의제로 밀고 나온 단체가 그동안 거의 없었잖아요. 사회에서 소위 하찮게 여겨지는 어린 20대 여성이 이런 의제에 대해서 적극적으로 입을 열기 시작했다는 것 자체가 의미 있다고 생각하고요. 다른 단체에 비해서 이슈에 대응하는 속도가 확실히 빠른 것 같아요. 그리고 에너지가 넘치는 거.

**아영** 저는 저희가 사람들을 놀라게 할 만한 핫 이슈를 다룬다는 느낌이 들어요. 생리, 겨털, 자위 이런 것들을 다루니까요. 그게 저희의 차별점이라고 생각해요.

**현아** 저는 회원을 갖고 있는 단체인 게 제일 특이한 점인 거 같아요. 저희와 비슷한 시기에 만들어진 단체들 중에는 몇 명이 모여서 단체의 이름을 만들고 그 멤버를 유지하면서 활동해 나가는 형식이 많은 걸로 알고 있어요. 저희는 '관심 있어? 그럼 들어와'라는 태도죠. 또 운동을 위한 단체이긴 하지만 일상에서 페미니즘을 계속 공유하려고 해요. 취미를 공유한다든가 소모임을 만든다든가 하면서요.

그런 게 차이점인 것 같아요.

**그냥 이슈에 대응만 하면 편한데 왜 이 세대의 조직들과
다르게 액션단을 모으고 소모임을 하는지, 이런 걸 하는
의의가 뭐라고 생각하는지가 궁금해요.**

**아영**　저희가 하는 건 아까 말했다시피 섹슈얼리티잖아요. 그런데
그건 소수의 이상한 여성들이 노브라하고 겨털 기르고 다닌다고 해
서 되는 거라고 생각하지 않거든요. 저희 의제야말로 세력화가 중요
한 의제라서, 더 많은 여성들이 좀 더 일반적으로 그렇게 한다는 걸
일상에 노출시키는 게 중요하다고 보기 때문에 액션단을 모으는 거
예요.

**불꽃페미액션은 앞으로 어떤 일들을 해 나가게 될까요?**

**홍학**　일단은 저희가 곧 CMS 계좌를, 후원 계좌를 열고 단체 등
록을 앞두고 있는 상황*이어서 강령이라든가 규칙, 이런 걸 만들려고
하고 있어요. 우즈 내부에도 어쨌든 규율, 규칙, 제도가 필요하다는
생각이 들어서요. 일단 생각한 바로는 자위나 섹스에 관한 유튜브를
제작해 보고 싶다는 생각을 했고요. 지금은 배지를 판매하고 있습니
다. 그리고 뭐 하죠 우리?

───　　* 2018년에 불꽃페미액션은 정식 단체 등록을 했고 CMS 후원 계좌가 생
　　　겼다.

**아영**　페미니즘을 일상에 더 많이 침투시키려고 하고 있고, 조직적으로는 일하는 과정을 체계화하려고 정비를 하고 있어요. 그러면서도 활동은 좀 더 가볍게 할 수 있도록 노력하고 있습니다.

### 여러분의 삶에 불꽃페미액션은 어떤 영향을 끼쳤나요?

**홍학**　일단 개인적으로 굉장히 바빠졌고 단기간 내에 사회를 바라보는 의식 자체가 굉장히 많이 변했어요. 좋은 사람들을 많이 만났고요. 사실 예전에는 학회에서 페미니즘을 공부하고 책을 읽고 해도 그냥 책 속의 세상이었고 '내가 뭘 할 수 있겠어'라는 생각이 되게 강했거든요. 그런데 지금은 '내가 세상을 바꿀 수 있지 않을까'라는 생각을 정말 많이 해요. 그리고 아무래도 페미니즘을 계속하다 보면 나를 무조건 피해자 위치에 놓을 때가 되게 많거든요. 그걸 경계하려고 많이 노력하고 있어요. 그러니까 저의 가해자성에 대해 많이 생각하게 되었어요. 제가 과거에 저질렀던 수많은 가해들, 현재도 저지르고 있을 많은 가해들을 떠올리면 저를 무조건적인 피해자 위치에 놓는 걸 경계해야겠다는 생각을 많이 해요.

### 불꽃페미액션 회원으로서 이 책을 읽는 분들에게 하고 싶은 말이 있다면 무엇인가요?

**아영**　이 책을 읽는 사람들은 자기 자신을 페미니스트라고 정체화한 분들이겠지만 그렇지 않은 분들이 있다면 적극적으로 페미니스트로 정체화했으면 좋겠고 그렇게 각각의 운동들이 연결되었으면 좋겠어요. 사회 전반에 있는 페미니즘에 대한 근거 없는 공포를 없애고 실질적으로 기업 후원이 늘었으면 좋겠어요. 페미가 페미의 주머니를 털어 먹는 이런 거 그만하고요. (웃음)

• • •

당연한 줄 알았던 게 당연한 게 아니었구나 하고 깨닫는 순간들이 있다. 불꽃페미액션이 가장 잘하는 일 중 하나가 그런 순간들을 만들어 내는 일이다. 겨털대회, 삭발, 밤길 걷기 같은 일들 말이다. 이들은 누구보다 진지하지만, 누구보다 유쾌하게 활동하고 있다. 여자들이 왜 겨드랑이 털을 밀어 왔는지, 왜 밀지 않아도 되는지를 구구절절 설명하기보다 겨털대회를 열어서 털이 수북한 겨드랑이를 보여 주는 식이다. 그렇게 불꽃페미액션은 20대 여성들에게 세상이 요구하는 것들, 특히 여성이라면 응당 아름답고 정숙해야 한다는 요구를 거부하면서 살아도 괜찮다는 걸 보여 주고 있다. 사회에서 요구하는 것들을 하나씩 덜어 낼 때 우리 삶의 무게도 조금씩은 가벼워질 수 있지 않을까.

불꽃페미액션은 지금도 계속 새로운 회원을 모집하고 있다. 다양한 사람들이 모인 만큼 다양한 활동을 하면서 누구도 배제하지 않는 공동체를 만들기 위한 고민도 계속하고 있다. 앞으로 이들이 또 어떤 모습으로 우리 앞에 등장할지 기대가 된다. 주목받는 행동을 하는 만큼 수많은 악플에 시달리고 있는 불꽃페미액션 회원들에게 당신들을 지지하는 사람들이 아주 많다는 이야기를 해 주고 싶다.

**불꽃페미액션을 만날 수 있는 곳**

페이스북 www.facebook.com/flaming.feminist.action

트위터 @flaming_femi

인스타그램 flaming_feminist_action

**활동 약력**

2016년 5월 발족

〈나쁜 여자들의 밤길 걷기〉 진행

〈우리는 기자회견女인가?〉 〈정부야 네가 아무리 나대봐라 내가 결혼하나 고양이랑 살지〉

〈하나님 아버지, 설마 페미니스트 아니에요?〉 〈투표는 되는데 낙태는 외않되〉 〈직장 내 성폭력 OUT〉 등 기자회견 진행

〈천하제일 겨털대회〉 진행

박근혜 퇴진을 외치는 페미니스트 모임 '우리는 여기서 세상을 바꾼다' 및 페미존 참여

페미니즘 고전 영화 소모임 〈영화르륵〉, 책 읽기 소모임 〈딸들의 반란〉, 비건 요리 소모임 등 운영

2017·2018 〈페미들의 성교육〉 주최

EBS 〈까칠남녀〉 출연

〈모두를 위한 낙태죄 폐지 공동행동〉 참여

페이스북코리아 앞 〈상의 탈의〉 시위

〈안희정 무죄 선고한 사법부 유죄〉 집회 진행

스스로 해일이 된 여자들

# 페미니스트는
## 어디에나
## 있다

● 네 번째 인터뷰
  나쁜페미니스트

**민뎅**    시민 단체에서 일하고 있는 민뎅이라고 합니다. 2015년부터
'공방'이라는 페미니즘 책 읽기 모임을 하고 있고 나쁜페미니스트에서
활동하고 있습니다.

**샛별**    저는 공방 모임에서 민뎅 씨를 만나 나쁜페미니스트까지 같
이 하게 되었어요.

**소정**    저는 나쁜페미니스트가 기획에 참여했던 〈페미니즘 이어달
리기〉라는 강연을 들으러 갔다가 이 그룹에 함께하게 되었어요.

전주에는 '리본', 울산에는 '울프'라는 팀이 생겼는데
비서울 지역에서 페미니즘 운동을 하는 사람들은
고민이 많아요. 많은 것들이 너무 서울
중심적이어서요.

자세히 보라, 우리가 여기에 있다
ⓒ 나쁜페미니스트

블로그에 페미니즘 관련된 글을 올리면
대구 페미니즘 모임 검색하다가
여길 찾았다고 메시지를 주시는 분들이 있어요.
모임 오시는 분들도 가끔 있고요.
그렇게 크고 작은 모습으로 분투하는 사람이
존재한다는 걸 알게 되죠.

대한민국은 서울을 중심으로 돌아간다. 뭘 '제대로' 해 보려고 하면 서울에 가야 한다. 페미니즘도 예외는 아니다. 페미니즘이 '리부트'되면서 수많은 페미니스트 그룹이 탄생했고 다양한 강연과 행사들이 기획되었지만 대부분 서울을 중심으로 진행되었다. 서울 아닌 곳에서 살고 있는 친구들은 페미니즘 강의를 듣거나 행사에 참여하기 위해 부지런히 서울을 오가야 했다. 때로 참여할 수 없는 상황이 생기면 지역에 살아 서럽다고 이야기했다. 그 친구들을 만나 서울 아닌 곳에서 페미니즘을 실천하며 느끼는 것들에 대해 이야기를 나누고 싶었다.

서울에서 대구까지 KTX를 타고 1시간 50분. 기차비 4만원 남짓을 들여 나쁜페미니스트를 만나러 갔다. 매번 서울을 오가던 활동가들이 적지 않은 시간과 돈을 쓰고 있었음을 새삼 느꼈다. 나쁜페미니스트는 강남역 여성 살해 사건의 피해자를 추모하는 행동을 시작으로 강연 사업, 책 읽기 모임, 문화제 개최 등을 해 온 페미니스트 그룹이다. 대구에 있는 한 시민 단체의 공간을 빌려 넷이 마주 앉았다.

· · ·

# 어쩌다 페미니스트

**본격적으로 나쁜페미니스트의 이야기를 시작하기에 앞서 페미니즘 운동을 시작하게 된 각자의 계기에 대해 듣고 싶어요.**

**민뎅** 제가 페미니즘을 안 지는 얼마 안 되었어요. 2015년 4월에 처음 페미니즘 책을 읽기 시작했죠. 예전에 연애를 했던 상대가 저보고 페미니즘 공부를 해 보면 좋을 것 같다고 얘기를 해 줬거든요. 해방감을 줄 거라면서요. 제가 사실 여성들하고만 있는 공간을 못 견뎌서 대학에서도 남성 선배들하고만 관계를 맺었어요. 친하고 편한 언니 이런 게 없었어요. 그런데 페미니즘을 공부하면서 변했어요. 지금은 대부분 여성들과 모임을 하거나 작당을 하죠. 또 저는 어려서부터 덩치가 크고 목소리도 커서 말대답하지 말라는 소리를 많이 들었어요. 소위 순종적이고 예쁘장한 여성들에 대한 혐오, 그리고 자기 멸시가 있었어요. 2016년에 《여성 혐오를 혐오한다》를 통해 그런 나를 발견하고 언어화할 수 있게 되었죠. 어느 순간 여성들이랑 있는 게 안 불편해졌어요. 강남역 여성 살해 사건 이후 추모 행사를 진행하면서 페미니스트라고 자각하게 된 것 같아요. 페미니즘 책을 처음 읽을 때는 괴로웠어요. 나의 가해 사실도 발견하면서요. 지금도 괴로움이 크긴 한데 행복해요. 몰랐으면 더 힘들게 살지 않았을까 싶어요.

**소정** 저는 민뎅과 반대의 삶을 산 것 같아요. 저는 남자가 없는 곳에 살았어요. 여자들 있는 데가 제일 편했고요. 그래서 재수 학원 갔을 때 너무 힘들었어요. 남자랑 같은 공간에 있는 게 너무 이상했거든요. 남자애들한테 말도 못 꺼내겠는 거예요. 쟤네들하고 어떻게 말을 해야 할지 몰라서. 중학교 때 남자 친구 사귀는 친구들이 너무 부러웠어요. 그렇게 엄청 순종적으로 규칙에 따르며 살다가 대학에 오면서 집도 떠나게 되고 눈치 볼 게 없어지니 술 먹고 노는 게 너무 재밌었어요. 술자리에서 여성 혐오적인 말이 나온다거나 해도 제대로 맞서지 못하고 그냥 입 다물고 있었어야만 했던 그런 대학 생활을 계속 했어요. 그런 사람이었는데도 페미니즘을 만나게 된 건 엄마의 영향인 것 같아요. 엄마가 여성학을 공부했거든요. 어렸을 때 엄마가 보여 줬던 영화, 페미니즘 책들로부터 알게 모르게 전달받은 게 있는 것 같아요. 그러다 학교에서 페미니즘 강의를 듣게 되었는데 그 강의가 저를 잘 설명해 주는 거예요. 그러면서 이 길로 오게 된 것 같아요.

**샛별** 저는 시민 단체에서 일을 하고 있는데요. 처음에는 시민 단체에서 일하는 사람들은 어느 정도 평등에 대한 감각이 있을 줄 알았어요. 그런데 그렇지 않더라고요. 그래서 페미니즘을 공부하게 되었어요. 그러면서 진짜 제 모습을 마주하게 되었고요.

제가 만약에 결혼을 하게 된다면 잘생긴 사람이랑 하고 싶어요. 페미니즘을 만나기 전에는 제게 이런 모습이 있다는 걸 몰랐어요. 진짜 제 모습을 마주하고 저는 해방감을 되게 많이 느꼈어요. 그리고 '잘생긴 사람이 좋다'고 이야기해도 되는 상황이 너무 행복했어요. 어른들은 남자 얼굴 보면 안 된다고 하면서 성품 봐야지, 이러거든요. 예전에는 얼굴 본다고 하면 세속적인 사람인 것 같고 소위 따지는 여자라는 생각이 많이 들었는데 사회가 제게 중요하다고 말하는 여성의 역할 대신에 제 모습을 가감 없이 드러낼 수 있어서 저를 묶는 어떤 것에서 해방되는 느낌이 들었어요. 숨이 탁 트였어요. 그때부터 페미니스트라고 명명하게 된 게 아닐까 싶어요.

**소정** 저는 《이갈리아의 딸들》*, 나쁜페미니스트 활동이나 대학원에서 만난 페미니스트 동기들로부터도 영향을 받았어요.

**민뎅** 저는 페미니즘 책을 읽을 때마다 저의 과거와 만나게 되면서 어떤 점들을 발견하게 되는데, 그런 걸 혼자 알고 지나가는 게 싫은 사람인가 봐요. 그런 걸 같이 알았으면 좋겠고 그럴 수 있는 사람들이 있었으면 하는 욕구가 굉장히 강해요.

**소정** 저는 그게 고마워요. 나쁜페미니스트에 같이 하자고 해 줘서요. 왜냐면 제가 대구에 살다가 서울에서 대학을 다니고 스위스에서 공부를 하다가 다시 왔는데 대구에 없는 동안 네트워크가 다 끊겼거든요. 고등학교 친구들 만나면 고등학교 때 얘기밖에 안 하고 대부분의 친구들이 다 안정을 추구하는 친구들이다 보니 페미니즘에 대해 얘기하는 것도 반기지 않아요. 그러다 이런 곳을 찾게 되어서 좋죠. 이런 모임이 없었으면 어떻게든 서울로 가려고 했을 것 같아요.

## 나쁜페미니스트는 어떻게 만들어진 건가요?

━━━━ * 여성과 남성의 젠더 역할이 뒤바뀐 가상의 세계 '이갈리아'를 배경으로 한 게르드 브란튼베르그의 소설이다. 메갈리아도 이 소설의 제목을 빌려 지은 이름이다.

**민뎅** '공방'이라는 페미니즘 책 읽기 모임이 있었는데 거기서 공방 모임만 할 사람과 나쁜페미니스트도 함께하고 싶은 사람이 나뉘었어요. 2016년 강남역 여성 살해 사건이 있었을 때, 여성단체에서 활동하던 친구와 대화를 하다가 이 사건에 대해 말하는 시간을 가지면 좋겠다는 이야기가 나와서 '공방' 모임 구성원들이 주축이 되어 추모를 위한 자유 발언대에 참여하게 되었어요. 그 이후에 추모만 하는 모임이 되지 않았으면 좋겠다고 얘기를 하면서 문화제도 기획하고 그랬어요. 그게 나쁜페미니스트가 된 거죠. 지금은 나쁜페미니스트에 5명이 소속되어 있어요. 5명이서 하고 있다고 하면 다들 놀라요. 5명이 너무 많은 일을 한다고. 그러면 저는 "한 사람이 여러 사람인 것처럼 일을 하면 돼요."라고 해요. (일동 웃음)

**나쁜페미니스트라는 이름을 짓게 된 계기가 궁금해요. 처음 이름을 듣고서는 록산 게이의 책《나쁜 페미니스트》\*가 떠올랐어요. 혹시 그 책을 감명 깊게 읽어서 나쁜페미니스트가 된 건가요?**

**민뎅** 나쁜페미니스트라는 이름은 어쩌다 보니 지어졌어요. 이름을 뭐로 할까 같이 고민하는 자리에서 어떤 분이 "나쁜페미니스트 feat.대구 어때요?"라고 하셨죠. 하루 동안 고민해 보고 내일까지 다

---

\* 2016년에 번역 출간된 록산 게이의 책이다. 페미니즘이 더 큰 연대를 만들어 나가려면 여성들 간의, 그리고 페미니스트들 간의 차이를 포용해야 한다는 주장이 담겨 있다.

른 의견이 안 나오면 그렇게 하자고 했어요. 아무 의견이 안 나와서 이름이 정해졌어요. 줄여서 '나페핏'이라고 말했는데 결국 뒤에 'feat. 대구'를 빼고 '나쁜페미니스트', 줄여서 '나페'라고 부르기로 정했어요. 서울에 있는 팀들은 뒤에 지역 이름 같은 거 안 붙이잖아요. 그런 고민도 있고 해서 뒷부분을 빼 버렸어요. 물론 록산 게이의 책《나쁜 페미니스트》의 영향도 있었을 거예요.

### 나쁜페미니스트는 그동안 어떤 활동들을 해 오셨나요?

**민뎅** 아직 나쁜페미니스트를 시작한 지 1년이 채 안 되었어요. 그동안 여성 인권, 영페미* 운동에 대한 책 몇 권을 함께 읽었고 격주로 모임을 하면서 회의를 하고 있어요.

**샛별** 같은 책을 읽어야 생각을 공유할 수 있다고 제가 얘기했었어요. 그래서 같이 책을 읽고 있어요. 독서 세미나가 활동의 전제 조건은 아니에요. 대신 정기 모임에 참석해서 서로의 결을 나누는 작업들을 같이 해야 한다는 게 저희의 규칙이에요.

**민뎅** 작년에는 대구에 있는 여성단체, 시민 단체와 함께 '혐오에 맞서는 작은 행동'이라는 문화제를 진행했어요. 생리, 섹스, 노브라 등을 주제로 하는 수다회도 했고요. 대구에서는 페미니즘 강연이 잘 안 열린다는 의견이 있어서 다른 단체들과 함께 '페미니즘 이어달리

---

\* 소위 '영페미'라 불리는 영 페미니스트는 1990년대 중반에 등장해 2000년대까지 주요하게 활동한 페미니스트들을 지칭하는 말이다.

기<sup>*</sup>라는 강연 사업을 기획하기도 했어요. 물론 대구에도 강연들이 열리긴 하죠. 그런데 대부분 여성단체 내부 교육 일정에 포함된 것들이라 대중들에게 열려 있는 강의는 아니거든요. 다른 세대, 다른 공간의 사람들과 이어질 기회가 없어서, 그런 자리가 되길 바라는 마음으로 강의를 기획했고 2016년 9월부터 진행하고 있어요.

**SNS를 통해서 나쁜페미니스트의 활동을 지켜보고 있는데 정말 쉬지 않고 뭔가를 계속 하시더라고요. 활동을 하다가 지칠 때는 없나요?**

**민뎅** 사실 맨날 지쳐요. 체력이 달려서. 무리한 일정을 하고 나면 이틀은 쉬어야 회복되니까 술도 안 마셔요. 최근에 여성주의 상담을 받으면서 많은 걸 발견하고 있는데, 제가 치열하게 살아오고 있더라고요. 몰랐어요. 요즘에는 스스로를 받아들이는 연습을 하고 있어요. 시간이 되면 아침에 베란다 가서 멍하게 앉아 있는 거예요. 그리고 사사롭지만, 저는 늘 기록을 해요. 지금 하는 것들을 못 하겠다 할 정도로 지쳐서 다 끊어 내고 도망가고 싶다고 느낀 적은 아직까지 없어요. 힘에 부칠 때는 있지만, 같이 상상을 하고 실제로 어떤 일을 만들어 가는 것이 제 즐거움 중 하나거든요.

───── * 〈페미니즘 이어달리기 in 대구〉는 대구의 여러 단체들이 함께 기획한 페미니즘 강연회다. 지금까지 섹스, 연애, 페미니즘의 역사, 여성 혐오 등 다양한 주제의 강연들이 열렸고 2018년 현재까지 계속 이어지고 있다. 보다 자세한 정보는 페이스북 페이지를 참고.

**샛별**　저는 사람들을 만나면 좋긴 하지만 내성적이어서 집에 들어가 혼자 정리할 시간이 필요해요. 에너지를 저에게 줄 시간이 필요해서 바로 잠들지 못해요. 쉬는 시간이 좋죠.

**소정**　저는 '쉬고 싶다'가 아니라 '더 해야 하는데, 해야 하는데' 이러고 있어요. 공식적으로는 백수라서요. 요즘엔 쉬고 싶다는 생각보다는 난 왜 이렇게 무료하게 살까, 이런 생각이 더 커요. 다들 너무 부지런하게 사니까.

**민뎅**　일 더 줄게. 몰랐네. (웃음)


## 대구에서 페미니즘을 실천한다는 것

**서울이 아닌 지역에서 페미니즘 운동을 하다 보면 이런저런 고민이 들 것 같아요. 행사들이 대부분 서울에서 열린다는 데 대한 아쉬움도 있을 것 같고요. 활동을 해 오시면서 어떤 고민들을 갖게 되었는지 궁금합니다.**

**민뎅**　저는 여기저기에서 살았어요. 고등학생 때까지 전라도에 살았고, 대구에 온 지는 한 10년 정도 된 것 같아요. 서울에서 벌어지는 페미니즘 운동을 보고 있으면 거긴 사람이 많으니까 다양한 생각들이 나올 수 있지 않을까, 불시에 뭔가 할 수 있는 행동력도 있지 않을까, 이런 생각을 해요. 작년에도 서울에서는 강남역 추모 행사 관련

해서 뭔가 준비되고 있었는데 대구에서는 그러지 않았거든요. 시민단체에서도 그런 얘기들이 안 되고 있고요. 20~30대 여성들도 별로 없어요. 그래서 할 수 있으면 공동행동으로 하는 게 좋겠다고 생각해서 울산, 부산과 같이 기획하던 게 있었는데 계획이 계속 서울 중심으로 바뀌게 되더라고요. 서울에서도 급박하게 기자회견을 준비하고 퍼포먼스를 진행하다 보니 계획대로 움직이지 않으니까요. 그런 걸 계속 보면서 흐름을 따라가고 우리의 계획을 조정해야 했어요. 비서울 지역은 이걸 계속 고민하게 되죠.

**소정**　　저는 대구에서 태어났고 계속 대구에서 살아오고 있는데요. 온라인 공간이 있다고 해도 오프라인 공간에 있는 인적 네트워크를 따라가기가 힘든 것 같아요. 영화제 같은 것도 항상 서울에서 열리고 페미니즘에 대해 책을 쓰시고 연구하시는 분들이 거의 서울에 몰려 있잖아요.

**저도 부산, 서울, 울산을 거쳐 지금은 대전에 살고 있는데 서울에 살지 않을 때 일정 부분 포기하는 것들이 있어요. 보고 싶은 영화나 가고 싶은 강연회 같은 것들요. 또 페미니즘 책 읽기 모임 같은 것도 서울에는 정말 많은데 대전만 해도 거의 없죠.**

**샛별**　　악순환인 것 같아요. 여성학뿐만 아니라 모든 학문과 이슈들이 서울을 중심으로 이루어지고 있잖아요. 그러니까 서울에 갈 수밖에 없는 상황이 되는 거죠. 지방분권의 필요성에 대해 이야기하면서도 어쩔 수 없이 서울에 가게 되는 상황이에요. 대구에도 여성학과가 있는 대학이 있어요. 거기에도 석사, 박사과정을 하고 있는 선생님들이 계신데 강연 사업을 기획하거나 할 때 초청을 잘 하지 못하게 되는 것 같아요. 서울에서 강연을 위해 오시는 분들이 탁월한 분들인 건 알지만 지역에서 공부하는 분들과 좀 함께해야 하는 거 아닌가 하는 생각을 해요. 서로에게 좋을 것 같거든요. 그분들도 저희를 잘 모르고 저희도 그분들을 잘 모르니까요. 저의 물리적 공간이 여기 대구니까 대구에서 뭔가를 해야 하는데 서울이 항상 중심이니까 이방인 같다는 생각을 많이 해요.

**대구는 특히 보수적인 도시라는 인상이 강하잖아요.
대구에서 활동을 해 보니 '대구가 보수적이다'라는 말을
실감하시나요?**

**소정**　　대구는 지방자치가 완전 무너졌고 경제 상황도 너무 안 좋아요. 그러다 보니 여기에 있는 사람들은 더욱더 여유가 없어지고 더 보수적으로 되는 것 같아요. 젊은 사람은 다 빠져나가고 중·장년층만 남아 있게 되는 것 같기도 하고요. 그나마 다행인 건 대구가 여성운동 세력이 다른 지역에 비해서 크다는 거예요. 그런 게 저희에겐 그나마 다행인 거죠.

**민뎅**　　대구와 서울을 단순히 비교해서 보수적이라고 하긴 어려운 것 같아요. 예를 들어 정당 지지도 같은 것을 봤을 때 보수 정당을 지지하는 절대적 인구수는 서울이 훨씬 많으니까요. 하지만 대구가 보

수적이고 가부장적이라는 편견이 이미 저에게도 있는 것 같아요.

**샛별**　　2017년 대선 때 어쨌든 대구가 자유한국당 표밭이 되었잖아요. 50~60대가 자유한국당을 지지하는 비율이 굉장히 높아요. 그에 비해 20~30대는 더불어민주당을 더 많이 지지했고요. 이 차이가 더 심각해질 거라고 생각해요. 왜냐면 여기는 취업이 어렵고 여성으로서 살기 좋은 도시도 아니다 보니 타 지역으로의 이탈이 심해지고 있거든요. 그래서 앞으로는 여성운동을 포함해 시민운동이 더 힘들어질 것 같아요. 그나마 진보적인 입장을 가진 사람이 대구에 남아 있다 하더라도 가사 노동 얘기하면 "그건 여자가 해야지."라고 얘기해요.

**소정**　　저는 대학을 서울에서 다녔는데 학교에서 고등학생 때 얘기하면 친구들이 "너 70년대에서 왔니?" 이랬어요. 다녔던 고등학교가 엄청 보수적이었거든요. 지금 생각하면 보수적인 게 아니라 폭력적이었던 것 같아요.

**민뎅**　　대구로 이사 와서 놀랐던 건 고등학교의 태반이 여고와 남고로 나뉘어 있는 거였어요. 저는 초·중·고등학교가 다 남녀공학이었고 주변 사람들도 마찬가지였는데 여긴 아니라서 놀랐어요. 남녀공학을 다닌 사람을 찾기가 어려워요. 공학이더라도 분반이거나 그래요. 저는 그게 진짜 이상했어요. 남중·남고를 다녔던 사람이 대부분 대학을 가자마자 또다시 남성들만 있는 군대를 가잖아요. 그렇게 분리되어 살아온 사람들은 이미 어렸을 때부터 성별화된 것들을 주입받기 때문에 다른 가능성을 보기 어렵게 되는 거죠. 여자도 마찬가지고요. 여성이기에 순종적일 것을 교육받잖아요.

**소정**　고등학생 때 누가 그랬는지 기억은 안 나지만 어떤 선생님이 "전교조는 빨갱이"라고 했어요. 그런 정서가 전반적으로 깔려 있었어요. 부모님들은 딸이 공부를 잘하면 보통 교대에 보내려고 했어요. 제 친구들도 집에서 교대 보내 버린 애들 진짜 많아요. 친한 친구가 해군 가고 싶어서 준비를 했는데 교대 가라 해서 교대에 갔어요. 그런데 너무 안 맞는다는 거예요. 하루는 저한테 연락이 왔는데 "나무에다 청진기 대고 얘기하란다." 이러더라고요. (웃음) 결국에는 휴학계 쓰고 해군사관학교 시험 봐서 합격을 했는데도 부모님이 못 가게 해서 못 갔어요.

　저는 여고에 다녔는데 복장 단속도 너무 심했고 '넌 이러면 안 돼, 이래야 돼', 이런 말을 너무 많이 들었어요. 한번은 하얀 교복 상의에 살구색 러닝을 입었는데 선생님이 그 러닝 끈을 매로 꺼내면서 색깔 있는 거 입지 말라고 하더라고요. 지금 생각하면 성희롱이에요. 치마 입고 엎드려뻗치는 벌도 많이 섰고. 선생님들은 다 반팔 입고 다니는데 아직 하복 입을 날짜 안 되었다고 하면서 아무리 더워도 하복을 못 입게 하고 살구색 스타킹도 못 신게 했어요. 무조건 검정색. 살이 보여서는 안 됐어요. 학교에서 머리를 풀고 있을 수도 없었고요. 특히 여고생 상대로 하는 범죄가 굉장히 많았음에도 불구하고 우리 보고 조심하라 하는 정도였어요. 그렇다고 야자 시간을 뺀다거나 할 수도 없었고 무조건 밤 11시에 집에 보냈어요. 집에 갈 때 학교에 불이 다 꺼져 있었는데 그거에 대한 문제의식도 없었고 문제를 제기하는 사람도 없었어요.

**샛별**　제 또래 여성들이 보수적인 건 이때의 영향 때문인 것 같아요.

**민뎅**　구태여 내가 그 분위기에 안 맞는 말을 해서 찍히고 싶지 않으니까요.

**소정**　그리고 찍히면 가혹하게 처벌했어요. 월드컵 보겠다고 야자를 빠졌다가 정말 심하게 맞아서 자퇴한 친구도 있었어요.

**샛별**　문제가 문제라고 느껴져야 문제인 건데 그땐 사실 문제가 아니었어요. 이제 돌아보니까 이게 문제였고 이게 잘못된 거였던 거죠.

**소정**　최근에 고등학교에 다시 간 적이 있었는데 선생님들이 하나도 안 변했더라고요. 저 보고 다짜고짜 몇 살이냐, 남자 친구는 있나, 빨리빨리 결혼해서 애 낳고 해야지, 이러더라고요. 선생님들이 하고 다니는 스타일도 제가 학교 다니던 때랑 똑같고. 그래서 좀 섬뜩했어요. 답이 없는 공간이라는 생각도 들었고요. 안타까운 건 학교가 되게 외진 곳에 있어요. 그 동네의 경제 사정도 안 좋고요. 그러다 보니 더 순환이 안 되는 것 같아요. 그 관계에서 잘 벗어나지 못하게 되고요.

**샛별**　지역은 관계가 너무 강하죠. 서울에는 여기저기서 온 사람들이 많은데 대구는 그렇지 않으니까 정치적인 성향이나 이런 걸 숨기게 되는 것 같아요

**민뎅**　맞아요. 여기는 특히 출신 고등학교가 어딘지에 대해 굉장히 집착해요. 동문회의 힘이 강하게 존재해요. 아직도 심심찮게 '저 사람은 어디 고등학교 나왔어' '어디 고등학교 선배야', 이런 얘기들을 해

요. 정치색이 전반적으로 보수적인 곳에서는 여성 문제든 장애 문제든 사회의 문제에 대해서 일상적으로 활발하게 얘기하기가 어려운 것 같아요. 박근혜 전 대통령 탄핵을 위해서 전국에서 집회가 열릴 때도 광주, 부산과 비교해 보면 굉장히 적은 수의 사람들이 참여했어요.

**대구에서 만나는 여성들이 보통 어떻게든 대구를 떠나거나 서울로 가려고 하던가요?**

**민뎅** 저는 의료인단체에서 일하고 있어서 간호학과 학생들 중 특히 여성들을 많이 만나는데 대구에 남고 싶다는 반응이 주는 아니에요. 여성이어서도 있겠지만 대구가 다른 지역에 비해서 임금수준이 낮아요. 임금수준이 낮은데 여성으로서 직업을 구해야 되는 거잖아요. 어차피 일이 힘든 건 마찬가진데 이런 보수적인 동네에서 적은 임금을 받으니 서울에 있는 병원을 가고 싶어 하죠.

## 서로를 발견하고 연결하기

**서울 아닌 지역에서 활동하는 것에는 많은 고민이 따라붙게 되는 것 같아요. 그런 지점 외에도 요즘 하고 있는 고민이 있다면 말씀해 주세요.**

**민뎅** 페이스북에서 일어나고 있는 논쟁들을 보면서 고민을 많이 해요. N개의 페미니즘, N개의 성, 이런 얘기들을 하면서 혐오와 차별까지 다양성의 범주에 넣을 수 있다고 말하는 흐름들을 만나게 되는데 서로 얘기하는 게 힘들어요. 어떻게 만날 수 있을지 사실 잘 모르겠어요. 늘 굉장히 조심스럽고 늘 고민되고 페이스북에 제가 하고 싶은 말을 잘 쓸 수 없게 되었어요. 페미니즘이라는 이름 아래에서 이런 상황들이 존재하게 된 것에 대한 안타까움이 있죠.

**소정**　저는 북한 이주민, 분단에 관심이 되게 많아서 북한 이주 여성의 이야기를 계속 공부하고 싶은데, 그들과 페미니즘 이야기를 충분히 나눌 수 있음에도 말할 수 없다는 게 고민이에요. 그분들이 여성으로 살아오면서 겪었던 부당함 같은 게 굉장히 많은데도 페미니즘 책을 같이 읽어 보자는 얘기를 못하겠어요. 너무 여유가 없으시니까 부담이 될 것 같아서요. 온 집안을 다 흔들어 놓는 일이 될 수도 있고요.

　여성단체에서 잠시 일을 하면서도 느꼈는데 그 단체의 회원들 중에 조선일보를 보고 박근혜 전 대통령을 좋아하는 분들도 많아요. 하지만 어쩔 수가 없어요. 그분들은 그렇게 살아왔고 그것과 별개로 그들이 겪은 폭력에 대해서는 공감하고 지지해야 하니까요. 페미니즘을 아는 것도 좋지만 어느 정도 우리가 살면서 공모해 왔던 부분들을 떨쳐 내야 하는 것들도 있는데 이게 힘든 거잖아요. 불편한 지점이 계속 생기고 그걸 감수하는 것도 힘드니까.

**머리로 아는 거는 그나마 쉬운데 그걸 실천으로까지
옮기기가 어려워요. 이를테면 내가 어떤 상황에 대해 뭔가
잘못되었다고 느낄 때, 그걸 지적할 건지 그냥 넘어갈 건지**

**늘 고민하게 돼요. 상대가 누구인지, 어떤 상황인지, 나의 컨디션이 어떤지에 따라 어떤 때는 하고 어떤 때는 그냥 넘어가요. 늘 어려운 것 같아요.**

**소정**　　그래서 제가 페미니즘 운동을 하는 방법으로 선택한 것이 인터뷰예요. 하다 보면 인터뷰이도 저도 생각이 변하는 게 느껴져요. 서로서로가. 그런데 그건 진짜 미시적인 일이잖아요. 그게 고민이에요. 활동으로는 이런 고민을 풀기가 힘드니 공부로 풀려고 하는 것도 있는 것 같아요.

**샛별**　　구조 자체를 이야기하는 것도 중요하지만 미시적으로 한 사람 한 사람과 얘기하는 것도 중요해요. 여성으로서 내가 겪는 문제가 오롯이 나의 문제만은 아니라고 말해 주는 한 사람이 필요하죠. 제 주변엔 그런 사람이 없었어요. 물론 지금은 깨달았지만 제가 고민했던 그 시간들이 너무 아까워요. 그래서 소그룹 모임이 정말 중요하다고 봐요.

**민뎅**　　올해는 작년에 비해서 다양한 팀들이 많이 생겼어요. 전주에는 '리본'이라는 팀이, 울산에는 '울프'라는 팀이 생겼는데 비서울 지역에서 페미니즘 운동을 하는 사람들은 고민이 많은 것 같아요. 많은 것들이 너무 서울 중심적이어서요. 제가 블로그에 가끔 페미니즘 관련된 글을 올리면 대구 페미니즘 모임 검색하다가 여길 찾았다고 메시지를 주시는 분들이 있어요. 모임 오시는 분들도 가끔 있고요. 그렇게 크고 작은 모습으로 분투하는 사람이 존재한다는 걸 알게 되죠.

**소정**　　모든 활동들이 서울을 중심으로 하지만 대구에서도 이런 페미니즘 운동이 있다는 걸 알아주셨으면 해요. 대구 사람들이나 서울 아닌 지역에 살고 있는 사람들이 이 책을 많이 읽게 되면 좋겠고요. 이 책을 사는 사람들도 거의 서울 사람들일 것 같긴 하지만요.

**민뎅** 이 책을 통해 이런저런 단체들이 있고 서로를 연결하려고 노력하고 있다는 것을 알게 되면 좋겠어요. 또 다른 생각들, 다른 고민들을 하면서 살아가겠지만 우리가 어떻게 만날 수 있는지를 고민했으면 좋겠어요. 만나지도 않으면서 '쟤들은 안 돼'라는 태도로 많이들 이야기를 하는 것 같아서요. 세대 간일 수도 있고, 이른바 '래디컬'이나 '쓰까'라고 불리는 이들일 수도 있고,* 서울과 비서울이라는 지역 간일 수도 있고요.

**세대 간의 갈등이 큰 것 같아요. 서로에 대해서 도무지
이해할 수 없다는 한탄을 많이 들었거든요.**

**민뎅** 영페미 세대와 우리는 너무 다른 시대를 살았어요. 지금은 너무나 절망스러운 사회적 환경이죠. 페미니즘이나 젠더의 문제를 떠나서 살아가는 것 자체가 위축되는 환경에 놓여 있으니까요. 페미

---

* 스스로를 '래디컬' 페미니스트라고 주장하는 그룹에서는, 페미니즘이란 소위 '생물학적 여성'들의 인권 증진을 위한 운동이라고 주장한다. 한편 이러한 입장에 반대하며 다양한 소수자들의 인권을 주장하거나 생물학적 여성이라는 범주에 문제를 제기하는 페미니스트들이 있는데, 래디컬 페미니스트들은 이들에게 모든 인권을 '섞어 먹는다'는 의미로 '쓰까' 페미니스트라는 이름을 붙였다. 하지만 이러한 대립 구도와 각 집단에 대한 명명에 대해서는 많은 비판이 존재하며 더 많은 논의가 필요하다.

니즘 공부하는 많은 여성들이 예전부터 해 왔던 고민들, 즉 몸, 섹슈 얼리티, (성)폭력 문제를 주되게 고민할 수밖에 없지만 그걸 어떻게 넘어설지, 어떻게 가해/피해 구도를 넘어설지 고민하고 있어요.

**소정**　피해 경험도 있지만 내가 가부장제에 적응해서 살기 위해 사회에서 요구하는 여성성을 추구하면서 노력했던 것들에 대해 같이 얘기해 볼 수 있을 것 같아요. 아니면 내가 지금도 버리지 못하는 것들에 대해서요. 저는 페미니즘이 저를 이해하게 해 주는 도구가 된다고 생각하거든요.

**민뎅**　지금 하고 있는 이런 인터뷰와 같은 작업이 많아져야 한다고도 생각해요. 다양한 페미니스트들이 온라인에서 주로 만나고 있잖아요. 그런데 저는 서로가 오프라인에서 만날 때 더욱 힘이 되지 않을까 생각하거든요. 서로가 실제적인 만남의 관계를 맺는 것이 중요하다고 봐요. 만나다 보면 그 사람이 궁금할 수밖에 없기도 할 테니까요. 그런 만남들이 일상적으로 많아져야 하지 않을까 싶어요. 우리도 다른 그룹들 인터뷰한 것들을 읽으면 되게 좋을 것 같아요.

**맞아요. 서로가 연결될 수 있는 자리를 더 자주 만드는 작업이 필요하다고 생각합니다. 나쁜페미니스트는 앞으로 어떤 일들을 해 나갈 계획이신가요?**

**민뎅**　저희 활동을 기록하려고 해요. 올해 주된 사업이었던 강남 역 여성 살해 사건에 대한 추모 행동을 대구에서 이렇게 했고, 이후 이러저러한 행동들을 해 왔다는 하나의 기록물을 만들려고 해요. 비서울 지역에서 오프라인 페미니즘 운동을 하며 기존의 여성단체와 교류하고 있는 그룹으로서, 나쁜페미니스트가 서로를 발견하고 연결하는 장을 만드는 데 어느 정도 역할을 하고 있고 자임한다고도 생각하거든요. 물론 대구 지역에는 여성단체들이 튼튼하게 존재해 왔지만요. 다른 세대 간의 만남이라고 할 수 있겠죠. 그런 행동들을 적어서 남기는 작업을 하려고 해요.

**정말 의미 있는 작업이 될 것 같습니다. 한 지역 내에서 서로의 의제들을 연결하는 좋은 예시를 나쁜페미니스트가 보여 주고 있다고 생각했거든요. 기대하고 있겠습니다. 그럼, 마지막으로 여러분이 페미니스트로서 꿈꾸는 세상은 어떤 세상인지 얘기해 주세요.**

**민뎅** 개인적으로 저는, '뒤늦은 알아차림'이 없는 세상이 되었으면 좋겠어요. 여성주의 상담을 하면서 지금의 나와 과거의 내가 여러 지점에서 다시 만나는 시간을 갖게 되는데, 그럴 때마다 제가 여성으로서 순응하기를 요구받아 온 것들이 몸 어딘가 존재하고 있다는 걸 알게 돼요. 즉각적인 반응이나 명확한 언어로 설명하기 어렵지만 몸으로 반응을 보여요. 그제야 뒤늦게 알아차리는 거죠. '아, 그때 그 일은 나에게 이런 감정을 줬구나, 나에게 이런 아픔이 있었구나' 하면서요. 이제라도 알게 되어서 다행이지만, 이런 과정을 너무 늦게 겪고 있다는 점이 너무 슬퍼요. 인지하지 못했던 그 당시 나는 참 아팠을 것 같고, 그 시간을 잘 살아 내기 위해서 힘들지만 버티고 견뎠을 테니까요. 이 뒤늦음이 없었다면 세상은 좀 더 평화롭고, 서로가 더욱 평등한 관계를 맺으면서 좋은 영향을 주고받는 곳이 되었을 텐데, 이런 생각도 들어요.

**소정**　저는 민뎅이랑 비슷해요. 불안이 대물림되지 않았으면 좋겠어요. 저는 전쟁이나 분단 상황에 관심이 있어서 쓸데없는 불안, 공포 때문에 자신을 보지 못하게 되는 구조가 우선 끝나야 한다고 생각해요. 자기 욕구가 무엇인지 확인하고 남에게 해를 가하는 게 아니라면 그 욕구를 인정하는 사회였으면 좋겠어요. 좀 살게 내버려 두는 사회요. 한국 사회는 특히 분리가 안 되잖아요. 분리를 두려워하고. 제가 그렇게 되었으면 좋겠다는 것이기도 하고요.

**샛별**　전 그냥 나로 살 수 있는 시간이 오면 좋겠다고 생각해요. 제가 이샛별이 아니라 '여자 누구'로 불리고 '여자는 이렇게 해야 되니까 너도 이렇게 해야 된다'는 압박 때문에 많이 싸우거든요. 그런 게 없었으면 좋겠어요. 저의 정체성은 있겠지만 그걸로 저의 모든 게 판단되지 않는 그런 세상이 오면 좋지 않을까요.

· · ·

페미니즘은 경험과 경험을 어떻게 이을 것인가를 고민하는 일인 것 같기도 하다. 너와 나의 경험이 아무 상관없다는 듯 각자의 삶에만 속해 있었다가도, 페미니즘을 통해 경험을 말하기 시작했을 때 그 경험들은 서로 연결되면서 새로운 감각들과 지식을 만들어 낸다. 나쁜페미니스트 활동가들과 중·고등학교 시절의 이야기를 한참 떠들면서 왜 그땐 이게 문제인지 몰랐을까 싶어 한탄을 하다가도, 경험과 경험을 이어 가며 무엇이 문제였는지를 찾아 가는 재미가 쏠쏠하기도 했다.

이처럼 서로가 서로와 이어지면서 발견하게 될, 아직 발견되지 않은 이야기들이 많을 것이다. 다른 곳에 사는 사람들, 다른 나이로 살아가고 있는 사람들, 다른 정체성을 갖고 있는 존재들과 계속 엮이고 이어지는 과정 속에서 우리는 아마 더 많은 실마리들을 찾을 수 있을 것이다. 지금 나쁜페미니스트에는 인터뷰를 했을 때보다 더 많은 이들이 모여 함께 활동을 해 나가고 있다고 한다. 이어짐을 위한 시도들이 맺은 결실이지 않을까. 우리가 더 많이 이어질 수 있길 바라본다.

---

**나쁜페미니스트를 만날 수 있는 곳**
페이스북 www.facebook.com/BadFeministdg

---

**활동 약력**
2016년 5월 발족
혐오에 맞서는 작은 행동 〈춤을 추며 절망이랑 싸울 거야〉 공동주최
페미니즘 연속 강연회 〈페미니즘 이어달리기 in 대구〉 공동주최
전국 페미니즘 강연 〈퀴어×페미니즘 횡단하는 페미니스트들〉 공동주최
〈여성, 삶, 글쓰기〉 기획 강연 주최
〈#MeToo를 외치는 #WithYou〉 독서행동 진행
나쁜페미니스트 수다회 진행
책 읽기 모임 진행
혐오와 두려움을 넘는 나쁜페미니스트 긴급행동 〈난민반대를 반대한다〉 주최

# 두려움은 용기가 되어

2016년 5월, 색색의 네온사인과 유흥으로 넘쳐 나던 거리가 애도와 추모의 공간이 되었다. 잠깐의 추모가 지나간 뒤 다시 전과 같이 혼잡해졌지만, 그 거리가 준 의미와 상징은 여전히 계속되고 있다.

그곳에서는 '우연히' 한 여성이 끝내 이유를 알지 못한 채 죽어 갔다. '운 좋게' 살아남은 여성들은 그녀가 알지 못했던 그 이유를 '여성 혐오'로 명명했다. 그것을 알기까지는 그리 오랜 시간이 걸리지 않았다. 사실 여성이 폭력과 살인의 대상이 될 수 있는 '강남역 10번 출구'는 어디에나 있었기 때문이다. 당황과 놀람은 슬픔이 되었다. 그동안 여성으로서 살아오며 겪었던 일들에 대한 기억을 소환하며 몇 날 며칠, 밤낮으로 이어 갔던 포스트잇의 행렬과 말하기는 강남역을 공감의 장으로, 연대의 광장으로 바뀌 나갔고, 현재 넷페미·메갈리안·헬페미 등으로 호명되고 있는 새로운 페미니스트들의 등장을 알렸다.

## 이미 태동이 있었다

저는 메갈리아의 역할이 분명 있었다고 생각해요. 모두가 각자의 경험들을 나의 불운과 부주의 때문이라고만 생각하고 혹은 이 부당함에 대한 감각이 대체 무엇인지 언어화하지 못한 채 짊어지고만 있었는데 메갈리아를 계기로 이것이 여성 전반의 문제라는 걸 확인했고, 그런 와중에 이 사건이 일어난 거죠. _지원(페미몬스터즈)

이제 "너 메갈이지?"라는 질문은 마치 "너 빨갱이지?"와 같은 맥락에서 소통할 의지 없이 단지 비난을 위한 비난으로 쓰이고 있지만, 누가 메갈이고, 메갈이 아닌가는 의미가 없는 질문이다. 메갈리아는 차별을 언어화할 수 있는 인식의 회로가 생겨나고 거듭되는 성차별과 성폭력에 지친 이들을 위로하는 공간이었기 때문이다. 중요한 것은 페미니스트 모두가 메갈이냐, 아니냐가 아니라, 새로운 세대 페미니스트를 탄생시킨 통로로서의 메갈리아가 갖는 역사적 의미, 그로 인해 구성된 주체들의 담론 형성 과정이다.*

---

\* 2016년 8월, 《우리에겐 언어가 필요하다: 입이 트이는 페미니즘》이라는 책이 출간되었다. 성차별을 주제로 한 대화에서 구태여 착한 여성이 될 필요 없이 무례한 말에 대응하고 적절하게 대답할 수 있는 언어들을 제시하는 일종의 지침서다. 이 책의 인기와 판매 부수(텀블벅과 독립서점에서만 초판 5,000부 완판)는 아직 입 밖에 꺼내지 않았던 혹은 언어화되지 못했던 여성들의 이야기가 시작되는 순간을 보여 주는 지표이자, 메갈리아의 '미러링'을 통해 일상 속의 성차별을 인식하며 때때로 '키보드 배틀'을 해 왔지만 막상

여성들에게 메갈리아는 자신의 익숙한 경험을 낯설게 볼 수 있게 한 지식 생산의 보고이자 나들목이고, 지원군이자 배경이었다. 미러링은 그동안 여성이 남성들과 다른 세상에 살고 있었다는 확신을 줬고, 확신과 함께 다가온 배신감은 자신이 속해 있던 곳들을 다시 보게 하는 계기가 되었다. 온라인 공간에서 놀이와 투쟁 그 어느 쯤에 머물던 '메갈'들은 강남역 여성 살해 사건을 위시로 여성들이 그동안 살아왔던 공간이 전혀 안전하지 않을 뿐 아니라 위험한 공간이었음을, 내가 '인간'이라는 것은 '상상'에 불과했음을 자각했다. 그리고 온라인에서, 거리에서, SNS와 게임 속에서, 정당에서, 대학에서, 그 사이사이에서 모여들었다. 그때 함께 모여들었던 사람들은 서로를 만난 것이 '운명' 같았다고 말했고 모든 사건과 만남들이 '때마침' 이어졌다. 돌아보면 그 운명들은 우연이 아니라 이미 그러할 수밖에 없는, 예측 가능한 '숙명'이었을지도 모르겠다.

## 우리가 하는 것은 모두 처음이다

지원(페미몬스터즈)에게 강남역 여성 살해 사건은 자신이 겪은 일들이 '여성 전반의 문제'였음을 확인하게 만든 처절한 '증거'로서 존재했다. 같은 이유로 페미당당은 "아무런 대응도 하지 않으면 안 된다"고

<hr>

현실 속의 '한(국)남(성)'과 이야기해야 할 때 대처할 수 있는 방법을 찾기 어려웠던 페미니스트들의 관심이 반영된 결과라고 할 수 있다.

결심했고, 강남역을 넘어 박근혜 전 대통령 탄핵을 위한 촛불집회에 나갔다. 그리고 조직 전체를 지키기 위해 일부 개인의 희생을 요구하는 기존의 조직보위주의에서 벗어나 개인이 매몰되지 않는, 가능한 쉬운 활동과 모임들을 계속해 갔다. "무거운 짐을 버리고 재밌게 하자"는 페미당당의 모토는 이전의 사회운동이 주는 거시적 당위를 넘어 일상이 운동이 되고 놀이가 되는 문화를 만들어 나갔다. 이것은 저 멀리에 연대해야 할 '피해자'가 있고 내가 그들에게 연대하거나 '돕는' 위치에 서는 것이 아니라 그녀와 나, 나와 우리의 억압적 삶의 경험이 동일시되는 과정이었던 것 같다.

이제 '피해자'가 아닌 '주체'로 서기를 결심한 불꽃페미액션은 여성의 몸에 대한 '금기'에 주목했다. 내가 가진 두려움, 검열, 통제는 본디 나의 것이 아니었다는 금기를 깨는 순간, 자신의 신체에 대한 뭇 남성들의 비난과 협박은 이제 놀이에 불과했던 것이다. 그래서 2016년부터 이들은 퀴어페스티벌에서 〈천하제일 겨털대회〉를 열어 색색 찬란한 '겨털'을 뽐냈고, 〈우리는 기자회견 女인가?〉라는 타이틀로 기자회견을 열어 여성들을 '女'로 지칭하며 대상화하는 언론에 맞서고 여성들을 타자화하는 시선들을 전유하고 조롱했다. 노브라, 삭발, 상의 탈의 시위와 같은 실천을 통해 몸을 해방시키고 재구성하는 활동들은 여성의 몸이 '음란'한 '타인 혹은 남성의 것'이 아니라 '나의 것'이라는 메시지를 명확히 했다.

나쁜페미니스트는 어쩌면 한계로 느껴질 수도 있는 '비서울 지역'이라는 위치를 오히려 지역 내 다른 세대, 다른 여성운동 단체들과의 연결 고리를 강화하는 계기로 삼았다. 강남역에서 추모를 위한 자유 발언대에 참가하는 것을 시작으로 페미니즘 세미나, 수다회, 강연 사업 등을 진행하면서 오프라인에서 서로가 이어질 수 있는 기회들을 꾸준히 확장해 나갔다. 이것은 온라인과 SNS가 주는 속도감이 놓칠 수 있는 단단함을 쌓아 가는 과정일 것이다.

## '뒤늦은 알아차림'이 없는 세상을 꿈꾸다

강남역 여성 살해 사건은 뿔뿔이 흩어져 아픔을 삼키고 있었던 여성들의 존재를 드러내고, 그들이 한데 모이는 계기가 되었다. 페미몬스터즈, 페미당당, 불꽃페미액션, 그리고 나쁜페미니스트가 추구하는 활동 방식, 가치, 에너지는 모두 다르지만, 그렇기에 각자의 자리에서 화려하게 빛을 발하며 페미니즘 운동의 의미를 끊임없이 확장해 가는 데 기여하고 있다.

"뒤늦은 알아차림이 없는 세상이 되었으면 좋겠다"는 민뎅(나쁜페미니스트)의 말이 귓가에 울린다. 더 많은 여성들이 상처받기 전에, 죽기 전에 먼저 알아차릴 수 있는 세상을 만들고 싶었던 그녀들은 이미 서로의 보증인이다. 옆에 있는 여성의 삶이 내가 싸울 이유가 되고 내가 싸우는 이유가 옆에 있는 여성에게 싸움의 증거가 된다는 것을 보여 주는 이들의 탄생기는, 세상에 질문하기 시작하며 외로움과 마주하게 된 모든 이들에게 용기가 될 것이다.

이제는
예전으로
돌아갈 수

없다

# 그것은
# 연기가
## 아니라
# 성폭력입니다

● 다섯 번째 인터뷰
찍는페미

**정윤**    영화 이론을 전공하고 있는 대학원생입니다. 영화계 내의 성차별을 타파하려면 학계와 현장이 연계되어야 한다고 생각하기 때문에, 여성과 관련된 영화 연구에 힘쓰고 있어요.

**재승**    저는 재승이라고 합니다. 찍는페미가 만들어진 지 4일 만에 300명이 모였는데 저도 그중 한 명이에요.

배우 워크숍 같은 데 가면
감독이 함께 일하고 싶어 하는 배우가 되어야 한다,
그래서 사람이 되어야 한다, 이런 얘기를 하는데
여자는 섹스어필을 해야 된다고 해요.
찍는페미라는 이름이 의미가 있어요.
우리가 찍는 주체로 인정받아 본 적이 없거든요.

〈안희정 무죄 판결에 분노한 항의행동〉에
참가한 찍는페미 활동가들
ⓒ 찍는페미

사실, 그만 내려놓자는 생각을 수도 없이 했어요.
그런데 활동하다 보니 찍고 싶은 것이 더 많이 생겼어요.
여성의 시각으로 여성을 말하고,
이 세계에 여성이, 다른 누구도 아닌 여성 자신으로
접속할 수 있도록 하고 싶었던 거예요.

2018년 1월, 서지현 검사가 〈JTBC〉 '뉴스룸'에 출연해 검찰 내부에서 겪은 성폭력 피해를 폭로했다. 그로부터 용기를 얻은 성폭력 피해자들이 자신 또한 성폭력 피해를 겪었음을 말하기 시작했고 각계각층의 성폭력이 세상에 알려졌다. 사람들은 이를 두고 한국판 '미투 캠페인'(미국의 배우들이 '#MeToo'라는 해시태그와 함께 자신의 성폭력 피해 경험을 이야기하면서 많은 사람들에게 알려진 성폭력 고발 운동)이 시작되었다고 말했다.

서지현 검사의 발언 이후로 미투 운동이 활발히 일어난 것은 사실이다. 하지만 그 이전에 한국에서는 성폭력 피해자들이 자신들의 피해 경험을 폭로하는 해시태그 운동이 이미 진행되고 있었다. 2016년, 트위터에서 '#오타쿠_내_성폭력'을 시작으로 '#문단_내_성폭력' '#대학_내_성폭력' '#교회_내_성폭력' 등 다양한 분야의 성폭력 고발 해시태그가 등장했다. 영화계에서도 '#영화계_내_성폭력' 해시태그가 등장했고, 많은 사람들이 이 해시태그를 통해 자신이 영화계에서 경험한 성폭력 피해를 말하기 시작했다.

'#영화계_내_성폭력' 해시태그 운동을 지켜보던 영화인 몇 명이 모였다. 그들은 영화계의 폭력적이고 성차별적인 문화를 바꾸자는 목적으로 2016년 10월 찍는페미를 만들고, 이미 너무 많은 피해 사실을 목격해 과거로 돌아갈 수 없다고 선언했다. 그날부터 지금까지 영화계를 변화시키기 위해 종횡무진하고 있는 찍는페미를 만나 영화계 내 성폭력, 그리고 여성영화인의 삶에 대한 이야기를 들어 봤다.

· · ·

# #영화계_내_성폭력

**2018년은 미투 운동의 해라고 해도 될 것 같은데요. 사실 한국에서는 2016년부터 '#○○계_내_성폭력' 해시태그 운동이 광범위하게 일어났습니다. '#영화계_내_성폭력' 해시태그도 있었죠. 영화계 내의 성폭력 문제들이 처음 폭로되던 그 시기에 어떤 생각들을 하셨는지 궁금합니다.**

**재승** '#영화계_내_성폭력' 해시태그는 다른 문화예술계에 비해 늦게 터진다는 생각이 들었어요. 문단계도 터지고 연극계도 터지는데 영화계는 왜 안 터질까? 언제 터질까? 왜 그렇게 느꼈냐면 당시 문단계가 가해자를 직접적으로, 그리고 비교적 다수를 지목한 것과 달리 영화계 내에서는 가해자가 직접적으로 지목되질 않았거든요. 가해자가 구체적으로 다수 지목된 것은 김기덕 이후로 미투 운동이 진행되었을 때의 이야기예요. '이렇게나 뒤에 터지는 걸 보니 영화계 내부 구조는 폭력과 위계로 점철되어 있구나' 하고 생각했던 기억이 나네요.

그럼에도 불구하고 많은 이들이 용기 내고 힘쓰고 있다고 생각했어요. '#STOP_영화계_내_성폭력'이라는 해시태그와 한 사건에 대한 법적 공방*을 기제로, 상대 배우의 동의나 합의 없이 이루어지는 촬

---

* '남배우 A 성폭력 사건'은 한 영화 현장에서 영화를 촬영하던 도중 남성 배우가 여성 배우에게 성폭력 가해를 한 사건이다. 이 남배우는 2017년 10월 13일 2심 유죄 판결을 받았다.

영이 성폭력이라는 사실을 한국 영화계가 자각했거든요. 아주 당연한 사실을 아주 어렵게 알게 된 거죠. 이 사회적 합의가 이루어져 가는 순간에는 아주 벅찼고, 이게 되는구나 싶었지만 동시에 너무나 통탄스러웠어요. 사실 누군가를 가해자로 지목하는 것은 굉장히 용기가 필요한 일이에요. 특히 한국 사회, 그중에서 좁고 폐쇄적인 인맥에 의존해서 작업을 이어 가야 하는 영화계에서는 더더욱 그렇고요.

**영화계의 구조가 폭력으로 점철되어 있다고 말씀해 주셨는데 영화계 내 성차별 문화나 여성 혐오 문화에 대해 좀 더 자세히 설명해 주실 수 있을까요?**

**재승** 예를 들어 배우 워크숍 같은 데 가면 '배우 이전에 사람이 먼저 되어야 한다'는 얘기를 많이 해요. 감독이 함께 일하고 싶어 하는 배우가 되어야 한다, 그래서 사람이 되어야 한다, 이런 얘기를 하는데 여자는 섹스어필을 해야 된다고 해요. 그래야 감독이 일을 하고 싶어 하기 때문이라는 거예요. 남자는 사람이 좋으면 되는 건데 여자는 자고 싶은 상대가 되어야 일을 하고 싶은 거죠. 이게 적나라하게 드러나는 게 프로필 사진이에요. 배우들은 프로필 사진을 찍는데 여자 배우가 그 사진을 통해 섹스어필을 하지 않으면 안 뽑아요. 또 여자 배우 머리가 보통 다 길어요. 여배우는 머리 길고 청순하면서도 섹시해야 한다고 하기 때문이에요. 영화과 입시할 때도 교수님이 그런 스타일 안 좋아한다, 뭐 이런 얘기들 많이 하죠. 이런 상황인데 이력서에 '저는 페미니스트입니다'라고 쓰는 건 꿈도 못 꾸죠. 여배우가 영화 현장에서 자기한테 말을 걸면 자기를 좋아하는 줄 아는 분위기가 팽배해요. 꽃이 나한테 말을 거니까요. 그런 거 아니라고 하면 '쟤가 나한테 꼬리쳤다'는 말이 퍼져요.

**배우 외의 직종도 상황은 비슷할 것 같은데, 영화계에서 일하는 분들 중 여성의 비율이 얼마나 되나요?**

**정윤**   저는 현장 경험이 없어서 수치상으로만 대충 알고 있어요. 요즘 영화과의 경우에는 학생들의 성비가 5:5 정도거나, 여성이 더 많아요. 그런데 실제 현장으로 나가게 되면 여성이 거의 없다고들 하더라고요. 영화과 학생들이 모두 감독이 되는 건 아니지만, 한국 영화계에서 여성 감독이 차지하는 비율이 5% 정도라는 건 영화계의 남성 쏠림 현상이 얼마나 심각한지를 단적으로 보여 주는 거라고 생각해요. 촬영이나 조명 같은 소위 '몸을 쓴다'고 하는 파트에서는 여성이 더 적은 편이구요.

**재승**   미술, 분장, 옷에는 여성 스태프들이 좀 많은데 그 외에는 거의 전무해요. 찍는페미라는 이름이 되게 의미가 있어요. 어디 가서도 우리가 찍는 주체로 인정받아 본 적이 없거든요.

**예술을 하는 사람들은 규범에서 자유롭고 사회 참여적이거나 진보적일 거라는 편견들이 많은 듯한데요. 영화계 밖과 비교해 봤을 때 영화계는 어떤 집단이라고 생각하시나요?**

**재승**　규범에서 자유롭다는 이미지는 잘 모르겠어요. 규범에 가장 얽매여 있는 사람들이 예술인 아닌가요? 선배-후배 도제 시스템도 그렇고요. 현장 분위기도 자유롭지 않아요. 예를 들어서 장비를 가져오라고 누가 시키면 그냥 옆에 있는 사람이 가져오면 되잖아요? 그런데 3~4명이 뛰어나가야 해요. 그렇게 하지 않으면 열심히 일 안 한다고 생각하거든요. 교육시키면 또 예술가들 교육시킨다고 뭐라고 하겠죠. 예술의 자율성을 침해한다고요.

　또 영화 현장에서 사고에 대비할 수 있는 어떤 조치도 없어요, 우리나라에는. 미국 방송·영화 제작사에서는 노출이나 섹스 신이 있으면 특수계약서를 쓰기도 하잖아요. 상의 없이 못 하게 하고 사전에 통보해야 하고 보험도 들어야 하고. 프랑스에서는 아예 영화계 내 성희롱이 직장 내 성희롱으로 치부되어서 똑같이 처벌받아요. 우리나라는 아무 조치도 없어서 내가 무슨 영화 찍다 어떻게 될지 알 수 없죠. 저흰 그런 얘기도 했었어요. 찍는페미 스티커라도 붙이고 모자라도 쓰자. 곳곳에 찍는페미 이렇게 있으니까 함부로 하지 말라는 분위기를 아예 만들자고. 그렇게라도 해서 견제하자는 얘기도 했었어요.

**아까 말씀해 주신 것처럼, '#영화계_내_성폭력' 해시태그 운동이 다른 분야에 비해 활발하지 않았던 것도 이런 문화 때문일 수도 있겠네요. 최근에 영화계 내 성폭력 실태 조사가 있었던 것으로 아는데 그건 어떻게 되었나요?**

**재승**　영화계 내 성폭력 실태 조사는 문단, 공연, 음악 등 다른 문화예술계보다 먼저 이루어진 편이에요. 현재로서는 분야별 실태 조사가 자체적으로 이루어진 곳은 영화계가 유일하거든요.

다만 영화학과 내 실태 조사는 모집단에서 누락되었고 2016년에 실태 조사가 이루어졌다는 이유로 2018년도 실태 조사 예산 및 계획에서 제외되었다는 게 큰 한계점이에요. 만약 영화학과 내 실태 조사를 했었다면, 모 대학과 같은 사태*는 미리 막을 수 있었을지도 몰라요. 마음이 아파요. 또 조사 과정에서 찍는페미를 비롯해 다른 민간 여성단체들이 설문지를 피드백해 보니 설문 문항과 설문지를 배포하고 수거하는 방식 면에서 전문성이 떨어졌던 측면이 있었어요. 특히 성인지 조사 항목에서 매우 비전문적인 문항이 있던 게 기억에 남네요. 자체적으로 항목별 전문성을 키우기 어렵다면 차라리 민간 여성단체를 공식 팀원으로 삼는 것이 합리적일 거란 생각이 들었어요.

실태 조사는 모든 성폭력 문제 해결의 근간이에요. 처음 했던 조사가 완벽하지 않았더라도 인력과 예산 부족 문제에 발이 묶이지 않기를, 제 걱정이 기우이기를 바라요. 앞으로 꾸준히 조사했으면 좋겠어요.

───────

* 미투 운동이 활발하게 진행되던 2018년 2월, 한 유명 남성 배우가 자신이 교수로 재직하고 있던 대학교에서 여학생들을 성추행했다는 폭로가 나왔다.

# 더 이상 단 한 명의 동료도
# 잃을 수 없다

**이제 본격적으로 찍는페미에 대해 이야기해 보려고
합니다. 영화계의 여러 성폭력, 성차별 문제 등이 수면
위로 떠오르면서 찍는페미가 만들어진 걸로 알고 있는데,
그 과정에 대해 듣고 싶습니다.**

**재승**　찍는페미는 2016년도 문화예술계 내 성폭력 해시태그 운동
이 있었을 때 생겨났어요. 당시 영화계 내 성폭력 해시태그가 일었
고, 영화계 내 페미니스트가 얼굴을 내밀기 시작했죠. 찍는페미 페
이스북 페이지가 만들어지고 나서 단시간 내에 첫 오프라인 모임을
가지게 되었어요.<sup>*</sup> 누구 할 것 없이 서로 자원해서 오프 모임을 기획

---

\* 2016년 10월 22일, 찍는페미가 페이스북 그룹에 올렸던 게시글.

지금 한국 사회의 영화·영상 콘텐츠계에 페미니즘이 필요합니다.
우리는 2016년 10월 22일, 단 하루 동안 '#영화계_내_성폭력' 해시태그를
붙인 글에서 영화를 만들면서 성차별과 성폭력·성희롱 등으로 고통받아 온
많은 여성들의 생생한 증언을 목격했습니다. 그 모든 피해자의 글 속에는 다
음 질문에 대한 충분한 답이 담겨 있습니다. 왜 감독들은 다 남성일까요? 그
많던 감독 지망생 여성들은 다 어디로 갔을까요? 커다란 조명 장비가 남성
에게는 거뜬하고, 여성에게만 무거운 것일까요? 왜 대부분 모험의 주인공은
당연히 남성일까요? 여성 캐릭터는 왜 수동적이고 1차원적인 걸까요? 성녀
와 창녀, 어머니와 팜므파탈, 아줌마와 소녀, 캔디와 공주의 범주에서 벗어
나는 한국 여성 캐릭터가 과연 존재하나요?
우리는 이 모든 질문의 답을 이미 알고 있었던 사람, 이제 알게 된 사람, 앞으

하고 준비했고, 저도 그중에 있었는데 너무 즐거웠어요. 신기했고. 첫 오프 모임 때 40명이 넘는 사람들이 아주 빠르게 모였고 처음 만났으면서도 서로의 이야기를 하고 듣느라 3~4시간이 훌쩍 갔습니다.

---

로 알고 싶은 사람 모두를 환영합니다. 페미니즘은 훈장이나 지위가 아니며, 모든 차별주의에서 자유로울 수 없는 나 자신을 비롯한 모든 것과의 끝없는 싸움입니다. 콘텐츠와도 싸워야 합니다. 영화·영상 콘텐츠 속 여성 혐오적이고 남성 중심적인 표현은 그 콘텐츠를 만들면서 일어나는 성차별과 성폭력·성희롱을 모방하고 방류한 결과입니다.

이 부조리한 쳇바퀴 속에서 "이건 잘못됐어."라고 말하며 싸울 수 있는 사람들이 모이고 절대 혼자가 아니라고 깨닫는다면 큰 변화는 시작될 것입니다. 모여든 우리의 목소리는 커질 것입니다. 목소리가 커질수록 사람들이 주목하고 동의하며 합류하게 될 것입니다. 이렇게 만들어진 페미니즘의 '흐름'은 거대하고 암묵적인 차별과 폭력의 공기를 바꿀 것입니다. 우리는 오로지 이런 변화에 대한 믿음과 희망을 가지고 모였습니다.

페미니즘의 역사 속 수많은 연대가 증명하듯 우리는 모든 사회적 약자에 대한 차별을 반대합니다. 성소수자, 장애인, 청소년, 아동에 대한 차별을 반대하며 한국 사회의 나이주의와 서열 문화를 반대합니다. 이 같은 원칙 외에는 기준을 먼저 들이대지 않으려고 합니다. 이 모임 속에서 펼쳐질 다양한 페미니즘의 모습을 모두 수용합니다. 다양하고 다른 생각을 더한다면 어쩌면 우리 자신도 난생 처음 보는 콘텐츠를 만들 수 있을 것입니다.

이미 너무 많은 피해 사실을 목격한 우리는 이제 과거로 돌아갈 수 없습니다. 함께 모여 연대하고 변화를 위한 발걸음을 내딛어야만 합니다. 변화는 분명히 가능합니다. 그 미래의 콘텐츠 속에서 우리는 타고나거나, 선택한 모습 그대로여도 괜찮습니다. 서로 달라도 괜찮습니다. 다양성을 존중하는 콘텐츠는 차별과 억압을 당하는 모든 이에게 힘을 줄 수 있습니다. 우리는 소수자의 시선에 담긴 힘을 믿습니다. '우리'에 이 글을 읽는 당신도 함께할 수 있기를 바랍니다. 환영합니다.

_김꽃비, 박효선, 신희주

찍는페미에 들어오게 된 계기는 아마 각자 달랐을 거예요. 누구는 영화계 내 성폭력 구조를 바꿔 보고 싶었겠고 누구는 영화를 찍고 싶었겠고 누구는 마음껏 이야기하고 싶었을 겁니다. 그런데 아마 이 마음만은 같았을 거라고 생각해요. '나와 같은 페미니스트 동료를 만나고 싶다'. 모임에서 영화계의 잘못된 구조에 대한 이야기, 여성이 왜 배제되는가에 대한 이야기 등을 많이 나눴는데 그 당시에는 그걸 구체적으로 바꿔 보자는 마음보다는 그저 서로의 존재를 확인하고 위안받고 싶어서 다들 나왔지 않았을까 싶어요.

그때 저희의 기조가 '더 이상 단 한 명의 동료도 잃을 수 없다'였어요. 저는 그게 되게 감명 깊었어요. 저는 동료라는 개념을 느낀 게 찍는페미를 통해서가 처음이에요. 기존 여성영화인 모임은 어디선가 한자리하는 사람들이 모이는 모임인데 여기는 한자리가 있건 없건 상관없이 여성영화를 만들고 싶어 하고 여성영화인들을 위하는 사람이라면 모두가 올 수 있는 자리라서 더 좋았던 것 같아요.

**찍는페미도 다른 단체들처럼 만들어졌을 때부터 지금까지 쉬지 않고 굉장히 많은 활동을 해 오신 것 같아요. 찍는페미가 어떤 구조와 원칙으로 운영되고 있는지 알고 싶어요. 또 어떤 일들을 해 오셨는지도요.**

**재승** 초기에는 운영진 개념이 없었어요. 운영진 만들지 말고 하자고 했었는데 실무를 봐야 하니까 한계가 있더라고요. 일단은 운영진이라는 이름으로 모이게 되었고 그 뒤로는 한 1주일이나 2주일에 한 번씩 회의를 하면서 결정을 했던 거 같아요.

지금은 진짜 작은 거 하나라도 모두의 동의를 받고 가요. 예를 들어서 문서를 작성한다 그러면 '제가 문서를 작성했으니까 다들 피드백 주세요' 했을 때 모두의 피드백이 있어야 통과가 돼요. 이런 과정을 좀 고수했던 거 같아요. 회원이 되려면 성평등 교육을 의무적으로 꼭 받아야 하고요. 추후에 오프라인으로 받는 한이 있더라도 그러려고 하고 있고, 회의 전에도 규칙을 얘기해요. 우리는 평등한 관계에서 평등한 발언을 하도록 지향합니다, 돌아가면서 발언합니다, 혐오 발언 하지 않습니다, 이렇게요. 회비를 내기가 어렵다면 '찍페이'라고 해서 회비 대신에 운영에 필요한 일을 하는 제도도 만들었어요. 문서 작성이나 행사 스태프를 해 주는 거죠. 그렇게 하고 나서 운영진 외에 운영팀, 행사팀, 제작팀, 이렇게 다른 팀들을 만들었어요. 운영진들은 단체 전체의 방향이나 외부 활동 같은 걸 하고 각 팀은 찍는페미 내의 활동을 각자 나눠서 하는 거죠. 그런 구조가 총회에서 정식으로 인준되었어요.

이후 운영팀은 2017년 5월부터 10월까지 영화계 내 반성폭력 이슈를 확산하는 데 주력했어요. 영화계 내 성폭력 사건에 대책위로 참여했고요, 피해자 지원과 방청연대를 조직했어요. 그리고 영화계 및 문화예술계 내 반성폭력 포럼 등에 매달 빠지지 않고 참여하고 있어요. 행사팀에서는 2017년에 여성 개개인을 위한 상영회를 주최해서 두 개의 섹션을 열고 미리 준비한 여성영화를 같이 보고 발제를 하며 이야기 나누는 자리를 가졌고요.

제작팀 같은 경우는 2017년 6월에 여성인권영화제의 트레일러 영상*을 제작했던 것을 시작으로, '페디아'라는 네트워크와 협력해서 여성주의 강의를 녹음하거나 촬영해서 아카이빙하는 사업을 했고 여성자기방어술을 주제로 한 단편영화 〈아이 캔 디펜스〉도 제작했죠. 2018년에는 3·8 여성의 날 미투 운동, 3월 22일부터 23일까지 1박 2일로 진행된 〈2018분 동안의 이어말하기〉 대회랑 〈성차별·성폭력 끝장 문화제〉 등 여러 집회를 지속적으로 촬영했어요.

**활동하면서 드는 고민이나 어려움 같은 건 어떤 것인가요?**

**재승**　이 활동이 언제까지 이어질 수 있을지, 과연 지속 가능할지에 대해서는 저도 많이 우려하고 있고 늘 걱정이 돼요. '더 이상 단한 명의 동료도 잃을 수 없다'라는 기제로 시작했는데, 과연 동료를 잃지 않고 꾸준히 활동하는 것이 가능한 것인지에 대한 의문도 들어요. 찍는페미는 만들어지자마자 바로 반성폭력 흐름에 섞여 들어 '우리가 할 수 있는 활동'을 해 왔는데, 이 일이 바로 성과가 드러나지 않는 일이라 과연 우리가 얼마나 기여하고 있는 것인지에 대한 회의도 많이 드는 게 솔직한 마음이에요. 쉬지 않고 달리느라 많이 지치기도 했어요.

---

* '지금, 당신의 속도로'라는 제목으로 제작된 제11회 여성인권영화제의 트레일러 영상이다. 유튜브에서 찾아 볼 수 있다.

**영화판에 국한된 얘기는 아니겠지만, 페미니즘적 지향에 가까워지려면 정말 오랜 시간과 많은 노력들이 필요할 것 같다는 생각이 듭니다. 앞으로 찍는페미의 계획은 무엇인가요?**

**정윤**　찍는페미에 계신 분들이 이런 말씀들을 많이 하세요. 다른 데서 영화를 만드는 건 사실 바라지도 않는다고, 우리끼리 으쌰으쌰해서 영화를 만들 수 있으면 좋겠다고요. 그런데 저는 제도들을 잘 구축해서 찍는페미 내부에서뿐만 아니라 외부에서도 안전하게 영화를 만들고 비평하고 공부할 수 있는 환경을 저희가 만들어 갈 수 있으면 좋겠다고 생각해요.

**재승**　제일 큰 목표는 영화계 내의 성평등이에요. 구체적으로 말씀드리면 여성영화인들이 영화계에서 이탈하지 않도록 하는 거고, 그렇게 만들기 위한 정책을 제시하려고 해요. 여성 쿼터제를 실시하자고 하고 있죠. 여성 노동자가 많아질 수 있게 하는 거예요. 영화는 여러 사람이 만드는 거잖아요. 감독 혼자 '예술병'에 취해 있는 게 어떻게 예술이겠어요.

　어떤 영화건 그 영화 제작에 참여하는 사람이 성교육을 의무적으로 받게 한다든지 어떤 사건의 가해자는 심사위원 자격을 주지 말고 국가 지원 사업에 참여할 수 없게 한다든지 하는 걸 제도로 구축하는 것도 목표 중 하나예요. 여배우들과 상의도 없이 강간 신을 촬영하게 한다거나 여자 스태프들을 현장에서 배제하는 일이 일어나지 않도록요. 영화가 예술이라면 촬영하는 과정도 예술이어야 한다고 생각해요.

앞으로 찍는페미는 기본적으로 여성주의, 성평등 이슈에 직접적으로 뛰어들면서 이를 바탕으로 한 영상 콘텐츠를 제작할 수 있는 기반을 다지려고 해요. 이를 위해서는 영상 콘텐츠 제작 기술을 키워나가는 것도 중요하지만, 그 이전에 영영페미니스트*단체와 여성단체의 제안을 받고, 또 저희가 먼저 제안하면서 현장에 꾸준히 나가야 한다고 생각하고 있어요. 동시에 여성주의 이슈를 보며 끊임없이 사회적 맥락과 여성의 문제에 대해 고민해야 하고요.

**정윤**    영화계는 표면적으로도 내면적으로도 너무 남성 중심적인 업계예요. 한국에서 그렇지 않은 업계가 몇이나 되겠냐고 할 수도 있겠지만 영화계는 그 정도가 심각하다고 생각해요. 그래서 저는 강제로라도 여성 쿼터제를 시행해야 한다고 생각해요. 여성 인력이 부족해서 현장에 여성이 없다는 건 정말 말 그대로 핑계거든요. 영화과에 여학생들이 얼마나 많은데요. 기계적으로 성비를 맞추고, 여성들이 자유롭게 자신의 목소리를 낼 수 있는 환경이 완성되었을 때 변화를 이야기할 수 있다고 생각해요.

또 사회 전반에서 영화를 촬영하는 과정이 '노동'이라는 걸 인식

----

* 일부 페미니스트들이 메갈리아와 강남역 여성 살해 사건 등에 직간접적 영향을 받은 페미니스트들을 일컬을 때 쓰는 말. 1990년대 중후반 당시 '영페미'로 불리며 급진적인 성 정치 운동을 펼쳤던 20대 페미니스트들과 구분하기 위해 쓰기도 한다. '영페미'와 '영영페미'는 그들 내부에서 호명되기보다 외부에서나 위 세대 페미니스트가 사용하는 이름이라는 공통점이 있다.

해야 한다고 봐요. 직장인들은 회사 차원에서 성희롱 예방 교육을 받고, 회사에서 성폭력을 겪게 되면 그것을 직장 내 성폭행으로 처리하잖아요. 그런 문제들을 해결할 때 회사를 끼고 해결하고요. 물론 회사를 낀다고 해서 모든 문제가 긍정적으로 해결되는 것은 아니지만, 영화 촬영 과정을 막연히 예술이라고 생각하니까 그 과정에서 생겨나는 성폭력들을 '예술인데, 연기인데 그 정도도 감수 못 해?'라는 반응들이 생겨나는 것 같아요. 영화 내부의 에로티시즘과 현실 노동에서 발생하는 성폭력을 반드시 분리해서 생각해야 해요. 영화 촬영 현장을 노동 현장으로 인식하는 것도 그것의 일환이구요.

## 페미니스트 영화인으로서의 나

**영화를 하는 분들이니까 좋아하는 영화가 무엇인지도 궁금하네요. 추천하는 페미니즘 영화, 롤 모델이 되는 여성영화인이 있다면 이야기해 주세요.**

**정윤** 추천하고 싶은 영화는, 메릴 스트립 상영회 때 봤던 〈디 아워스〉라는 영화요. 정말 너무 좋더라고요. 아직까지도 그 영화에서 헤어 나오지 못하고 있어요. 요새는 심지어 그 영화에 나오는 대사로 타투를 새길까 생각하는 중이에요. 롤 모델은…… 없는 것 같아요. 영화 비평계나 학계에서 남성들만큼 주목받는 여성이 거의 없는 것 같아요. 그 수에서부터 많은 차이가 나고요. 물론 남성들만큼 주목받아야만 존경할 만하고 롤 모델로 삼을 수 있는 건 아니라고 생각하지만 지금은 없는 것 같아요. 더 많은 여성 연구자들, 여성 비평가들이 생겨났으면 좋겠어요. 그리고 저도 그중 하나가 되어서 미래의 여성 연구자들, 비평가들이 지금처럼 여성이 적다고 슬퍼하는 일은 없게 만들고 싶어요.

**재승**　저는 여성영화제에서 〈일상 대화〉라는 다큐영화를 봤어요. 중국의 황 후이전 감독이 만든 건데 그 감독의 어머니가 레즈비언이에요. 1인칭 시점으로 만들어진 다큐인데 그 영화를 13년 동안 촬영했대요. 경제적으로 어려워서 그렇게 오래 걸린 거죠. 그런데 그 영화 정말 좋아요. 그런 영화를 만들고 싶다는 생각이 들었어요. 한국에서는 신인 여성 감독들이 1인칭 다큐를 많이 찍는데 '사적 다큐'라며 인정을 못 받거든요. 그래서 중국도 그러냐고 물어봤죠. 그런데 그런 거 전혀 없대요. 그러면서 '자기 얘기가 어떻게 사적인 거냐, 다 공공성이 들어 있다, 용기를 가져라', 이렇게 얘기하는데 눈물이 핑 돌아서 엉엉 울었어요. 그 영화를 꼭 보셨으면 좋겠어요.

**찍는페미와 같은 움직임들 덕인지 몰라도 2016년 이후부터 페미니즘 영화 혹은 여성영화가 전보다 많이 나오고 있다는 말들도 있던데요. 이런 주장에 동의가 되시나요?**

**재승**　여성영화가 많아졌다는 현상을 체감하고 있다고 하긴 어려울 것 같아요. 투자하시는 분들은 이런 얘기도 하시더라고요. 투자자들은 기존 데이터를 보고 투자를 하는데 여성영화가 흥행한 데이터가 없으니까 여성영화에 투자를 못 한다고요. 여성분에게 그 얘기를 들었어요. "여성영화는 사실 독립영화에서 하는 게 맞지 않나요? 투자는 현실이에요."라고 하시더라고요.

**정윤**　페미니즘 영화가 무엇인지 생각해 볼 필요가 있어요. 여성 주인공이 등장하기 때문에 페미니즘 영화다, 이렇게 기계적으로 판단할 수 있는 문제는 아니니까요. 여성이 찍었지만 페미니즘 영화가 아닌 영화, 여성이 주인공이지만 페미니즘 영화가 아닌 영화들의 존재도 중요하다고 생각해요. 영화계에서 남성들이 차지하는 파이는 압도적이고, 그들이 찍거나 등장하는 영화 중에는 페미니즘적인 것도 있고, 여성 혐오적인 것도 있고, 어떤 건 사회 문제를 다루고 있고, 또 어떤 것들은 단순히 흥미 위주기도 하잖아요. 여성이 찍고, 등장하는 영화들이 많아져야 하고 또 그러한 영화들도 남성들의 영화처럼 자유롭고, 다양해져야 할 필요가 있다고 생각해요. 그게 당연한 일이구요. 그리고 정말 긴 시간이 지났을 때 한국에서 개봉하는 모든 영화가 페미니즘 영화가 되는 날이 왔으면 좋겠어요. 우리는 모두 페미니스트가 되어야 하는 것처럼, 모든 영화도 마땅히 페미니즘적이어야 하니까요.

**재승**　아무리 여성이 여성주의적인 영화를 만든다 하더라도 언어가 이미 가부장적 언어기 때문에 그 언어를 빌려 쓸 수밖에 없는 거 같아요. 그런 언어들 속에서 어떻게 여성의 담론을 끼워 넣을 수 있을 것인가, 여성영화를 어떻게 만들어야 여성을 잘 드러낼 수 있을 것인가에 대한 고민이 되게 많아요. 우리가 날 때부터 보고 듣고 자랐던 것에는 여성의 언어가 너무 없었기 때문에.

시나리오를 쓰려고 이론서를 보면 기존 담론과 여성 담론을 병행해야 한다고 하는데요, 사실 말이 쉽지 어떻게 하라는 건지 잘 모르겠어요. 그래서 조금은 저 자신의 언어를 개발하는 느낌이 들어요. 여성으로 살아가면서 나의 언어를 어떻게 쟁취하고 어떻게 표현할 것인지에 대한 것이기도 하고요.

**계속 영화 얘기를 해 왔는데 여러분들의 개인적인**
**이야기도 듣고 싶습니다. 특히 페미니즘을 접하고 난 후**
**자신의 삶이 어떻게 변화했다고 생각하시는지 궁금합니다.**

**정윤**　페미니즘이 좋자고 하는 거잖아요. 잘 살아 보자고 하는 건데, 음, 솔직히 말하면 본격적으로 페미니즘을 접한 후에 힘들어진 게 더 많은 것 같아요. 어딜 가서 누구를 만나도 상대방의 말과 행동들이 불편하고, 화가 나고 그랬어요. 찍는페미를 하면서 많은 분들을 만나게 되었다면, 예전부터 알고 지내던 사람들이랑은 오히려 멀어진 경우가 많아요. 그런 게 처음에는 엄청 힘들었는데 요즘엔 그냥 '뭐 그래, 안녕' 그러고 말아요. 시간이 지나면 점점 더 괜찮아질 거라고 생각해요. 저희는 항상 영화 얘기하면서 언제쯤 화 안 낼 수 있을까 이런 얘기들을 하는데, 요즘도 항상 영화 얘기하면서 화내고 그래요. 사실 가끔은 사람들 앞에서 여성영화 얘기나, 여성주의적 관점에서 영화를 비판하는 이야기들을 할 때면 눈치 보일 때도 있어요. 시

간이 지나면 다른 사람 눈치 보지 않고 당당하게 말할 수 있는 사회
가 되었으면 좋겠어요.

**페미니즘을 접하고 힘들어진 게 더 많다는 말이 와닿네요.
제 주변에 있는 많은 사람들도 비슷한 고민으로 활동을
그만두거나 쉬고 있거든요. 관계들이 단절된 경우도
많고요. 그런 고민들을 터놓고 이야기할 수 있는 자리들이
마련되면 좋겠다는 생각을 요즘 많이 하고 있어요.
'그럼에도 불구하고' 영화를 계속하는 이유는 무엇인가요?**

**정윤** 한국 영화계가 이런 모습임에도 불구하고, 영화를 계속 공
부하는 이유는 영화를 좋아하기 때문인 것 같아요. 영화계 소식을 접
하고 영화를 보고 논문을 쓰다 보면 정말 환멸을 느낄 때가 많지만,
그럼에도 너무 좋아하기 때문에 더 긍정적인 방향으로 변화시키고
싶은 거죠. 다른 분들도 비슷할 것 같아요. 그리고 또 하나는 함께 목
소리를 낼 수 있는 동료들이 있어서인 것 같아요. 우리 사회의 모든
일들은 혼자 할 수 있는 게 없잖아요. 연구도 혼자 하는 것 같아도, 영
화를 만드는 사람이 있어야 되고, 그 영화에 대한 담론을 만들어 주
는 사람이 있어야 되고, 또 그 담론을 받아들여 주는 사람이 있어야
되니까요. 같은 목소리를 만들어 갈 수 있는 동료들이 있어서 이 생
활을 지속할 수 있는 것 같아요.

**마지막으로, 이 책을 읽으실 분들에게 하고 싶은 말이**

**있다면 해 주시길 부탁드립니다.**

**재승**　내 손으로, 우리 손으로 작은 것부터 하나하나 해결해 나갈 수 있었다는 것이 기뻤고 뿌듯했고 좋았어요. 저는 2016년 12월 첫 오프 모임 준비부터 참여했으니까 벌써 1년 하고도 5개월 정도 활동해 왔네요. 운동에 대한 열망은 사그라들지 않았는데 많이 지쳤어요. 사실, 그만 내려놓자는 생각을 수도 없이 했어요. 작년 하반기부터는 한 발자국 한 발자국 힘겹게 뗐던 것 같아요. 시기가 시기인 터라 쉬지도 못하고 일만 하다가 대화도 못한 사람도 있었고요. 많이 아쉬웠어요.

　처음이라 서툴러서, 생각보다 일이 쉽게 풀리지 않아서, 돈이 너무 없어서, 지쳐서, 사회운동이라는 게 사람을 갈아 넣어야 해서, 잠시 쉬러 간 동료도 있어요. 다시 돌아왔을 때 제가 여전히 이 자리에 있을지, 언제까지 이 활동을 할 수 있을지 모르겠다는 생각이 들어요. 운동과 일상을 병행하는 과정 속에서 굉장히 불안하기도 하고요. 이만큼이나 말해 놓고 이런 말을 하면 다들 실망하실지 모르겠는데, 저는 영화계 내 성폭력 구조에 대해 잘 몰라요. 다만, 알려고 노력했고 고치고 닦아 보려고 힘겹게 왔을 뿐이에요. 정책 제안서를 만들고 공부를 하고 포럼을 다녀도 누군가 구체적으로 피해자를 어떻게 지원할 것이냐고 물어본다면 아직도 답하기가 어렵습니다. 고백하자면, 처음엔 단지 영화가 너무 좋아서 그리고 여성과 작업하고 싶어서 찍는페미에 들어왔어요. 거대한 운동 계획이 있었던 게 아니었어요. 그런데 활동하다 보니 고쳐야 하는 것들이 보였고 도저히 그만둘 수 없었어요.

제 역량이 부족한 것 같기도 했지만, 동시에 놓치고 싶지 않은 동료가 생기고, 계속 꾸려 가고 싶은 팀도 생기고, 찍고 싶은 것이 더 많이 생겼어요. 이제 와서 다시금 체감하는 것은, 아마 모두가 그랬을 텐데, 여성의 시각으로 여성을 말하고, 이 세계에 여성이, 다른 누구도 아닌 여성 자신으로 접속할 수 있도록 하고 싶었던 거예요. 이 과정에는 한 걸음 한 걸음 자신의 발자취를 보태 준 동료들의 열정이 담겨 있어요. 이 글을 빌어 고맙다고 말하고 싶어요. 단체 활동을 하다 보니, 가장 중요한 것은 목표를 달성하기 이전에 동료를 챙기는 것이라는 생각을 많이 했어요. 이게 말처럼 쉬운 일은 아니었지만 마음을 담아서, 저와 함께 걸어와 줬던 모든 사람들에게 다시 한 번 너무 고생했다고, 그리고 고맙다고 전하고 싶어요. 이 지면에 이런 마음을 담게 해 준 인터뷰어들께도 너무나 감사드립니다.

• • •

2016년 문화예술계 내 성폭력 해시태그 운동과 2018년부터 시작된 미투 운동으로 그동안 공론화되지 않았던 문화예술계 성폭력 사건이 세상에 알려지게 되었다. 연극계의 원로, 노벨문학상 후보로 늘 거론되는 시인, 얼굴이 익숙한 배우들의 성폭력 가해 사실이 드러났고 이들은 언론을 통해 '죄송하다'고, '죗값을 달게 받겠다'고 했다.

하지만 그러면 끝나는 일일까. 그저 큰 스캔들처럼 지나가 버리는

건 아닐까. 가해자를 처벌하는 것만큼이나 중요한 건 성폭력이 일어
나는 구조를 바꾸는 일일 것이다. 관행으로 굳어진 남성 중심의 영화
작업 환경을 바꾸기 위해서는 아마 훨씬 더 오랜 시간이 걸릴 것 같다.
"촬영장에 있는 여성은 함께 영화를 만드는 동료가 아니라 앵글에 담
을 때만 쓰는 대상"이라는 찍는페미의 고발 앞에서, 관객으로서 이들
과 함께할 수 있는 일은 무엇일까를 고민하게 된다. '더 이상 단 한 명
의 동료도 잃을 수 없다'는 이들의 말처럼 더 이상 피해자가 쫓겨나지
않아도 되는, 성폭력과 성차별이 없는 영화 현장에서 만들어질 영화를
간절하게 기다려 본다.

## 찍는페미를 만날 수 있는 곳

페이스북 www.facebook.com/SHOOTINGFEMI
트위터 @ShootingFemi
유튜브 Shooting Femis

## 활동 약력

2016년 10월 발족
메릴 스트립 상영회 〈Be Meryl〉 개최
2017 페미니스트 직접행동 〈나는 오늘 페미니즘에 투표한다#VoteforFeminism〉 공동주최
남배우 A 성폭력 사건 공동대책위원회 참여
영화감독 김기덕 사건 공동대책위원회 참여
여성을 위한 여성영화 상영회 〈Women's Cinema〉 주최
페미니즘 디지털 아카이빙(페디아) 프로젝트 페미니즘 강좌 영상 제작
페미니즘 디지털 아카이빙(페디아) 프로젝트 〈아이 캔 디펜스 I Can Defense〉 제작
범페미네트워크 〈페미, 정치를 말하다: 문재인은 과도한 페미니즘 정책을 지향하라〉 전국
순회 포럼 발제 및 사회 참여
110주년 3.8 페미퍼레이드 스케치 영상 제작
제11회 여성인권영화제 트레일러 〈지금, 당신의 속도로〉 캐치프레이즈 영상 제작
월경페스티벌 〈어떤 피도 우리를 멈출 수 없다〉 공동주최 및 스케치 영상 제작
단편 다큐멘터리 〈우리들의 월경 이야기〉 제작
영화 〈미투 숨겨진 진실〉 상영금지 가처분 신청 제출
미투가 바꿀 세상, 우리가 만들자 〈2018분 동안의 이어말하기〉 대회 스케치 영상 제작
책·영화 보기 소모임 〈보는페미〉, 글쓰기 소모임 〈쓰는-페미〉 운영

# 우리는
## 여기서
### 대학을
## 바꾼다!

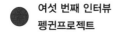

**여섯 번째 인터뷰**
**펭귄프로젝트**

**은이펭귄**　　　저는 S대학교에서 학내 페미니즘 모임을 하고 있어요. 펭귄프로젝트도 함께하고 있습니다.

**명아펭귄**　　　저는 펭귄프로젝트의 단장을 맡고 있습니다. K대학교에 다니고 있고 학교에서 페미니즘 동아리를 하고 있어요.

**윤이펭귄**　　　D여대에서 인권 동아리를 하고 있어요. 약자의 편에 서는 작가가 되고 싶다는 생각으로 문예창작학과에서 공부하고 있습니다.

'뉴클리어'라는 술 게임이 있었어요.
남자애들을 방으로 한 명씩 불러서 물어보는 거예요.
핵이 터져서 세상에 인간이 너랑 다른 한 명만 남는데
평생 그 사람하고만 섹스를 해야 되는 상황이다,
그럼 누구랑 할 거냐.
이런 문화가 안 바뀌면 아무것도 안 바뀌는 거예요.

⟨3.30 펭귄들의 반란 ver.2
행사에 사용된 피켓⟩
ⓒ 펭귄프로젝트

2016년 민중총궐기에 100만 명이 넘는 사람들이
참여했잖아요. 대학생들이 '우리가 앞장서서
이 나라를 바꿔 보겠다'고 외쳤고요.
그런데 대학 내 성폭력 문제들을 놔둔 채로
우리가 세상을 바꿔 나갈 대학생이라고 말할 수는 없죠.

펭귄은 무리 지어 생활한다. 끼니를 해결하러 나갈 때도 여럿이 함께 한다. 사냥을 하기 위해 다 같이 바다 앞에 서서 바다로 뛰어들 준비를 하는데, 매번 들어가는 바다인데도 한참을 머뭇거린다. 바닷속에 천적이 있을지도 모르기 때문이다. 그때 이 머뭇거림을 깨고 바다로 뛰어드는 펭귄이 있다. 사람들은 이 펭귄을 '퍼스트 펭귄'이라 불렀다. 마찬가지로 두려움이나 실패 가능성을 끌어안고 용감하게 도전하는 사람을 두고 '퍼스트 펭귄'이라 부르기도 한다. 첫 번째가 되는 일은 두렵지만 '퍼스트 펭귄'들이 있기에 세상은 조금씩 나아진다.

펭귄프로젝트는 펭귄의 이런 습성을 본떠 대학 내의 성폭력 사건과 성차별 문화에 대해 이야기하는 첫 번째 사람이 되려는 이들이 모여서 시작한 프로젝트다. 누군가에게 대학은 자유롭게 공부하고 토론할 수 있는 열린 공간이지만 누군가에게는 불법촬영 걱정에 화장실조차 마음 편히 갈 수 없는 공간이다. 남학생들이 모여 있는 단체 카톡방에서 동료 여학생들의 몸이 부위별로 평가되고 등급이 매겨지는 일이 일어나기도 한다. 펭귄프로젝트에 참여하고 있는 활동가 3명을 만나, 대학에서 벌어지고 있는 일들에 대해 이야기를 나눴다.

· · ·

# #대학_내_성폭력

**반갑습니다. 펭귄프로젝트는 대학 내 성폭력, 성차별 문제를 해결하기 위해 만들어진 모임으로 알고 있어요. 대학교 안에서 페미니즘 운동을 해야겠다고 생각하신 이유가 무엇인지부터 이야기해 보고자 합니다. 다시 말씀드리자면 이런 모임을 동네에서 만들어도 되고 아니면 원래 알던 친구들하고 만들어도 되는데, 굳이 대학 내에서 이런 활동을 해야 되겠다, 이 프로젝트에 내가 참여를 해야겠다고 생각하신 이유가 있을까요.**

**윤이펭귄** 서로가 서로의 연대자가 되어 주자는 마음으로 시작하게 된 것 같아요. 고등학교에 다닐 때는 '사회 참여'의 기회가 정말 없었어요. 입시밖에 없었거든요. 세월호 사건을 겪고 생각을 많이 했어요. 나는 이런 사건이 있는데도 가만히 있었는데, 이제 대학에 왔으니 가만히 있지 않아도 된다고 생각했어요. 부모님이 좀 저를 놔주시기도 했고 경제적 능력도 생겼으니까요.

활동을 하고 싶어서 처음에는 '인권네트워크 사람들'이라는 단체에 찾아갔어요. 거기서 느낀 건 혼자 해서는 안 됐던 일이 여럿이 하니 가능하다는 거였어요. 그래서 펭귄프로젝트에 참여했죠. 대학 내 여성 혐오나 성폭력 문제에 대해서 문제의식을 갖고 있는 사람들이 많다는 걸 보여 주고 나 혼자 예민한 게 아니라는 것을 말하고 싶었어요. 저는 이걸 계속해 나가고 싶어요. 끊임없이 거대한 원 안에 같이 있으면서 하나의 점이 되고 싶고, 더 이상 가만히 있지 않으려는 사람들과 함께 대학 내에서 그 동그라미를 크게 키워 나가고 싶어요.

**명아펭귄** 저는 펭귄프로젝트를 제안하는 글에 썼던 내용이 떠오르는데요. 2016년 11월 민중총궐기*에 100만 명이 넘는 사람들이 참여했잖아요. 대학생들이 '우리가 앞장서서 이 나라를 바꿔 보겠다'고 외쳤고요. 약간 선구자가 된 것처럼요. 다들 대학생이라는 것에 자부심을 느끼는 것 같았어요. 그런데 지금 대학 안에서 일어나고 있는 사건들을 생각하니 대학생들이 세상을 바꾸겠다고 당당하게 얘기할 수 있는 입장인가 싶었어요.

대학 내 성폭력 문제들을 놔둔 채로 우리가 세상을 바꿔 나갈 대학생이라고 말할 수는 없죠. 대학이라는 공동체가 바뀌어야 한다고 얘기하고 싶었어요. 예전에는 시위에 나가면 각자가 다니는 대학교 깃발 밑에 서서 함께 움직이곤 했는데, 이제 전혀 아니에요. 그냥 끼리끼리 나오고 이게 더 편하다고 생각해요. 그런 걸 보면서 일련의 성폭력 사건들로 인해 대학 안에 있는 공동체들이 많이 망가져 대학이 더 이상 신뢰를 받지 못하는 공간이 되었고, 대학 안에 있는 사람들이 서로 관계를 맺고 싶어 하지 않는다는 느낌을 받았어요. 그래서 '평등한 대학'에 대해 말해야 한다고 생각했어요.

**은이펭귄** 대학 내 페미니즘 모임을 생각하게 된 계기를 꼽으라면

---

\* 박근혜 대통령의 퇴진을 요구하기 위해 광화문 일대에서 개최된 집회. 참가자가 주최 측 추산 100만 명을 넘어서 1987년 6월 항쟁 이후 처음으로 최대 규모의 시민들이 함께한 시위로 기록되었다.

2016년 7월에 터진 S대 남학생 단톡방 성폭력 사건*이에요. 그때 학교 커뮤니티나 S대 대나무숲**의 여론이 충격적이었어요. 카톡방을 이렇게 공개하는 게 사생활 침해라는 게 대다수의 반응이었어요. 또 '그런다고 남톡방이 없어지나, 남톡방은 원래 그렇다'는 식의 반응도 많았죠. 이런 상황들을 지켜보면서 주변 사람들이랑 페미니즘 모임이라도 해야겠다고 생각했어요.

**단톡방 성폭력 사건에 대해서 좀 더 얘기해 주시겠어요?**

**은이펭귄** 저는 이 사건이 공론화된 첫날부터 학내 커뮤니티랑 대나무숲을 지켜보고 있었는데 공론화 자체가 프라이버시 침해라는 둥, 가해자들을 특정했으니 명예훼손감이라는 둥, 이런 데 초점이 맞춰져 있었어요. 아무도 단톡방에서 있었던 일이 왜 문제인지에 대해서는 얘기하지 않았어요. 이 일로 학교 안에 대자보가 붙기 시작했는데 지나가는 남학생들이 대자보를 보면서 웃어요. 이게 웃을 일인가 싶었죠. 그 대자보 보면 단톡방 내용 일부가 인용되어 있어요. 그중 어

---

* 카카오톡 단체 채팅방에서 서울대 남학생들이 동기 여학생들의 실명을 거론하며 외모 비하, 성희롱 발언을 한 사건이다.
** 대나무숲은 트위터, 페이스북 등 SNS를 활용해 다수의 사람들이 익명으로 글을 게시할 수 있도록 하는 플랫폼을 가리킨다. 페이스북을 기반으로 활성화되어 있으며, 특히 각 대학교를 중심으로 형성된 경우가 많다. 누구나 대나무숲 페이지를 팔로우하고 게시물에 댓글을 남길 수 있다. 그렇기 때문에 특정 학교의 대나무숲에 게재된 글이더라도 학교의 범위를 넘어 공감을 얻기도 하고, 비판 및 논란의 대상이 되기도 한다.

떤 단어들은 모자이크 처리가 되어 있는데 자기들끼리 그 모자이크 처리된 단어가 무엇일지 추측하면서 웃는 거예요. 남학생 단톡방 자체를 없애야 한다고 주장하는 분들도 있는데 그게 답은 아니라고 생각해요. 그런 단톡방이 없어도 자기들끼리 모이면 똑같은 얘기를 할 거잖아요.

그때 좀 묻히긴 했지만 다른 단톡방도 문제가 된 일이 있었어요. 오픈 채팅방이었는데 그건 익명으로 참여할 수 있는 채팅방이에요. 거기서 누구랑 누구 중에 누구 몸매가 더 좋은가 이런 토론을 해요. 그래서 누가 그런 발언에 대해서 문제 제기를 하니까 그 사람을 채팅방에서 강퇴시켜 버렸어요.

**명아펭귄** 어떤 분이 자기 얘기를 해 준 적이 있는데, 자기 과에는 거의 남학생들만 있고 여학생이 3~4명밖에 없어서 이 과의 단톡방은 남톡방과 다른 게 없대요. 뉴스에서 보는 단톡방 성폭력 사건이 자기한테는 굉장히 일상적인 건데 문제 제기를 할 수 없다는 거죠. 여학생들끼리 모여서 그것에 대해 얘기도 하고 분노하지만 이걸 얘기하는 순간 그 과에서 완전히 배제될 테니까요.

**단톡방 사건이 충격적이기도 했지만 사실 우리가 모르고 있을, 아직 밝혀지지 않은 일들이 훨씬 많을 것 같다는 생각이 드는데요. 대학 안에서 성폭력 사건이나 성차별적 발언이 일상적으로 일어나고 있는 듯하고요. 개인적으로 기억에 남는 일이 있으신가요?**

**윤이펭권**　저는 교수님이 막말하는 걸 들은 적이 있었어요. '너네는 시집만 잘 가면 되지 않냐' '동성애는 프랑스엔 많지만 우리나라에는 없다'는 말을 수업 시간에 해요. 또 제가 '법여성학'이라는 수업을 들은 적이 있는데 여성학 과목이기도 하고 교수님도 여성이어서 기대하면서 그 수업을 신청했어요. 수업을 듣는데 하루는 기업에서 여성 직원을 선호하지 않는 이유에 대한 설문 조사 결과를 보여 주셨어요. 설문 조사 결과에 있는 이유를 보면 '여성 직원들이 책임감이 없어서', 이런 식이에요. 그런데 교수님이 이러는 거예요. "우리 여성들이 정말 책임감이 없어요. 우리 여성들, 반성하고 더 열심히 합시다." 그걸 듣고 있던 학생들도 그냥 고개를 끄덕이기만 했고요. 문제 제기를 했지만 굉장히 형식적인 사과만 돌아왔죠.

**명아펭권**　저는 작년에 학회를 하면서 겪은 일이 있어요. 어떤 분이 제 친구에게 개인 카톡으로 이상한 말들을 했어요. 제 친구가 디자인 전공자인데 그분이 친구에게 '나도 예술에 관심이 많다' '예술에 관심이 많은 사람은 성에 개방적이지 않냐', 이런 말들을 했대요. 친구가 너무 불편해했죠. 그렇게 계속 일방적으로 카톡을 하니까 친구가 확실히 거절 의사를 밝혔어요. 불편하다고. 처음에는 그분이 사과를 했지만 나중에 또 계속 카톡을 보내서 한 번 더 화를 냈더니 그제야 멈췄어요. 그리고 그 사람은 학회를 나갔죠. 그래서 잊고 살고 있었는데 최근에 페미니즘 동아리에서 만난 분이 자신이 성추행 사건 때문에 공론화를 진행하는 중이라고 얘기하는 거예요. 그런데 가해자가 똑같은 사람이더라고요. 그때 좀 충격적이었어요. 그 사람 이름을 다시 들을 거라 생각 못 했거든요. 떠났으니까 끝났다고 생각했는데, 가해자를 추방한다고 해결되는 일이 아니라는 걸 느꼈어요. 공동체 안에서 이런 사건을 어떻게 해결할지에 대한 고민이 깊어졌어요.

**은이펭귄** 단과대 회장이 성폭력 사건 가해자로 지목이 되어서 진상 조사 받은 게 작년 말에만 두 건이 있었고 총학생회장이 과거에 어떤 행사 무대에서 학생들 얼굴을 평가하는 발언을 했던 게 문제가 되어서 사퇴하는 일도 있었어요. 어떤 수업에서 교수님이 '여교사들은 결혼하고 나서 자기 애 낳으면 자기 애가 가장 예뻐서 애들한테 신경 안 쓴다. 그래서 의욕이 떨어진다'고 말씀하시는 것도 들어 봤고요. 괴한이 칼 들고 저희 학교 여자 화장실에 숨어 있다가 잡힌 적도 있었고, 어느 과 조교가 거의 2년 가까이 여학생들 치마 속을 촬영해 체포된 사건도 있었어요. 그런데 교수들이 가해자에게 변호사를 구해 주겠다고 했대요. S대는 나름 자치가 잘 이루어지고 공동체가 건강하다고 느꼈었는데 그 안에 폭력들이 굉장히 많았던 거죠. 성폭력은 항상 덮이니까요.

예전에는 '뉴클리어'라는 술 게임이 있었어요. 그게 뭐냐면 신입생 남자애들을 방으로 한 명씩 불러서 물어보는 거예요. 핵이 터져서 세상에 인간이 너랑 다른 한 명만 남는데 내가 평생 그 사람하고만 섹스를 해야 되는 상황이다, 그럼 누구랑 할 거냐. 대답을 못 하면 술을 먹이고요. 이런 문화가 안 바뀌면 아무것도 안 바뀌는 거예요. 다 성인인데 뭐 어때서 그러냐 이러죠. 그런데 고등학생 때도 그랬어요. 남자들 사이에서는 섹드립 치고 놀아야 자기가 잘나간다고 생각하는 거 같아요.

**명아펭귄** 그리고 대학생인데 이 정도는 해야지, 이런 게 주된 분위기예요. 거기서 문제 제기를 하면 흥을 깬다고 생각해요. 호모 소셜\* 안에서 남성성을 어떻게 획득하는지 너무 잘 보여 주는 사례 같아요.

**은이펭귄** 카톡방 안에서 야동 공유도 많이 해요. 그걸 불편해하면 '선비질'한다고 하죠.

**명아펭귄** 문제 제기를 하는 사람을 두고 '진지충'이라고도 해요.

**은이펭귄** 그 공간에 끼어서 적응하며 살거나 나오거나 둘 중 하나밖에 없는 것 같아요. 고등학생 때도 남자애들이 맨날 야동 얘기 했거든요. 그때는 얘네랑 친하니까 얘네의 그런 농담에도 웃어 줘야 된다고 생각했던 것 같아요. 적응해서 살아남아야 한다는 생각이죠. 하지만 스스로 페미니스트라고 정체화하고 살아가는 친구들은 더 이상 이 분위기에 적응할 수 없어서 그냥 그 공간에서 나오게 되었어요.

**이런 문제를 해결하기 위해서 페미니스트들이 이전부터 대학 안에서 많은 활동을 해 왔잖아요. 그런데 지금은 활동의 양상이 예전과 다른 것 같아요. 지금의 대학 내 페미니즘 운동에 과거와 다른 점이 있다면 뭐라고 생각하시나요?**

———— \* 여성학자 이브 세즈윅이 제시한 개념이다. 일본의 사회학자 우에노 치즈코는 이 개념을 '성적이지 않은 남성 간 유대'라는 의미로 사용하고 있다. 우에노 치즈코,《여성 혐오를 혐오한다》, 은행나무, 2012, p.32

**은이펭귄**  과거 대학 내 반성폭력 운동의 역사를 정확히는 모르지만 가볍게 참여할 수 있게 된 분위기가 다른 점인 것 같아요. 총여학생회 같은 경우 어떤 규율이 있고 행정 체계가 있잖아요. 그런데 이제는 소모임이 많아졌어요. 사람들이 콘텐츠를 생산하는 걸 즐거워하는 것도 다른 점이에요. 텀블벅*에서 페미니즘 굿즈를 많이들 사잖아요. 텀블벅을 통해서 자본금을 모으기도 하고요. 운동이 SNS를 기반으로 진행된다는 게 가장 큰 차이점인 것 같아요. 소규모 집단이 그만큼 쉽게 힘을 얻을 수 있게 되었고요. 이번 촛불집회에도 별별 깃발이 다 나왔잖아요. 장수풍뎅이 연구회라든가. 정치의 장에 쉽게 그런 깃발을 들고 나올 수 있게 된 건데 페미니즘도 비슷하다고 생각해요.

**명아펭귄**  저는 굿즈를 사 모으는 것만으로 만족감을 얻고 끝나는 일이 될까 봐 걱정스러워요. 저도 그런 욕구가 많거든요. 예쁘고 귀여운 걸 만드는 게 좋긴 한데 이 물건들을 사고파는 행위 이외에 이야기의 장이 생긴다든지 뭔가 접점이 생기면 좋겠어서 고민이 많아요. 그리고 어떤 사람에게는 굿즈를 사는 일이 엄청 고민되는 일일

---

\* 텀블벅은 크라우드펀딩 사이트로 창작자들이 자신의 프로젝트에 대한 후원을 요청하는 공간이다. 창작자들이 목표 모금 금액을 정하고 그 금액 이상의 모금에 성공하면 모금된 후원금을 전달받는다. 이 후원금으로 자신의 창작물을 제작하고 자신에게 후원해 준 이들에게 모금 금액별로 일정한 보상물을 제작해 제공한다. 이 보상물을 '굿즈'라 부르며 주로 스티커, 에코백, 배지 등이 많이 제작된다. 텀블벅을 통해 진행된 수많은 페미니즘 프로젝트들이 있다.

수도 있잖아요. 돈이 드는 일이니까. 그 돈을 주고 물건을 산다는 행위가 좀 더 많은 의미를 가질 수 있으려면 어떻게 해야 할지 생각 중이에요.

**은이펭귄**　저는 소비하는 사람의 입장이어서 그런지 몰라도 굿즈를 보고 오히려 이 단체가 뭐 하는 곳인지 궁금해서 트위터 계정을 팔로잉한다든가 활동을 계속 지켜본다든가 하는 경우들이 되게 많았어요. 제 생각에 굿즈는 내가 페미니스트이고 이런 의제들에 관심 있다는 걸 보여 주기에 가장 좋은 것 같아요. 누군가 굿즈를 보고 궁금해서 더 찾아 볼 수도 있잖아요. 비판적인 면도 있을 것 같아요. 소비에서만 끝나고 정작 그 의제에는 관심을 갖지 않는다든가 할 수도 있으니까요.

**윤이펭귄**　저는 긍정적인 면이 더 많다고 생각해요. 제가 친구들한테 펭귄프로젝트에 대해서 설명하는 것보다 펭귄프로젝트의 텀블벅 페이지를 알려 주는 게 더 효과적이었어요. 이미 결제를 하고 있더라고요. 그 친구들도 단순히 그걸 구입만 하는 게 아니고 거기에 쓰여 있는 설명들을 읽고 동의하면 구입해요. 연대를 시각화한다는 게 되게 중요한 것 같아요. 세월호 리본처럼요. 다양성을 볼 수 있는 것도 좋아요. 굿즈를 통해 그 단체가 지향하는 가치가 무엇인지 알 수 있잖아요. 그걸 보면서 100명이 모이면 100개의 페미니즘이 있을 수 있다고 생각했어요. 하나의 페미니즘만 강요하는 게 아니고 '얘네는 이런 걸 추구하는구나. 그래서 이런 마스코트가 나왔구나', 이렇게 되는 거죠. 또 다양해지면 보는 재미도 있고요. 즐겨야 오래갈 수 있다고 생각해요. 지속 가능성을 얘기하려면 즐겨야 하고, 즐기는 문화가 자리 잡았을 때 더 많은 사람들이 유입될 수 있다고 봐요. 펭귄 캐릭터를 통해 친근하게 다가갔다가 그 의미를 알게 되고 그것이 내가 생각한 가치랑 그렇게 다르지 않다는 걸 이해하는 식으로 받아들이게 하는 거죠.

## 우리는 서로의 펭귄이 될 거야

**펭귄프로젝트 이름을 처음 들었을 땐 사실 무엇을 하는 프로젝트인지 몰랐는데요, 펭귄프로젝트의 굿즈와 펭귄 캐릭터의 의미에 대한 설명을 보고 나서는 이름을 정말 찰떡같이 잘 지었다고 생각했어요. 프로젝트가 어떻게 시작되었는지, 그리고 왜 펭귄이라는 동물을 사용했는지 이야기해 주세요.**

**명아펭귄** 펭귄프로젝트는 《악어 프로젝트》[*]에서 시작했어요. 《악어 프로젝트》는 길거리에서 일어나는 성폭력들을 그린 책인데 이 그림을 그린 작가가 자기 친구들의 이야기를 바탕으로 그린 거라고 하더

---

[*] 《악어 프로젝트》는 비교적 성평등한 사회라고 알려진 프랑스에서 여성이 일상적으로 겪는 성폭력과 성차별을 다양한 에피소드로 풀어낸 그래픽 북이다.

라고요. 저도 친구들이랑 같이 이 책을 읽었는데 너무 좋았어요. 그림책이라는 것도 좋고 가해자를 악어로 표현한 것도 좋았어요.《악어 프로젝트》의 한국 대학교 버전을 만들면 좋겠다고 생각했어요. 대학 안에서 성폭력 문제가 많잖아요. 이 문제를 같이 해결하자고 얘기하는 운동을 하고 싶었어요. 그 시작으로 펭귄프로젝트를 만들게 된 거죠.

캐릭터와 콘셉트가 있어야 이 프로젝트가 사람들에게 각인될 수 있겠다고 생각했어요. 그래서 콘셉트에 대한 고민을 정말 오랫동안 했어요. 저는 디자인과에 다니고 있는데 학교 과제를 하면서 귀여운 캐릭터를 만드는 전략을 많이 써요. 캐릭터를 통해서 이야기를 전달하면 사람들이 쉽게 이입할 수 있거든요. 그래서 동물을 골라 캐릭터로 만들기로 했고, 어떤 동물을 쓸지 고민을 하다 제가 펭귄을 좋아해서 펭귄을 골랐어요. 또 검색하다 보니까 '퍼스트 펭귄'이라는 말이 있더라고요. 몰랐는데 먹이를 구하기 위해 무리에서 제일 먼저 물에 뛰어드는 펭귄을 관용적으로 지칭하는 말이었어요. 이런 정보를 보고 저희 취지랑도 잘 맞겠다고 생각해서 이 단어를 쓰기로 했어요. 그렇게 펭귄프로젝트가 시작되었죠.


**펭귄프로젝트는 굿즈가 화제였던 것 같아요. 제 주변에도 펭귄이 귀엽다며 텀블벅을 통해 펭귄프로젝트에 후원하신 분이 많았어요. 주위 반응은 어땠어요?**

**은이펭귄** 사람들이 처음에는 환경 운동 관련한 굿즈인 줄 알아요.

페미니즘이라고 설명하면 "네?" 하면서 놀라죠.

**명아펭귄** 펭귄이 귀엽다는 거 말고도 의미 있게 기억되었으면 좋겠어요. 다들 펭귄이 너무 귀엽다고 해 줘서 좋은데 이 펭귄이 뭘 의미하는지도 사람들이 알았으면 좋겠어요.

**은이펭귄** 저희 굿즈 중에 '퍼스트 펭귄'이랑 '허들링'*이 있어요. 저는 두 개가 있어서 좋았어요. 사실 퍼스트 펭귄이 되는 건 사람들에게 좀 부담스러울 수도 있잖아요. 그래도 허들링은 다들 자기가 할 수 있다

퍼스트 펭귄과 허들링 배지
ⓒ 펭귄프로젝트

고 생각해요. 주변에 친구들이 핀 배지를 사 갔는데 '네가 퍼스트 펭귄 하고 있으니까 내가 허들링 하겠다'는 느낌이에요. 어떻게 보면 그게 시작이잖아요. 모두가 다 나서는 것도 좋지만 힘들다면 허들링이라도 해 줄 수 있는 거니까요.

### 펭귄이 정말 귀엽게 표현되어서 프로젝트에 더 관심이

━━━━

\* 펭귄들은 영하 50℃에 이르는 남극의 추위를 이기기 위해 허들링이라는 동작을 한다. 무리 전체가 몇 겹의 원을 만들어 몸을 붙이며 서로 체온을 나누고, 조금씩 움직이며 바깥쪽에 있는 펭귄과 안쪽에 있는 펭귄이 자리를 바꾸는 것이다.

갔던 것 같아요. 제가 알기로 펭귄프로젝트는 여러 대학의 모임들이 함께하는 네트워크인데, 지금은 몇 개의 팀들이 모여 있나요?

**명아펭귄** 아마 28개 정도 될 거예요. 주로 서울에 있는 모임들이 펭 귄프로젝트 기획단으로 참여하고 있어요. 처음에는 인권 네트워크 사람들에서 활동하던 사람들이 주축이 되어서 준비하다가 각 대학 학회들, 페미니즘 동아리, 성소수자 동아리랑 총여학생회 같은 곳에 펭귄프로젝트를 같이 만들어 보자고 제안을 드렸어요. 그래서 거의 30개 가까이 되는 모임들이 모이게 되었어요.

단체에 소속되어 있지 않은 사람들도 펭귄프로젝트에 함께할 수 있나요? 만약에 개인 김보영이 펭귄프로젝트에 참여하고 싶다고 하면 어떤 식으로 같이 할 수 있게 되는 거예요?

**명아펭귄** 그런 분들을 위해서 서포터즈를 만들었어요. 서포터즈분 들은 대부분 학교에 페미니즘 동아리나 학회가 없어서 자신이 만들 고 싶다고 한 분들이에요. 학교에서 모임을 만들고 싶은데 어떻게 만 들어야 할지 몰라서 일단 펭귄프로젝트 서포터즈로 참여해 활동을 하시다가 학교에 직접 페미니즘 동아리를 만들어서 그 동아리가 펭 귄프로젝트 기획단으로 참여하게 된 경우도 있어요. 또 페미니즘에 별로 관심이 없는데 펭귄이 귀여워서 들어왔다가 페미니즘이나 평 등한 대학을 만드는 활동에 관심이 생겨서 오신 분들이 있어요. 아니면 서울에서 좀 떨어진 지역에는 이런 활동이 잘 없으니 궁금해서 왔다고 하신 분들도 있고요.

**여러분들도 원래 속해 있었던 모임이 있으실 텐데요, 그 모임들이 펭귄프로젝트에 합류하게 된 과정이 궁금합니다.**

**윤이펭귄** 저는 명아펭귄이랑 원래 아는 사이였어요. 인권 네트워크 사람들에서 같이 활동을 하고 있었거든요. 명아펭귄이 K대에서 페미니즘 동아리를 만들고 있길래 저도 해야겠다고 생각했어요. 그래서 학교에 인권 동아리를 만들었는데 동아리 활동을 하기 위해 모여 주신 분들 대부분이 페미니즘에 관심이 많으셨어요. 그래서 자연스럽게 페미니즘 책을 보고 이야기를 많이 나누게 되었죠. 당시에 펭귄 프로젝트는 이미 만들어지고 있던 상태여서 우리도 펭귄프로젝트에 당연히 같이 해야 한다고 생각했어요. 취지에도 공감하고 굿즈도 너무 좋았거든요. (웃음)

**은이펭귄** S대에는 '인권 주간'이라는 게 있어요. 학내 인권센터 주관으로 1주일 동안 인권과 관련된 강의도 열고 여러 가지 주제의 부스를 운영하는 행사예요. 2016년에 친구들이랑 페미니즘 부스를 만들자고 해서 일단 소모임을 만들었죠. 페미니즘의 역사를 간략하게 정리한 책자도 내고, 팔찌도 만들어서 나눠 줬어요. 반응이 엄청 좋았어요. 그래서 이걸로 사람들을 더 모아 보자고 했는데 별다른 활동을 안 했어요. 다들 이미 자기가 열심히 하고 있는 게 있었거든요. 그러다 펭귄프로젝트를 같이 하자는 제안을 받았어요. 펭귄프로젝트에 참여하기로 한 그때부터 소모임에도 신입 회원을 받고 그랬어요.
모임이 다시 활성화되었죠.


**펭귄프로젝트가 해 온 일 중 가장 큰 행사는 〈평등한
대학을 위한 3.30 펭귄들의 반란〉[*]이었던 것 같아요.
그때 이야기 좀 들려주세요. 어떻게 준비하셨고
당일에는 어땠는지 궁금합니다. 사진 보니까 엄청 많이
모였더라고요.**

**윤이펭귄**   맞아요. 생각보다 엄청 모였어요.


**그게 다 펭귄프로젝트에 참가하는 학회나 동아리의
회원들이 주로 온 거예요?**

**윤이펭귄**   아니요. 전디협(전국디바협회, 현 페이머즈)이나 다른 단체에
계신 분들이 많이 오셨어요.

**은이펭귄**   SNS 보고 오신 분도 많더라고요.

**명아펭귄**   일단 200명 정도 모이는 게 목표였어요. 그런데 그것보다
더 많은 분들이 모였어요. 행사를 시작하기 전에 기자회견을 했는데

---

[*]   펭귄프로젝트의 주최로 저녁 서울 신촌에서 열린 행사다. 이 행사는 대학
내 성폭력 문제에 대해 모여서 이야기하기 위해 마련된 자리였고 기자회견,
본행사, 행진으로 이루어졌다. 행사에 참여한 사람들은 대학 내 성폭력 문제
를 논의하고 다 함께 평등한 대학을 만들어 갈 것을 다짐하며 '우리는 여기
서 대학을 바꾼다' '우리는 서로의 펭귄이 될 거야'라는 구호를 외쳤다.

그때만 해도 사람이 거의 없었어요. 아무도 안 오면 어떡하지 싶어서 불안했는데 마지막에 행진을 할 때 보니 사람들의 줄이 정말 길게 이어져 있더라고요.

**윤이펭귄** 그날 저녁에 정말 추웠어요. 그런데 대부분 행사 끝까지 자리를 지켜 주셨고, 마지막 퍼포먼스가 허들링하는 거여서 다들 모여 허들링을 하는데 감동적이었어요. 그날 구호 중에 '우리는 서로의 펭귄이 될 거야'라는 게 있었는데 너무 좋았어요. 각자가 한 사람일 때는 그냥 예민한 사람이 될 수도 있지만 여럿이 모이면 그렇지 않잖아요. 연대가 이런 거라는 걸 눈으로 본 것 같았어요. '연대' 하면 좀 추상적인 개념이잖아요. 그런데 시각적으로 내 옆에 사람이 있고 내 앞에 사람이 있는 게 딱 보이니까, 어떤 말을 했을 때 '맞아, 맞아' 하면서 다들 호응을 해 주시니까 서로가 통하는 걸 느낄 수 있었어요. '아, 나만 그런 불합리함을 느낀 게 아니구나. 누군가는 내 말이 불편하다고 탄압을 하는데 기쁨을 줄 수도 있는 말이구나'라는 생각이 들었어요. 그날 여러 사람들이 발언했던 것도 좋았어요. 세상에 말해지지 않은 폭력들이 이렇게 많다는 걸 알게 되었어요.

**은이펭귄** 발언을 들으면서 한편으론 슬펐어요. 다들 성추행 경험 같은 게 한 번쯤은 있으니까요. 안 겪어 본 게 오히려 별난 상황이죠.

**윤이펭귄** 거기서 확신을 갖게 된 것 같아요. 이제 더 이상 침묵하지 않을 거고, 사람들은 말할 준비가 되어 있고, 우리도 들을 준비가 되어 있다는 확신이요.

**이 행사 이후에 펭귄프로젝트는 어떤 방식으로 운영이
되고 있어요? 정기적인 회의라던가 이런 게 있나요?**

**은이펭귄** 그냥 네트워크만 유지하고 있는 상태예요.

**명아펭귄** 그러면서 서로 정보 공유도 하고 연대를 보내기도 하고
그래요. 펭귄프로젝트는 3월 30일만 보면서 달려온 기획단이라 그
이후에 뭘 할 수 있을지는 고민이에요. 일단 책 읽기 모임을 계획하
고 있고, 후속 프로젝트가 생기면 또다시 기획단들과 함께 뭔가를 해
보려고 해요. 여기에 참여하고 있는 단체들의 구조와 재정 상황이 서
로 다 달라서, 일단은 모두가 할 수 있는 작고 가벼운 액션들을 같이
해 나가는 게 좋겠다고 생각하고 있어요. 여기서 만난 사람들이 각자
의 관심사나 지역에 따라 새롭게 모임을 꾸리고 콜라보 기획을 하면
운동이 풍부해지지 않을까 싶어요. 펭귄프로젝트는 상징성과 캐릭
터가 강한 프로젝트라서 페미니즘을 잘 모르는 사람도 쉽게 다가갈
수 있으니, 페미니즘 운동의 외연을 넓히는 역할을 할 수 있을 거라
고 생각해요.

**은이펭귄** 저는 사실 지금 네트워크로서 있는 역할도 나쁘진 않다고
생각해요. 어떤 사건에 대해 연서받을 일이 많은데 개별 단위에서 이
걸 하려면 일일이 다 메일을 보내야 하고 시간이 오래 걸려요. 그런
데 여기 펭귄프로젝트라는 네트워크가 있으니까 뭔가 공론화하는
게 어떻겠냐 하면 다 오케이 하고 단위별로 쫙 연서하니까 편하죠.
내가 홍보할 게 있으면 여기에 올리면 되니까 그 자체로도 의미가 있
어요. 한 번 네트워크가 형성되면 계속 활용을 할 수 있으니까요.

**윤○펭귄** 허들링을 할 수 있게 된 집합체 같아서 좋아요. 저는 되게 인상적이었던 게, 대선 토론회에서 동성애에 반대한다는 얘기 나왔을 때 막 연서해서 '소수들만의 목소리가 아니야, 우리도 이걸 지지해!' 하고 바로 공론화하고 입장 표명해 준 거였어요.

## 더 많은 허들링을 기다리며

**페미니즘 운동을 하다 보면 소속된 집단에서 배제될 때도 많은 것 같아요. 요즘엔 페미니즘 프로젝트의 일환으로 제작된 티셔츠를 입었다거나 어떤 SNS 계정의 글을 공유했다는 이유만으로도 탄압받는 일들도 있잖아요. 여러분들도 페미니즘 운동을 하다가 위협을 느끼신 적이 있나요?**

**은○펭귄** 학교 인권 주간 부스 행사할 때 '메갈이냐'는 말을 많이 들었어요. 인권센터에서 지원받아서 하는 거였는데 인권센터가 어떻게 메갈을 후원할 수가 있냐는 말들이 많았죠. 이게 물리적인 폭력으로 이어질까 봐 걱정스러웠어요. 와서 얼굴을 찍어 인터넷에 올릴 수도 있으니 불안했고요. 제가 같이 하는 사람들을 위험에 노출시키는 건 아닌가 하는 생각도 들고 그랬는데 다행히 아무 일도 없었어요.

**윤○펭귄** 3월 30일 행사 때는 안전 스태프 역할을 맡은 사람들이 따로 있었어요. 저도 그중 한 명이었는데 저희도 되게 불안했어요. 다들 여성들이니까. 남자 스태프가 있어야만 안심할 수 있는 거죠.

**은이펭귄** 저는 그 행사 때 안내 부스에 있었는데요. 한 남자 무리가 페미니즘이 어쩌고 메갈이 어쩌고 하면서 지나가더라고요. 그리고 어떤 남성-여성 커플이 지나가는데 남자분이 여자분을 끌어당기면서 가는 거예요. 마치 저런 데 물들면 안 된다는 듯이요. 웃겼어요. 중년 남성이 와서 시비를 건 일도 있었고요. 와서 뭐라 했더라…… '평등한 대학을 만든다고? 아니 대학 서열이 나뉘어 있는데 뭔 평등이냐'고 해서 그냥 무시했는데 그게 진짜 물리적인 폭력이 될 수도 있겠다는 걱정은 약간 있었어요.

**활동을 이어 간다는 게 정말 쉽지 않은 것 같아요. 그런 만큼 주변의 지지도 정말 중요한 것 같고요. 여러분이 페미니즘 운동을 이어 가는 원동력은 뭔가요? 동시대를 살아가는 페미니스트들과 같이 나누고 싶은 얘기를 해 주셔도 좋을 거 같아요.**

**윤이펭귄** 저는 페미니즘 때문에 아빠랑 싸우는 일이 잦은데, 이때 느끼는 오기가 제게 에너지가 될 때도 있는 것 같아요. 아빠가 엄청 보수적인 기독교인이라, 페미니즘을 반기독교적이라고 생각하시거든요. 아빠의 눈에는 제가 페미니즘 운동을 하는 게 반기독교적인 행동을 세상에 퍼트리는 '못된 짓'을 하는 걸로 보이는 거죠. 가족에게 비판받으면, '정말 내가 옳지 못한 일을 하는 건가?' 하며 스스로 혼란에 빠질 때도 있어요. 그런데 아무리 생각해도 저는 사회적으로 여성이라는 성을 갖고 태어났고, 그 이유만으로 가해지는 모든 종류의 차별을 반대하는 것이거든요. '아빠는 남성이라는 성을 갖고 있어, 내가 갖고 있는 고통이나 고민을 알 수가 없어'라는 생각으로 다시 일어나려고 해요. 모든 페미니스트들이 각자의 환경에서 가해지는 억압 때문에 힘들 거라고 생각해요. 페미니즘이 잘못된 게 아니라 사회가 잘못된 거니까, 용기를 잃지 않고 모두가 페미니스트가 되었으면 좋겠어요. 퍼스트 펭귄이 힘들다면, 허들링이라도요. 허들링하면서 치유받는 게 있거든요. 우울하고 힘든 말들에만 갇혀 있지 말고, 즐겁게 계속 함께하자는 말을 하고 싶어요.

**은이펭귄** 집담회나 이런 데 가면 내 문제에 공감해 주는 사람이 많잖아요. 항상 분노성토대회거든요. 그것 자체가 굉장한 원동력이에요. 모여서 한풀이하고 이런 것들요. 내가 짜증나는 말을 들었을 때 그걸 그냥 잊어버리는 게 아니고 다른 사람과 공유를 하고 문제의식을 나눌 수 있다는 게 좋죠.

동시대를 사는 페미니스트분들께 하고 싶은 얘기는, 직접적으로 관계 맺고 있는 모두를 다 바꾸려면 자기가 힘든 것 같다는 거예요. 모두를 다 바꾸는 게 의미 없다는 뜻이 아니에요. 친구가 헛소리를 해도 지금 당장 얘를 바꾸려고 하는 게 아니라, '그래, 너 같은 사람들이 그런 말을 하는 문화를 바꾸겠다'고 생각하는 게 본인에게도 더 힘이 되고 덜 지치는 길인 거 같아요.

**명아펭귄** 원동력은 아무래도 새로운 사람을 만나는 것 같아요. 이런 사람도 있네, 저런 사람도 있네 하는 게 제일 즐거워요. 활동을 하면서 정말 다양한 사람을 만나게 되거든요. 그중에는 싫은 사람들도 있지만 새로운 사람들을 만나서 뭔가 얻는 경험이 있어서 좋아요. 또 저는 페미니즘을 통해서 화내는 법을 배웠다고 생각해요. '아, 그때 이런 말을 했어야 했어!'라고 생각했던 순간이 너무 많았었거든요.

**맞아요. 저도 페미니즘을 통해서 좀 더 용감해지는 것 같다는 생각을 많이 하게 되었어요. 주변에 함께해 주는 사람들이 있으니까요. 이제 마지막 질문을 드릴게요. 여러분들이 대학 안에서 일어나는 성폭력이나 성차별 문제를 해결하고 계신 만큼 대학이 앞으로 어떤 공간이 되었으면 좋겠다고 생각하시는지 궁금합니다.**

**은이펭귄** 대학이 다시 한 번 페미니즘에 대해서 배울 수 있는 계기가 될 수 있는 공간이면 좋겠다는 생각이 많이 들었어요. 여성학이나 성교육 강의가 좀 늘어나면 좋겠어요.

하다못해 마음 놓고 내 생활을 할 수 있는 곳이면 좋겠어요. 고등학교 때 다들 대학 가서 어떻게 자유를 만끽할 수 있을까에 대해서만 상상하잖아요. 그럴 수 있을 거라고 다들 얘기해 주고요. 제가 대학에 대해 가졌던 환상을, 기대를 유지하면서 생활할 수 있는 공간이 되었으면 좋겠어요. 이 건물에 누가 침입하진 않을지 걱정할 필요 없는 공간이었으면 좋겠어요.

**윤이펭귄** 저희 학교 축제에 '비와이'라는 가수가 왔었어요. 비와이가 성소수자 혐오 발언을 한 적이 있어서 누군가가 축제 때 그걸 비판하는 대자보를 묵묵히 붙이고 있는 걸 봤어요. 다들 열광하고 있는데 말이에요. 저는 대학이 다양성과 권리가 보장되고 평등에 대해 더 많이 얘기할 수 있는 공간이 되었으면 좋겠어요. 제가 평등하다고 느끼는 걸 누군가는 불평등하다고 느낄 수도 있는 거잖아요.

**명아펭귄** 전 그냥 대학이 사람 만나고 사람 사귀는 걸 겁내지 않아도 되는 공간이 되었으면 좋겠어요. 제가 미술학원에서 알바를 하다 보니 수능을 보고 난 '예비 대학생'들을 만나요. 그들은 대학 생활을 엄청 기대하는데 한 몇 달 있다가 만나면 다들 실망하고 있어요. 무기력함을 느끼고 벽을 느끼더라고요. 인간관계를 잘 만들어 나갈 수 있는 공간이 되었으면 좋겠어요.

또 대학이 '진리의 전당'이라고 할 수 있으려면 대학 구성원들이 겪고 있는 문제를 고민하고 대안과 방향을 제시할 수 있어야 한다고 생각해요. 페미니즘도 대안 중 하나일 것 같고요.

**윤이펭귄** 하긴, 저도 대학 안이니까 이런 이야기들을 나눌 수 있었던 것 같아요. 대학 밖 사회에서는 매장당하기가 너무 쉽잖아요. 그래도 대학이니까 '토론이라도 해 보는 게 어때?' 하고 제안하는 게 가능한 것 같아요.

．．．

대학에서 페미니스트로 살아가기가 요즘처럼 힘들 때가 있었을까 싶을 만큼 대학 사회 안에서 페미니즘에 반대하는 목소리가 점점 커져가고 있다. 미투 운동을 통해 대학 내 성폭력 사건이 수차례 드러났음에도 총여학생회를 폐지하자는 여론이 조성되거나 페미니스트들이 혐오와 공격의 대상이 되는 일이 벌어진다. 취업을 준비하기 위해 잠시 거쳐 가는 공간이 되어 버린 대학에서 학교의 문화를 바꿔 보고자 애쓰는 사람들의 실천은 귀찮고 쓸모없는 일로 치부되기 일쑤다. 대학교에서 활동하는 페미니스트들은 온갖 대학 구성원들의 적대를 오롯이 견뎌야 하는 상황에 놓여 있는 것이다.

이럴 때 '허들링'은 괴로움의 시간을 버텨 낼 힘이 된다. 나를 믿어 주고 지지해 주는 사람들이 있다는 사실만으로 많은 일들이 가능해지기도 한다. 튼튼한 허들링은 더 많은 이들이 기꺼이 퍼스트 펭귄으로 나서게 만든다. 더 큰 허들링과 더 많은 퍼스트 펭귄을 만나기 위한 펭귄프로젝트의 여정은 여전히 진행 중이다. '함께 말하면 비로소 바뀐다'고 믿는 더 많은 펭귄들이 이 여정에 함께하게 되길 바란다.

**펭귄프로젝트를 만날 수 있는 곳**

페이스북 www.facebook.com/pengminist

트위터 @pengminist

**활동 약력**

2017년 1월 발족

평등한 대학을 위한 반성폭력 캠페인 〈펭귄프로젝트〉 텀블벅 모금 프로젝트 진행

〈평등한 대학을 위한 3.30 펭귄들의 반란〉(2017) 진행

펭귄프로젝트 서포터즈 모집 및 세미나팀 운영

〈함께 말하면 비로소 바뀐다: 3.30 펭귄들의 반란 ver.2〉(2018) 진행

〈우리의 #Me_Too는 확장되어야 한다: 대학 반성폭력 운동의 현재와 미래〉 공동주최

〈무지개로 연대하는 퀴어페미! 퍼스트 펭귄들의 레인보우 허들링〉 텀블벅 프로젝트 진행

〈이열치열 펭귄캠프〉 진행

스스로 해일이 된 여자들

# 온라인에서의
# 여성 혐오를
## 더 이상 참지
# 않은 여성들

● 일곱 번째 인터뷰
한국사이버성폭력대응센터

**서랑**　　저는 메갈리아를 들여다보다 소라넷이 메갈 안에서 이슈가 되는 걸 보고 소라넷 폐지 운동을 하게 되었어요. 이후에 사이버성폭력에 반대하는 활동을 하던 분들을 만나 한국사이버성폭력대응센터 에 합류하게 되었어요. 제 이름이 서랑인 이유는, 이랑이라는 인디밴드 가수가 있는데 제가 그분을 옛날부터 좋아했거든요. 닉네임을 뭐로 바꿀까 고민하다가, 애정을 담아 비슷하게 지었어요.

소라넷에는 '육변기 게시판'이 있었어요.
일반인 여성 셀카 같은 게 올라와 있으면
'이년 어떨 것 같네' '어디가 어떻게 생겼을 것 같네',
이런 희롱 댓글을 달아야 가입이 되었어요.
너무 충격적이었어요. 활동을 안 할 수가 없었어요.

〈한겨레21〉, 제1194호 '울지 마, 죽지 마, 삭제해 줄게' 표지
ⓒ 한국사이버성폭력대응센터

어떻게 하면 상처를 덜 받고 더 안정적으로
운동할 수 있을지 고민을 했죠.
이게 돈이 나오는 활동이 아니다 보니까
기여한 만큼 인정받고 싶은 욕구가
항상 튀어나오게 되는데,
그것을 조율해 나가는 방법은 무엇일지 많이
생각했어요.

2017년 5월, 아직 본격적인 여름이 시작되기 전이었음에도 서랑을 만난 날은 이상하리만큼 더 뜨거웠다. 약간은 상기되고, 긴장되었던 인터뷰에는 그녀가 평범한 인터넷 유저에서 메갈리안으로, 그리고 소라넷 폐지 운동가에서 사이버성폭력반대운동 단체의 대표가 되기까지의 발자취, 고민들, 에너지가 오롯이 담겨 있었다. 인터뷰가 끝날 때쯤에서야 우리의 열기는 짧지만 강렬했던 그간의 활동들이 가져다주는 감정의 전이였다는 것을 깨달았다. 온라인을 통해 확산되는 여성에 대한 폭력과 비동의 성적영상물*의 유포 현황을 전해 듣다 보니, 소라넷 폐지 운동과 사이버성폭력반대운동이 왜, 어떻게 페미니스트들을 만들어 냈는지 이해하고 격하게 공감할 수밖에 없었다.

　2015년에 소라넷 폐지 프로젝트 팀에서 활동했던 서랑은 2017년부터 한국사이버성폭력대응센터라는 단체에서 본격적으로 활동하기 시작했다. 이 단체의 활동은 정말 물불 가리지 않는 저돌적인 것이어서, 불과 1년여 만에 한국성폭력상담소, 한국여성변호사회와 공동 연구 작업들을 진행하고 여성가족부, 서울시, 서울시여성가족재단, 한국여성인권진흥원 등을 비롯한 공공 기관들과 협업하며 국제 연대 활동을 이어 갈 정도로 활동의 영역을 넓혔다. 그리고 지금은 명실공히 사

---

\* 소위 '리벤지 포르노'라고 일컬어졌으나 그 표현이 성폭력 행위라는 의미를 담지 못한다는 지적들이 있어 왔다. 그래서 한국성폭력상담소 부설연구소 울림과 한국사이버성폭력대응센터는 이를 '비동의 성적영상물 촬영 및 유포'로 표현했다. 한국성폭력상담소 부설연구소 울림·한국사이버성폭력대응센터,《사이버성폭력 피해자 지원을 위한 안내서》, 2017 참고.

이버성폭력 문제에 대한 전문성을 갖춘 단체로서 8명의 상근자와 함께하고 있다.

1년 뒤인 2018년 4월, 다시 만난 서랑은 여전히 씩씩했고, 한편으로는 더 침착했다. 아무런 자본도, 조직된 든든한 자원도 없었던 단체가 이렇게 종횡무진 할 수 있었던 과정에는 어떤 일들이 있었던 걸까. 서랑과 함께 사이버성폭력반대운동의 시작, 그리고 여전히 과정 중에 있는 그녀들의 '생존기'를 나눴다.

• • •

## 육변기 게시판부터 풀살롱까지
### 소라넷 폐지 프로젝트

**소라넷 폐지 운동은 어떻게 시작하게 되셨나요?**

**서랑**    메갈리아 사이트를 통해서 '소라넷'을 알게 되었어요. 남초 커뮤니티에서 '소라넷 형님' 어쩌고저쩌고하며 농담 삼아 부르던 그 소라넷이, 여성들이 접근 불가능했던 그 금녀의 공간이 이렇게 더러운 곳이라는 걸 알게 되었죠. 이후에는 조금 바뀌었지만 맨 처음에 소라넷을 공격하기 위해 거기에 가입했을 때, '육변기 게시판'이 있었어요. 그 게시판에 일반인 여성 셀카 사진 같은 게 올라와 있으면 '이년 어떨 것 같네' '어디가 어떻게 생겼을 것 같네', 이런 희롱 댓글을 몇 개 달아야 가입이 되었어요. 그리고 지금이야 '일베, 저 찌질이들' '소라넷 저 더러운 놈들', 이렇게 치부하지만 그때는 다들 일베에 들어가는 것 자체도 무서워했고, 소라넷 페이지에 접속하는 것 자체도 무서워했어요. 무슨 바이러스의 문제가 아니라, 내가 접해 보지 못했던 공간에 대한 무지로 인한 두려움들이 있었어요. 그래서 가입을 하는 것도 어려웠고요. 메갈리아 회원 중에서도 일부만 가입하다가, 용기 냈던 사람들이 "야, 괜찮아, 가입해도 돼, 별일 없어."라고 하고 나서야 점점 더 많은 사람들이 가입했죠. 반면 남성들에게는 당연한 공간이었어요. 제가 친구한테 '이런 곳이 있더라. 여기서 이렇게 많은 사람들이 이런 짓들을 하고, 영상을 돌려 보고 한다. 그래서 이걸 없애려고 내가 아는 커뮤니티나 사람들이 이런 활동들을 한다'고 했을 때, '거기 어차피 안 없어지는데 왜 그런 쓸데없는 짓을 하냐'는 말을 들을 정도였죠.

그때 저는 이 이슈에 좀 꽂혔어요. 마침 메갈리아 안에서도 굉장히 다양한 게시글들이 소라넷에 꽂힌 채로 계속 올라왔고요. 저도 소라넷 관련해서 다양한 게시글을 썼는데, 그중에 하나가 FBI에 신고하는 방법에 대해 정리한 거였어요. 우리나라에서 수사를 하지 않고 있고 서버가 미국에 있다는 것까지 누가 알아 왔기 때문에, 그렇다면 서버가 있는 국가에서 수사를 하도록 하자고 해서 제가 나름대로 공부를 했어요. FBI에 어떻게 들어가고, 어떻게 신고를 하고, 답변을 받을 수 있는지에 대한 글을 써서 올렸더니 베스트 글이 되었어요. 그 이후에는 우리가 소라넷을 언제 들어가서 공격하자고 하기도 했어요. 트래픽 공격 같은 건 못하지만 혐오스런 사진을 올린다든지 혐오스런 동영상을 올린다든지 하면 여기는 금녀의 공간이 아니다, 너희가 잘못했다는 걸 인지하고 있는 우리가 당신들을 주시하고 있다는 걸 드러내서 약간의 충격타라도 주고 싶었던 거죠. 미미할지라도. 그래서 내가 저번에 글을 썼던 사람인데 몇 월, 며칠, 몇 시에 동시에 들어가서 이런 것들을 올리고 게시글을 쓰자고 하면서 사람들을 모았어요.

그런데 이런 활동을 저만 했던 게 아니에요. 메갈은 닉네임이 이응이응(ㅇㅇ)이라 우리 안에서도 누가 올렸는지 아무도 모르지만, 이 이슈에 꽂힌 각자가 계속해서 활동했어요. 누군가 소라넷 폐지 서명을 만들었고, 아바즈* 서명을 8만 명까지 끌어올렸어요. 여초 카페나 메갈리아를 돌면서 서명 숫자를 올리고 있던 중간에 누가 이 정도 화력으로는 안 된다, 더 외부로 공론화해 보자고 해서 페이스북 팀을 만들기도 했죠. 저는 이 팀에 있었어요.

### 다른 여성운동 분야도 많은데, 특히 여기에 꽂히신 이유가 있을까요?

* 시민 주도 정치를 통해 전 세계의 중요한 결정에 영향을 미치는 글로벌 시민운동 단체. 목표는 '우리가 살고 있는 세상과 세상 대부분의 사람들이 원하는 세상 사이의 격차 줄이기'다. 긴급한 국제 이슈나 각 나라의 이슈에 대해 시민들이 직접 행동할 수 있도록 청원서 서명, 오프라인 행동, 이메일, 전화 걸기, 정부 상대 로비 활동 등을 지원한다.

**서랑**　제가 맨 처음에 소라넷에 들어갔다가 연계 사이트였나 다른 포르노 사이트였나에서 다 같이 성관계를 하고 그것에 대해 홍보하는 걸 봤는데 너무 충격적이었어요. 남성들의 밤 문화 중에서도 풀살롱 같은 거 있잖아요. 저는 접대 문화라 해 봤자 주무르는 거, 미디어에서 봤던 게 남성 문화의 전부라고 생각했는데, 온라인을 통해서 '어떻게 몇 분간 뭘 해 드립니다' 이러면서 적나라하게 홍보하는 걸 보고, 엄청난 충격과 강렬한 인상을 받았어요. 이건 여성에 대한 성적 대상화 수준이 아니라 너무 잘못되었다는 걸 그때 감정적으로 크게 느꼈어요. 그 시기와 맞물려 메갈리아에 남성 중심의 성 문화를 고발하는 글들이 올라오면서 터진 거예요. 저는 좀 겁이 없거든요? 먼저 들어가서 가입해 보고, 메뉴도 눌러 보고, 애네들 뭐 하고 있나 하나씩 보고, 그러다 보니 메갈리아 안에서도 소라넷과 관련된 내용들을 먼저 접했던 것 같아요. 그래서 그것들과 관련된 어떤 활동을 하는 게 두렵기도 했지만, 안 할 수가 없었어요.

## 소라넷 폐지 운동은 어떤 식으로 진행되었나요?

**서랑**　그때 만든 페이스북 페이지는 외부에 보이지 않았어요. 보이게 할 수가 없었던 게, 소문인지 사실인지 아직도 확인이 안 되었지만 소라넷에는 조직폭력배도 있다는 공포가 있었거든요. 구글 이메일은 추적이 거의 안 되는데도 구글 이메일 공개도 못했어요.

　　그런데 제가 메갈리아에 올린 게시글(소라넷을 FBI에 신고하는 법)에 당시 총대님께서 댓글을 달아 주셨어요. 우리 팀과 같이 해 보시지 않겠냐고. 제가 어느 팀에 있다는 걸 잘 모르셨으니까, 이 글을 쓴 당신이 우리 팀과 같이 했으면 좋겠다고 댓글을 달아 주신 거죠. 그분과 지메일(Gmail)을 주고받으면서 다른 팀 카톡방에 들어가게 되었고, 페이스북 팀도 같이 하는 걸로 되었어요. 우리는 스피커 역할을 맡기로 했고요.

처음에 모일 때는 팀 이름이 있다든지, 우리가 뭘 해 나가겠다든지 이런 게 아무것도 없었어요. 팀의 개념이 없고 그냥 이걸 하고 싶은 사람들의 모임이었죠. 구조도 없고, 대표가 아니라 총대라고 불렀고요. 서로가 연결이 되어야 된다, 소라넷은 없어져야 된다는 공동의 목표만 갖고 일단 모였어요. 이런 상태로 진행이 되다가 요 덩어리가 '소라넷 폐지 프로젝트 팀'이 된 거죠. 나중에는 점점 조직화를 해서 모니터링 팀을 나누고 온라인 팀을 나누고 했는데, 각자 역할이 얼추 분배되어 있기는 하지만 조직적으로 운동을 해 본 분이 많지 않았고 총대분도 경험이 많이 없다 보니까 그냥 다 같이 되는 대로, 하는 대로 했어요. 중간에 그만두시는 분들도 되게 많았고요.

그게 2015년이에요. 초반에는 열몇 명 정도 되다가, 팀원들을 더 모집하면 몇 명 들어오고, 몇 명은 잠수 타고, 이런 식으로 계속 돌아갔어요. 저는 일단 페이스북 팀의 팀장으로 활동을 했고, 총대님은 트위터 계정을 관리하셨고, 나머지 팀원들 중에 디자인 가능하신 분들은 페이스북이나 트위터로 내보낼 이미지 자료 같은 걸 만드셨어요. 모니터링 팀에는 해외에 계신 분들이 꽤 있었어요. 세 분인가 계셨는데, 해외는 시차가 있잖아요. 그래서 국내에서 주간에 모니터링을 하고 배턴터치하면 그분들도 주간에 모니터링을 하셨어요. 그때 자기 삶을 여기에 쏟으신 분들이 되게 많았어요. 저도 활동을 했지만, 저분 건강이 위험하지 않을까 생각할 정도로 하신 분들도 많았고요. 그중에서도 7~8명 남짓은 오프라인에서 일을 했었어요. 강남에 있는 스터디 룸에서 주로 회의를 했죠.

### 결국 소라넷은 폐지가 되었는데, 그 과정은 어땠나요?

**서랑**     저희는 메갈리아를 기반으로 만나고 활동했어요. 메갈리아는 뭔가 했을 때 홍보가 가능하고, 후원금을 받거나 장기적으로 활동을 할 때 화력이 나오는 곳이기 때문에 되게 든든했죠. 그렇게 한참 팀 활동을 진행했는데, 진선미 의원이 강신명 경찰청장한테 얘기를 해서 소라넷이 공론화되고 폐지될 거라는 이야기를 들은 이후에는 활동력이 많이 줄었어요. 왜냐면 심각하게 불법적인 이 공장 같은 사이트를 미디어에 띄우는 것이 저희 목적이었고, 저희 팀 존재 이유 자체가 사실 공론화였거든요. 여성들도 모르고, 남성들도 전 연령이 다 아는 게 아니잖아요. 그렇다 보니까 소라넷을 공중파 방송에 띄우자, 아니면 인터넷 기사를 몇 개 내자는 식이었는데, 〈그것이 알고 싶다〉 팀이랑 인터뷰하면서 소라넷이 빵 터지듯 엄청 이슈 메이킹 되었고 그 이후에도 언론 보도가 계속되고 미디어에 나오고, 경찰청장에게 폐쇄 확인도 받고 하니까 목표를 이룬 것이죠. 공론화는 될 만큼 되었는데, 저희는 수사 기관이 아니기 때문에 뭘 어떻게 더 해야 할지 몰랐어요. 팀원들이 많이 소진되기도 했고요. 그래서 일단 우리 활동은 더 할 거 없으니 정리를 하기로 했어요. 그때 조심을 굉장히 많이 했어요. 누가 해킹을 당하거나 20명 넘는 팀원들 중에 누구라도 관리 잘못해서 자료가 밖으로 나가면 우리의 신상도 위험하니까요. 네이버는 자기 계정이 연동되어 있으니까 네이버 밴드에서 카카오톡으로 옮겨 오자고 했는데, 팀원들이 소진되기도 했고 톡 확인이 늦기도 하다 보니까 카톡방으로 못 넘어온 분들이 많아요. 저희가 실명이랑 핸드폰 번호를 주고받는 사이가 아니었거든요. 그렇기 때문에 그 공간에서 나가면 이 사람에 대한 정보를 아무것도 알 수 없는 거예요.

**일부러 그렇게 하신 거죠? 서로 간에 연락처나 이름이 알려지게 될까 봐?**

**서랑** 그렇죠. 보안을 위해서. 모든 부분에서 다 조심했거든요. 누가 핸드폰을 잘못 관리한다든지, 로그오프를 안 해 놓는다든지 이런 것까지 조심을 했던 것 같아요. 조금 과잉이었던 것도 같지만, 그때는 소라넷의 실체를 우리가 몰랐고, 칼 맞아 죽을 수도 있다는 생각도 하고 그랬거든요. 그 사람들의 실체를 지금 정도라도 알았으면 좀 덜 무서웠을 텐데, 저희 팀 자체가 홍보가 되었기 때문에 오히려 소라넷에서 우리 쪽으로 잠입하지 않을까, 아니면 일베에서 잠입하지 않을까, 그래서 우리 팀원들의 신상을 알게 되지 않을까 하는 걱정이 있었어요.

**그럼 어떻게 마무리가 되었나요? 짧은 시간 동안 불태우고, 성과를 거두어 내셨으니 휴식 기간도 필요했을 텐데요.**

**서랑** 저희가 제일 많을 때가 27명? 거의 30명 되었을 거예요. 방송을 탄 후 밴드를 카톡방으로 바꾸고 바꾸고 하는 과정에서 사람들이 점점 줄었어요. 카톡방에서 누가 뭔가를 말해도 답장이 거의 없고, 다들 이제 내 일이 아니라고 생각하는 것 같았고요. 사실 저도 공론화된 이후에 '하얗게 불태웠다, 일상으로 어떻게 돌아가지?'라는 느낌이 들었어요. 그분들도 다 그랬을 거예요. 여성분들은 포르노나 야동을 많이 찾아 보지도 않을 뿐더러 거기에 올라오는 류의 문화가 굉장히 충격적이었던 거죠. 우리가 위협을 받을 수도 있다는 긴장감 안에서 그것들을 계속 보고, 그걸 가공을 해서 2차 콘텐츠를 만드는 작업을 한두 달 하다 보니까, 다 놔 버리고 다시 관여하고 싶지 않은 거예요. 저뿐만이 아니라 그때 활동가들이 거의 8개월 이상을 이걸 쳐다보기도 싫을 만큼 진저리가 나는 시간을 보냈어요. 그때는 그게 1기라고 생각 안 했죠. 그렇게 우리는 끝이다 하고 파스스 흩어졌고, 8개월쯤 뒤에 활동을 재개할 때 기수를 만들었어요.

1기 활동 이후 2~3개월 지나고 나서 연락이 닿고 오프라인 참여가 가능한 사람이 모였는데, 4명 나왔어요. 그분들이랑 소라넷 말고도 다른 문제들이 많지 않으냐, 그러면 우리가 팀을 이어 가 보자는 얘기를 했고요. 팀 이름을 얘기한다거나 아이디어를 공유한다거나 했는데, 그것도 어떻게 보면 마지막으로 짜낸 힘이었죠. 우리가 그래도 한 번쯤 모여야 되지 않을까 하는 생각이 들어서요. 왜냐면 너무 아무것도 없이 흐지부지 끝나 버렸고 팀원들이 흩어진 후에 서로 연락을 또 못 했기 때문에요.

**다시 또 힘을 내 보자 결심하기가 쉽지 않았을 것 같아요.**

**서랑**　　그렇죠. 뭐랄까 나의 공익적 소명은 다했고, 난 할 만큼 했고, 내 삶에서 이걸 하는 건 더 이상 힘들 것 같다는 느낌이었어요. 사실 저희가 페미니즘 관련된 활동들을 할 때, 그 정도의 느낌을 받지는 않잖아요. 같이 하는 동료나 같이 하는 내 옆의 사람에게서 오히려 더 힘을 얻고 연대감을 느끼고 하는데, 그때는 연대감이 있어서라기보다는 참을 수 없기 때문에 했고, 팀원들 간에 유대도 그다지 없었기 때문에 끝날 때도 그렇게 제대로 된 인사 한마디 없이 끝나 버렸던 것 같아요.

## 온라인에서 오프라인으로

**지금 한국사이버성폭력대응센터에서 함께하시는 분들 중에는 소라넷 1기부터 계속 같이 한 분들도 있고 새로 하시는 분들도 있는 거죠?**

**서랑**　　네. 2기 때 같이 하셨던 분들도 있고, 3기 때 활동하셨던 분도 있어요. 그리고 프로젝트 팀에 들어가 있지는 않았지만 사이버성폭력 대응 활동을 해 오신 분들도 있고요. 그래서 저희는 한사성의 정체성을 소라넷 폐지에 두고 있지는 않아요. 전체 팀원 중 소수인 몇 명에서 팀 전체의 정체성이나 역사성을 가져오는 것은 문제라고 생각해서, 한사성은 소라넷 폐지에서 역사성을 가져오지는 않기로 얘기했어요.

**한사성으로 가면서 초기 온라인 중심의 활동 방식에서 점차 끈끈한 네트워크로 많이 바뀐 것 같아요. 어떤 계기가 있었을까요?**

**서랑** 소라넷 폐지 운동 자체가 넷페미 중심적으로 이루어졌고, 제게 친숙한 플랫폼도 온라인이기 때문에 여기에서 만난 사람들을 오프라인에서 만났을 때 저와 굉장히 다르다는 걸 느꼈어요. 저의 일반적인 인간관계는 굉장히 평화로웠거든요? 그런데 나와 너무 다른 사람들 혹은 개인적인 어려움을 가진 사람들도 많이 만나게 되다 보니 어떻게 활동들을 이어 나갈 수 있을지 고민하게 되었어요. 저에게 힘을 주고 운동이 무엇인지, 페미니즘이 무엇인지 같이 이야기할 수 있는 사람이 있는 반면에 제가 살아온 반경 내에서 만나지 못했던, 다양한 삶을 사는 사람들도 있으니까요.

어떻게 하면 상처를 덜 받고 더 안정적으로 운동할 수 있을지 생각을 했죠. 그러다가 오프라인에서 사이버성폭력에 문제의식을 가지고 활동하는 사람들을 만나게 되어 한사성 활동을 시작했어요. 이후 함께할 팀원들도 오프라인에서 만나 본 사람들을 중심으로 모집

했는데, 운 좋게도 가장 많이 참여하는 팀원들이 다들 너무 좋은 분들이셨어요.

　한사성 활동을 하면서도 덜 상처받고 더 안정적인 운동에 대한 고민은 계속 했어요. 이게 돈이 나오는 활동이 아니다 보니까 내가 여기서 어떤 활동을 할 때, 기여한 만큼 인정받고 싶은 욕구가 항상 튀어나오게 되는데 그 마음들을 제가 어디까지 이해할 수 있을지, 그것을 조율해 나가는 방법은 무엇일지 많이 생각했어요. 여러 가지 활동을 하면서 느낀 게, 아무리 인간적으로 좋은 사람이라 하더라도 인정 투쟁이 시작되면 막을 수 없더라고요. 그래서 관계로 해결하는 게 아니라 인정 투쟁의 장이 만들어지지 않는 구조를 만들기로 했어요. 단체를 본격적으로 조직화하면서 처음 합의했던 게, 내가 할 수 있는 만큼 나의 시간과 노력들을 투자하되 그만큼의 지위와 역할과 책임을 갖게 된다는 거였어요. 그러면 팀원들이 나는 팀장 될래, 팀원까지 할래, 이렇게 하니까 조금 정리가 되더라고요. 운영진들은 최대한 수평적으로 권한을 부여받게 되고, 이 활동에 많이 투자를 하는 동료들 사이에서는 인정 투쟁이 발생하지 않게 되는 거죠. 그냥 사무총장과 전체 팀원, 이렇게 하면 한 명씩 케어가 안 되는데 권한을 나누고 팀을 여러 개 운영하면 팀장이랑 팀원들 사이가 조금 더 쫀쫀해지더라고요.

**활동하면서 느꼈던 바나, 아까 상처라고 표현하셨던
관계에서의 문제들을 같이 고민하시다 보니까 자연스럽게**

**조직 체계나 역할 분담을 중요하게 여기게 되신 거군요.
이제 2년 차 단체가 되어 가는데, 조직 문화나 운영은
어떻게 되고 있나요?**

**서랑**　이 공간에서 이 사람들과 이것을 한다는 게 자기에게 기쁨이 되고 의미가 되어야지만 계속 해 나갈 수 있다고 생각해서, 조직 문화에 신경을 많이 썼던 것 같아요. 그리고 자유로운 조직 문화를 함께 만들 수 있었던 이유는, 되게 허무맹랑한 말이지만, 운이었던 것 같아요. 노력도 했지만 노력으로 된 것 같지는 않고, 초기에 이 단체의 문화라는 것을 만들 때 좋은 사람들이 많이 있었기 때문에 운과 노력이 합쳐져서 좋은 문화가 생긴 거 같아요. 그래서 지금 팀원이 8명인데, 돈을 주지 못함에도 불구하고 팀원이 늘었어요. 인턴으로 저희 단체에서 활동하시는 분들도 자기 활동 끝난 다음에 다시 나오고 싶다고 해요. 그런데도 더 못 받고 있어요. 공간이 좁아서요. 이렇게 사람이 남는 조직이 된 게 저희의 가장 큰 동력인 것 같아요.

　저희가 활동을 하면서 계속 느끼는 게, 이전에 운동해 오신 분들의 역사가 있었기 때문에 지금의 활동이 가능하다는 거예요. 어제도 서울시NPO지원센터에 가서 '건강한 조직 운용 전략'이라는 컨설팅을 받았거든요? 최소 3년, 최장 20년 이상의 단체들이 모여서 컨설팅을 받으며 다른 운동 단체들의 역사를 듣는 시간이었는데, 굿네이버스 창립 과정만 봐도 거의 5년 동안 활동비를 못 받고, 운동의 목적을 위해 자기의 삶에서 굉장히 많은 시간들을 희생해 오셨더라고요. 여성운동 또한 그런 시대들이 있었잖아요. 지금 거의 30년 줄에

들어선 다른 여성단체들을 보면, 옛날에는 얼마나 더 힘드셨을까, 얼마나 더 절박했을까 하는 생각이 많이 들어요. 저희보다 앞서 운동을 하셨던 분들의 공간이나 자취가 있기 때문에 저희가 할 수 있는 것들이 굉장히 많거든요.

하지만 활동을 아무리 열심히 해도 활동비가 적어서 알바를 병행하는 경우가 많아요. 단체 운영에 있어서 경제적인 문제가 가장 크죠. 1년 전에 비하면 시스템이나 문화적인 면에 있어서는 많이 안정화가 되었는데, 경제적인 문제는 늘 고민이 많이 돼요. 운동에만 집중을 하려면 안정적인 재정이 확보되어야 하는데, 후원 회원을 모으는 것이 쉽지 않았어요. 단체가 일정한 상태를 유지하며 운영될 수 있을 때까지 많은 시간이 걸릴 것 같아서 중간에 갭이어Gap year를 가져야 하나, 그런 생각도 해 봤어요. 작은 사업들을 하면서 시간을 보내든지 각자 공부를 한다든지요. 이 사람과 내가 같이 하고 싶은 게 똑같다면, 지금처럼 다 같이 꽉 잡고 버티고 있는 것보다 이런 느슨한 방법으로 하는 게 서로를 믿고 서로를 오랫동안 볼 수 있는 방법이 아닐까요.

**사이버성폭력반대운동을 시작했을 때도 겪으셨겠지만,
페미니즘이라고 하는 게 삶에 들어오면서 바뀌어
가는 지점들이 있었을 텐데, 서랑님의 삶은 어떻게
변화되었나요?**

**서랑**  우선 제 삶이 변화된 것 중에 가장 큰 것은 벚꽃을 보고 좋아하지 않게 된 거 같아요. 제가 꽃을 정말 좋아해요. 친한 언니한테 "꽃은 왜 저렇게 예쁠까. 무엇을 위해서 꽃은 저렇게 예쁠까?" 하고 얘기했더니 "딴 건 모르겠고 너를 위해서인 것은 알겠다."라고 할 정도로, 벚꽃 같은 자연물을 볼 때 충만한 기쁨, 삶의 행복감 같은 걸 느껴요. '내 미래는 화창할 거야' '나는 뭘 하든 잘할 수 있어' '내 옆에 있는 친구들은 항상 좋은 사람들이야' 하는 긍정적 자기 신념들이 있었고요. 그런데 이것들이 하나씩 깨져 갔어요. 내가 세상에 대해서 막연하게 품었던 환상을 깨고 긍정적 신념을 포기하는 과정 같은 것이 있었죠. 심하게 앓았을 때는, 아무것에도 화가 나지 않았어요.

메갈리아가 없어진 이후 저는 페이스북에서 온라인 활동을 계속했는데, 어떻게 하다 보니까 친구가 3,500명, 팔로워가 1,800명, 이렇게 계정이 커졌어요. 페미니즘 이슈를 말하니까. 그러면서 저를 좋아해 주고 제가 만든 글이나 콘텐츠를 봐 주시는 분들이 생겼고, 저도 좋은 내용을 계속 보여 주고 싶다는 욕심이 생겼었죠. 하지만 온라인 페미니즘 운동만으로는 많은 한계를 느꼈어요.

그 이후에 약간 소진기가 있었는데 그때는 화도 안 나고, 역시 지구는 멸망이 답이라고 생각했어요. (웃음) 망해 버려라 수준이 아니라 진짜로 지구가 멸망해 버리기를 바랐던 기간들이 있었어요. 그 기간 동안 바닥을 치고 나는 부족한 사람이라는 생각을 했어요. 그 시간이 지나고 다시 에너지를 채우면서 조금 더 맷집이 생기지 않았나 싶어요. '그럼에도 나는 운동 혹은 활동을 하고 싶은 사람'이라는 확신을 가지게 된 거죠.

# 페미니즘 리부트 이후의
# 연대를 생각한다

**최근 2년여 간 불고 있는 '페미니즘 리부트' 열풍의 이유가
뭐라고 생각하시나요? 또 그 안에서의 다른 결들이
있던데, 어떻게 보세요?**

**서랑**　　온라인상의 여성 혐오가 너무 심각하기 때문에 미러링이라
는 스파크가 일어났다고 생각해요. 쥐가 뱀을 무는 것처럼요. 온라
인에 여성 혐오가 너무 심해서 여성들이 네이버 기사 댓글을 무서워
서 안 본다고 그럴 정도였거든요. 아침에 읽으면 너무 기분 나빠지
니까. 심각한 여성 혐오 발언에 '좋아요'가 몇천 개씩 붙고 하니까. 왜
이렇게 심해졌냐면, 저 나름대로는 이렇게 생각해요. 이명박근혜 시
절을 거치면서 서민들의 삶이 힘들어지고 남성들이 설 자리를, 가져
야 할 작은 파이를 여성들이 가져간다는 이야기들이 있었어요. 젊은
남성들의 여성 혐오는 그 생각에 기인한 거고, 남성이 인정받기 위해
만만한 여성들을 누르는 방식 중에 가장 편리했던 게 온라인이었다
고 봐요. 만약 온라인에서 여성 혐오가 그렇게 심하지 않았다면 어떤
기폭제가 될 만큼의 분노나 공포가 쌓이지도 않았을 거고, 지금처럼
1~2년이 지났는데도 여파가 이어지는 일은 없었을 것 같아요.

　　모든 페미니스트들의 스탠스stance가 동일하지 않을 수 있다고 생
각해요. 그래서 저희는 진영 논리가 아닌 의제에 집중하고 몰입해서
나아가는 운동을 하려고 계속 노력하고 있어요. 그래서 한사성의 스

사이버성폭력 근절을 10대 공약으로 내건
문재인 정부에 공약 실현을 촉구하는 기자회견
ⓒ 한국사이버성폭력대응센터

탠스는 '우리는 어느 쪽도 아니다'예요. 오히려 그런 진영 논리에 빠지면 진짜를 잃어버리게 되는 것 같더라고요. 이렇게 말하기까지 되게 오래 걸렸어요. 결론만 봐서는 이런 말이 되게 진부하게 들릴 수도 있잖아요? 하지만 이 결론이 나오는 과정이 쉽지는 않았어요. 여러 의제를 가지고 여러 차례 계속 이야기를 나눠 가다 보니까 우리의 스탠스는 딱히 어떤 진영이라고 할 게 없는 거죠. 어느 쪽도 아니니까. 한마디 말로 표현할 수는 없지만 우리가 가장 가까운 것은 그냥 '메갈'이 아닐까 싶어요.

### 비슷한 시기에 많은 단체들이 탄생했는데, 같이 활동하면서 어떤 생각이 드시나요?

**서랑**　일단은 영영페미들이 대체로 운동에 굉장히 순수한 열정이 있다는 생각이 들어요. 그런데 최근에는 우리 세대들의 움직임이 끝날 수도 있겠다는 위기감을 느끼고 있어요. 2015년, 2016년에 새로운 단체들이 만들어졌을 때는 지치는 것 없이 신나서 했는데 오래되다 보니까 조직화에 있어서 어려움도 겪고, 나가거나 활동을 쉰다거나 무너지는 모습을 계속 보게 되니 '우리 세대'의 리부트가 꺼질 수도 있겠다는 생각이 들어요. SNS나 온라인을 통해서 개인적으로 페미니스트로 정체화하는 물결 자체가 완전히 꺼지지는 않겠죠. 하지만 여기에 조직화된 힘을 실을 수 있도록 지속적으로 활동하는 사람들이 없어진다는 것은 이 물결 또한 흐려질 수 있다는 뜻인 거 같아요.

　그래서 처음에는 시니어 페미나 영페미들을 우상처럼 생각하고

'아, 멋있다, 나도 닮고 싶다'고 생각했다면 지금은 여러 가지 경험을 하면서 오히려 영영페미니스트들이 자생하는 방법에 대해서 더 고민하게 된 거 같아요. 나의 관심이 시니어나 영페미들을 롤 모델로 삼고 따라가는 것보다도 내 세대가 생존하는 것에 쏠리는 거죠. 우리 단체뿐만이 아니라 이 사람들이 생존하는 것이 운동 차원에서 어떤 의미를 가지는지, 그게 왜 중요한지를 새삼 알게 되었고 이 순수한 열정들을 계속 이어 나갔으면 좋겠다는 마음이 들어요.

단순히 저희만 생각해도 의사 결정 방식이나 문화가 30년 전에 만들어진 한국여성민우회, 한국여성의전화, 한국성폭력상담소같이 오래된 역사를 가지고 있는 운동 단체들과 다르잖아요? 관심 있는 의제도 다르고요. 그러다 보니까 저희가 뭔가를 시도하려고 해도 기존에 있었던 운동 단체들에 같이 하자거나 조언을 달라고 제안하기보다 우리 세대의 맥락에서 같이 할 수 있는 단체에 제안을 하게 돼요. 제안할 수 있는 단체가 많은 것이 저희가 하는 운동에도 든든한 버팀목이 되고요. 그런데 요즘 다들 활동 여부를 확인해야 할 만큼 활동력이 낮아지는 게 보이니까 아쉬움도 들고 의무감도 들고 고민도 많이 해요.

**영영페미 단체들 간의 교류나 연대 활동들도 있나요?**

**서랑** 사실 영영페미 단체들이 2017년도 겨우 버텼어요. 2018년에는 우리가 생존할 수 있는 데 도움이 되는 정보들을 공유하고 힘을 모으지 않으면 정말 어렵겠다는 생각을 많이 해서 대학 내 소모임까지 다 찾아봤는데요. 어떤 뜻이 있고 사람이 존재해서 생긴 우리 세대의 새로운 단체들이 거의 150개가 되는 거예요. 15년도 이후에 생겼다거나, 대학 내에 있다거나, 주기적으로 모인다거나, 이런 규칙을 세워서 리스트 업을 했는데도 150개가 넘더라고요. 이 단체들이 다 각자도생하고 있는 거죠.

이 사람들을 연결해야 할 것 같다는 생각이 들어서 '페이머즈' 활동가들이랑 같이 기획을 하고 있어요. 이곳에서 어떤 '세대감'이 형성될 수 있지 않을까 싶어서요. 홍보라든지 행사 같은 것을 조직하는 데 서로 도움을 줄 수도 있을 것 같고요. 그사이 저희도 페이머즈도 우여곡절을 겪으며 얻은 소중한 지식들이 있어서, 필요한 정보들을 주고받고 콘텐츠를 함께 제작할 수 있고 연대감도 느낄 수 있는 플랫폼을 곧 만들 예정이에요.

**사이버성폭력반대운동과 관련해서는 앞으로 어떤 계획이 있으세요?**

**서랑** 첫 번째로 제일 중요한 거는 저희 단체의 안정화, 그것 자체가 모든 계획이고, 가장 어려운 일인 것 같아요. 특정한 행사를 하는 게 아니라 각 팀별로 해야 할 몫을 할 수 있도록 안정화하는 게 제일 중요한 것 같아요. 저 개인적으로는 조직 운동에서의 조직화와 운동 담론에 대해 공부하거나 분석하는 것도 해 보고 싶고요.

**정말 기대됩니다. 혹시 영영페미니스트들과 같이**

**나누고 싶은 말이 있으세요? 이 책의 주된 독자가 페미니스트들이라면, 어떻게 읽혔으면 좋겠는지? 그냥 하고 싶은 말도 괜찮고요.**

**서랑** 지금 바라는 것은 그냥, 이 세대 그리고 '우리'라고 부를 수 있는 사람들이 생존하는 것이 어떤 의미인지, 그게 우리 삶에 어떤 영향을 끼칠지를 생각해 주셨으면 좋겠어요. 저는 오프라인 활동을 하면서 혹은 온라인에서 알게 된 분들 안에서 메갈이었던 사람을 만나기가 되게 힘들었어요, 생각보다. 다들 어디로 숨었는지……. 만약에 그때 1만 명이 활동했다고 하면, 그들이 모이는 특정 커뮤니티가 없어진 이후에 그 사람들을 만나는 건 되게 힘든 일이 되니까요. 1만 명이 대한민국 전체 인구로 보면 소수잖아요. 메갈리아가 있었을 때 그 안에서 활동 안 했던 분들도 많고요. 그래서 저는 '메갈 때 그랬잖아' 하고 얘기할 수 있는 사람이 없어요. 그분들 다 어디 갔을까, 어디서 만날 수 있을까 하는 마음이 있죠.

메갈이 아직도 소환되잖아요. '메갈년들' 하면서. 그 메갈로 통칭되는 페미니스트들이 앞으로 세상을 만들어 나갔으면 좋겠어요. 이 운동의 물결을 만들었던 개별 존재들이 어떤 방식으로든 본인의 정체성을 계속 유지하는 게 한국에 살고 있는 페미니스트나 시니어 운동 단체뿐만 아니라 누구에게든지 영향을 끼친다고 생각해요. 그래서 지금 이 사람들의 생존에 조금 더 관심을 가져 주셨으면 좋겠어요.

．．．

서랑의 이야기들을 통해 에너지가 행동력으로, 행동력이 연대로, 연대가 조직력과 만나는 과정이 이루어지고 있다는 생각이 들었다. '더 이상 네이버 댓글을 볼 수 없었다'는 분노에서 시작해 남성들의 '당연한 공간'을 문제적 공간으로 가시화하는 과정에서 상처도 있었지만 담담히 '맷집'이 생겨났다고 말하는 그녀는, 이제 새로운 세대 페미니스트들의 탄생을 넘어 이들의 '생존'을 고민하고 있다. 단지 누군가를 좇아가는 페미니즘이 아니라 '우리 세대'의 페미니즘을 만들어 나가고 있는 듯했다. 우리는 서로 같아서 연대하는 것이 아니라 서로 다르기 때문에 연대가 필요하다는 생각을 다시 해 본다.

처음부터 단일한 페미니스트가, 단일한 페미니즘 운동이 존재했다면, 연대 따위는 필요하지도 않았을 것이다. 그래서 지금 시대 페미니스트들은 더 이상 피해자의 위치에만 머무르지 않고, 싸움을 통해 언어와 주체성을 획득해 나가고 있는 것 같다. 이들의 맷집을 응원한다!

## 한국사이버성폭력대응센터를 만날 수 있는 곳

홈페이지 www.cyber-lion.com
이메일 kcsvrc@cyber-lion.com
페이스북 www.facebook.com/kcsvrc
트위터 @kcsvrc

## 활동 약력

2017년 5월 사무실 개소식

사이버성폭력 피해자 지원 체계 구축

디지털성범죄 정부 대책 관련 다수의 간담회(국무조정실, 여성가족부, 방송통신위원회, 행정
안전부, 과학기술부, 경찰청 등 주관 간담회) 발제 및 참가

사이버성폭력 인식 개선을 위한 영상 '1 click is 2 many' 제작

〈사이버성폭력 근절을 위한 입법정책의 개선방안〉 국회 토론회 공동주최

한국성폭력상담소와 함께《사이버성폭력 피해자 지원을 위한 안내서》제작

한국성폭력상담소와 함께 〈사이버성폭력OFF〉 토크 콘서트 주최

같이가치《청소년 대상 사이버성폭력 교육 웹툰북》제작 및 배포 사업

〈사이버성폭력 인식 개선 및 대책 촉구〉 기자회견 개최

디지털 성폭력 피해자를 위한 〈UNLOCK〉 텀블벅 크라우드펀딩

경기남부지방경찰청과 〈빨간원 프로젝트〉 진행

사이버성폭력 피해 지원을 위한 국제 연대체 구축 사업

사이버성폭력 발생 플랫폼 고발 영상 프로젝트

피해자 지원 프로세스 매뉴얼 제작 후 한국여성인권진흥원의 디지털성범죄 피해자지원
센터에 전달, 신규 채용자 교육 진행

UN CEDAW Committee on the Elimination of Discrimination Against Women 사이버성폭력
부문 정책 로비 활동 참여

국회 여성가족위원회 정책연구개발용역사업 '디지털성범죄의 처벌 및 피해자 지원 방안
연구' 참여

(사)선 법률사무소, (사)한국성폭력상담소, 주식회사 리걸인사이트, 한국트라우마연구교
육원 등과 MOU 체결

사이버성폭력 관련 각종 간담회, 포럼, 토론회 등에서 발제 및 토론

그 외 여성운동 관련 각종 집회, 기자회견 주관 및 참석

# 세상에 말하기 시작하다

수천 년간 이어진 가부장제, 남성 중심적인 세계에서 여성의 경험과 여성의 언어는 타자였고, 낯설거나 사적인 것이었다. 그래서 가정폭력이 일어나면 '집안일'이라고 했다. 데이트 (성)폭력이 일어나면 '헤어지지 못한 네 탓'이라고 했으며 성폭력이 일어나면 '알아서 조심하지 않았거나 그럴 만한 행동을 했기 때문'이라고 추궁해 왔다. 영화 현장에서 여배우는 꽃으로 존재했다. 대학에서는 일상적인 외모 평가와 성폭력이, 온라인 내 '금녀'의 공간에는 각종 폭력이 즐비했다. 그 모든 곳에서 여성은 '없는 존재'로 여겨졌고 여성의 경험은 낯선 것으로 끈질기게 '오해'되었다.

## 처음은 아니었다

한국에서 '성폭력 피해 경험 말하기', 일명 'Speak Out'은 지난 근현

대사 속에서 지속되어 왔고, 한국 여성 인권의 향상은 이러한 당사자의 말하기를 통해 이루어졌다. 특히 1980~90년대에는 민주화 운동 과정에서 일어난 경찰과 수사기관에 의한 성폭력, 학교 교사나 교수에 의한 지속적인 성적 괴롭힘, 친족 성폭력과 어린이 성폭력의 심각성, 전시 강간 등의 문제가 수면 위로 드러났다. 이는 성폭력특별법(1994년), 성희롱을 최초로 명문화한 여성발전기본법(1995년), 성희롱의 정의 및 예방과 처리를 규정한 남녀차별금지및구제에관한법률(1999년) 등 수많은 법과 제도의 밑거름이 되었다.

그러나 법과 제도의 변화만으로는 한국 사회에 편재한 왜곡된 성 인식과 통념을 걷어 내는 것에 한계가 있었다. 이에 여성단체들은 2000년대에 걸쳐 남성 중심적 문화를 바꾸기 위한 캠페인을 이어 갔고, 〈성폭력생존자말하기대회〉〈여성주의 자기방어 훈련〉〈밤길 걷기 달빛 시위〉 등의 활동을 진행해 왔다.

그리고 2015년, '메갈리아'와 '미러링' 등의 영향으로 차별을 인식한 세대들이 등장하면서 새로운 방식의 성폭력 피해 경험 말하기가 나타났다. 강남역 여성 살해 사건 이후 '#○○계 내 성폭력'과 같은 해시태그 형태로 시작된 '폭로'는 문학계·영화계·연예계·게임계·음악계·스포츠계·종교계 등으로 퍼져 나갔고 SNS에서, 신문과 온라인에서, 각종 게시판과 대자보를 통해 이어졌다. 2017년에는 영화감독이나 남배우에 의한 성폭력, 대기업 직장 내 상사에 의한 성폭력들도 폭로되었다.

이렇게 지속되어 왔던 성폭력 피해 경험 말하기는 2018년 초, '미투 #MeToo'라는 언어를 획득하면서 전 국민적이고 대중적으로 확산된다.

## 왜 말할 '수밖에' 없었는가

온라인상의 여성 혐오가 너무 심각하기 때문에 미러링이라는 스파크가 일어났다고 생각해요. 쥐가 뱀을 무는 것처럼요. 온라인에 여성 혐오가 너무 심해서 여성들이 네이버 기사 댓글을 무서워서 안 본다고 그럴 정도였거든요. 아침에 읽으면 너무 기분 나빠지니까. 심각한 여성 혐오 발언에 '좋아요'가 몇천 개씩 붙고 하니까. _서랑(한국사이버성폭력대응센터)

최근 한국에서 이러한 말하기가 계속되는 이유는 그동안 제대로 해결되지 못한 사건들이 임계치를 넘어 누적되고 있었기 때문이다. 내가 있는 공간에서 일어나는 여성 혐오를 바라보고만 있어야 하는 것, 내가 해석할 수 없는 삶의 경험이 있다는 것, 심지어 숨겨야 할 뿐만 아니라 입 밖에 꺼냈을 때 비난받을 수도 있는 경험이 있다는 것은 무척 불편한 일이다. 그렇기에 그 불편함들을 말하는 것, 때로는 피해 경험을 말하는 것은 생존의 문제이기도 하다. 하지만 성폭력 피해 경험 말하기에는 피해 경험을 그것 자체로 고정시키지 않고 스스로에 대한 자책을 지지로, 죄책감을 용기로 변화시키는 힘이 있다. 여성에 대한 폭력이 피해자 개인의 문제가 아니라 사회구조적으로 발생하는 문제임을 인식하고, 침묵을 깨고 세상에 알리는 것이 사회적 통념을 해체하는 데 무엇보다 필요한 일임을 공감하는 과정이기 때문이다.

여성들이 피해 경험을 말하는 것은 과거에 머무르는 것이 아니라 경험을 재해석해서 새로운 삶의 가능성을 만들어 내는 미래지향적 운동이다. 윤이펭귄(펭귄프로젝트)은 대학 내 성폭력 문제를 가시화하면서 "혼자 해서는 안 됐던 일이 여럿이 하니 가능하다"고 말한다. 이들의 폭로와 문제 제기는 자신이 입은 피해를 해결하기 위한 과정만이 아니라, 또 다른 피해를 막기 위한 공감의 언어이자 치유를 위한 연대인 것이다. 그래서 그 자체로 공공성이 강하다. 왜 말하느냐고? 단순하다. 그런 피해가 또 일어나지 않게 하기 위해서, 아니 최소한 삭제는 되지 않기 위해서, 재승(찍는페미)의 말처럼 "더 이상 단 한 명의 동료도 잃을 수 없어서". 그것이 전부다.

## '폭로 이후'를 고민하다

그러나 '어떻게' 말하기가 가능한 세상을 만들어 가야 할지, 내가 할 수 있는 일이 무엇인지 찾아 가는 것은 어려운 일이었다. 서랑은 "〈그것이 알고 싶다〉 팀이랑 인터뷰하면서 소라넷이 빵 터지듯 엄청 이슈 메이킹 되었고 그 이후에도 언론 보도가 계속되고 미디어에 나오고, 경찰청장에게 폐쇄 확인도 받고 하니까 목표를 이루었지만, 뭘 어떻게 더 해야 할지 몰랐다"고 말한다. 운동의 대의는 언제나 충분했지만, 방법은 늘 불충분했다.

그래서 펭귄프로젝트는 귀여운 굿즈를 만들어 '연대를 시각화'하는 방식으로 대학 내 성폭력 문제를 알렸다. 사람들을 붙잡고 설명하는 것이 아니라 굿즈를 들고 허들링의 의미를 강조하는 것이다. 찍는 페미는 영화계 내 성폭력 사건 대책위, 피해자 지원과 방청연대, 포럼, 영화 상영회, 영상 촬영 등의 활동들을 진행하면서 여성주의적인 영상 콘텐츠 제작을 꿈꾸고 있다. 한국사이버성폭력대응센터는 영영페미니스트들이 자생하는 방법과 내 세대가 생존하는 것에 대한 고민을 이어 가며 다른 페미니스트 그룹과의 지속적인 만남과 협업을 모색하는 중이다. 더 이상 과거로 돌아갈 수 없는 이들에게, 이제 세상은 질문을 받아야 하고 그 지난했던 은폐와 침묵들을 책임져야 한다.

이미 너무 많은 피해 사실을 목격한 우리는 이제 과거로 돌아갈 수 없습니다. 함께 모여 연대하고 변화를 위한 발걸음을 내딛어야만 합니다. 변화는 분명히 가능합니다. 그 미래의 콘텐츠 속에서 우리는 타고나거나, 선택한 모습 그대로여도 괜찮습니다. 서로 달라도 괜찮습니다. 다양성을 존중하는 콘텐츠는 차별과 억압을 당하는 모든 이에게 힘을 줄 수 있습니다. 우리는 소수자의 시선에 담긴 힘을 믿습니다. '우리'에 이 글을 읽는 당신도 함께할 수 있기를 바랍니다. 환영합니다. _찍는페미, "지금 한국 사회의 영화·영상 콘텐츠계에 페미니즘이 필요합니다." 중에서

평평한
운동장

만들기

# 여성주의
## 정보
### 집합체를
## 꿈꾸다

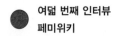 여덟 번째 인터뷰
페미위키

**열심**     열심이라고 합니다. 페미위키 발기인이자 운영진입니다.

**혜원**     저는 혜원이라고 하고 87년생입니다. 직장에 다니고 있어요.
페이스북 타임라인에서 우연히 본 열심 님의 페미위키 프로젝트 제안
글이 흥미로워 함께하게 되었습니다.

강남역 사건이 터졌을 때
인터넷에서 논쟁이 엄청 많이 벌어졌잖아요.
이게 여성 표적 살인인지 묻지 마 살인인지에 대해서요.
그때 여성 혐오적 발언을 쏟아 내는 사람들이
출처로 가져온 자료들이 죄다 나무위키 자료들이었어요.

차별을 강화하고 약자를 혐오하는 서술에 반대한다
ⓒ 페미위키

그걸 보면서 여성 중심의 정보,
약자 쪽으로 기울어진 위키가
필요하겠다는 생각이 들었어요.
성매매 관련 글은 성매매 여성 입장에서,
채식 관련 글은 채식인이나 동물의 입장에서 쓰는 거예요.

위키WIKI는 웹브라우저를 통해 문서를 만들거나 수정하거나 열람할 수 있는 사이트를 말한다. 예를 들어 '페미니즘'이라는 키워드를 위키백과에서 검색하면 누군가가 페미니즘이 무엇인지를 설명해 놓은 문서를 볼 수 있다. 위키의 특징은 사이트를 방문한 누구나 차별 없이 정보를 쓰고 수정하고 열람할 수 있다는 것이지만, 그렇다고 해서 그 정보가 가치중립적이고 편향되지 않은 것은 아니다. 오히려 대다수의 사람들이 믿고 따르는 가치 체계의 논리가 통용될 가능성이 높다.

한국에도 여러 종류의 위키가 있다. 하지만 위키마다 지향과 정책이 조금씩 다르다. 페미위키는 인터넷에 떠도는 수많은 정보들이 남성 중심적, 여성 혐오적이라는 생각에서 만들어진 위키로, 여성주의 정보 집합체이자 인터넷에서 가장 빈번하게 사용되는 위키가 되는 것을 목표로 하고 있다. 페미위키에서 활동하고 있는 이들을 만나 페미위키가 만들어진 때부터 현재까지의 이야기를 들어 봤다.

・ ・ ・

# 나무위키가 말하지 않는
## 것에 주목하라

**우선 페미위키가 만들어진 과정에 대한 이야기부터
해 볼까 합니다. 페미위키는 어떻게 시작하게 된
프로젝트인가요?**

**열심**　제가 페이스북에 올린 글에서 시작이 된 거예요. 인터넷에
있는 정보들이 너무 남성 중심적이니 우리는 여성 중심의 정보 집합
체를 만들어 보자는 제안을 담은 글을 페이스북에 올렸어요.* 그 글
을 보고 33명이 함께하겠다고 하셨고 그렇게 프로젝트를 시작하게

---

*  2016년 7월 21일, 당시 페이스북에 올라왔던 페미위키 제작 제안 글의
일부.

여성 중심 위키를 만들어 보려고 합니다. 부디 함께할 수 있는 분은 연락 주
세요.
이번 메갈리아4 티셔츠 사건으로 인해서 나무위키가 남성들에게 마치 절대
적인 근거처럼 여겨진다는 것을 알았습니다. 또한 그 이유가 나무위키가 꽤
나 방대한 정보량을 갖고 있고, 그래서 많은 사람들이 나무위키를 사용해 왔
기 때문이라는 것을 알았습니다.
하지만, 피임/생리/출산/여성 혐오/여시사태/메갈/페미니즘 등 여러 항목
과 다른 항목의 남성 편향적인 서술(공기 같은 여혐!)로 알 수 있듯이, 나무위
키는 굉장히 여성 혐오적인 내용을 많이 담고 있습니다. 정보의 종류도 남성
편향적입니다. 이런 정보들은 무의식적이든, 의식적이든 사람들의 시각에
굉장히 많은 영향을 미칩니다.
따라서 여성의, 여성에 의한, 여성을 위한 위키, 정보의 집합체를 만들어 보
려고 합니다.

되었죠. 중간에 갈등이 있고 하면서 몇 분이 나가셨고 지금은 10명의 운영진을 유지하고 있어요. 주로 온라인에서 일을 하고 중요한 일이 있을 때마다 모여서 오프라인 회의를 해요. 한 달에 한두 번 정도 하는 것 같아요.

**열심 님이 쓰신 페이스북 글을 보면 인터넷 정보가 남성 편향적, 여성 혐오적이라고 되어 있는데, 그렇게 생각하시게 된 계기가 궁금합니다.**

**열심**    강남역 여성 살해 사건이 터졌을 때 생각나는 게 그거였어요. 그 사건이 일어났을 때 인터넷에서 논쟁이 엄청 많이 벌어졌잖아요. 이게 여성 표적 살인인지 묻지 마 살인인지에 대해서요. 그때 여성 혐오적 발언을 쏟아 내는 사람들이 출처로 가져온 자료들이 죄다 나무위키 자료들이었어요. 그걸 보면서 여성 중심의 정보가 필요하겠다는 생각이 들었어요. 나무위키에는 지금도 강남역 여성 살해 사건이 묻지 마 살인으로, 다시 말해 젠더 권력을 가리는 식으로 서술되어 있어요.

**그 사건 자체가 페미위키를 만드는 데 영향을 준 거네요. 그런데 정보를 만드는 것도 여러 방식이 있을 텐데, 위키라는 방식을 선택하신 이유가 있으신가요?**

**혜원**    일단은 레퍼런스reference가 필요했어요. 온라인에서 논쟁을 할 때 그때그때 레퍼런스를 찾으니까 논쟁 상대는 이미 도망가고 없더라고요. 그리고 누군가는 제가 뿌려 놓은 씨앗들을 밟고(글을 읽고) 페미니스트로 각성하기도 해서, 글을 쓸 때 좀 더 사실에 입각해서 정확하게 쓰는 게 중요하겠다고 생각했어요. 그런데 쓸 때마다 다른 사람들한테 이거 맞냐고 물어볼 순 없잖아요. 그 사람들이 항상 답해 줄 수 있는 건 아니니까요. 그래서 위키 같은 게 있어서 언제든지 찾아 보고 누구나 수정할 수 있게 하면 좋을 것 같았어요.

**열심**　나무위키의 대항마를 만들고 싶었던 것도 있었어요. 나무위키랑 똑같이 위키라는 방식을 택해서 나무위키를 이겨 보자는 의도가 있었죠. 나무위키는 지금 문서 수가 185만 개예요. (2018년 4월 기준)

## 엄청나네요. 저는 그런 방식이 좀 생소한데 사람들이 나무위키를 많이 쓰나요?

**열심**　나무위키를 많이 쓰게 된 계기가 있어요. 온라인에서 여성시대 사태라는 게 있었어요. '여성시대'라는 인터넷 커뮤니티가 있는데 남성 커뮤니티에서 여성시대 유저들을 두고 더러운 여성, 타락한 여성들이라는 비난을 했어요. 나무위키는 거기 동참해서 비난한 내용과 비난의 증거가 된 자료를 정리한 문서를 올렸고요.

　예를 들어 여성시대에 '정액'이라는 단어를 검색해서 그 단어가 들어간 글들을 캡처해 올리면서 더럽다고 욕하고, 자위 기구 후기 올린 거 캡처해서 얘네 음란한 애들이라고 하는 거예요. 낙태 정보 공유한다고 '낙태충'이라는 단어를 사용해서 문서를 작성하고요. 그때부터 남성 커뮤니티랑 나무위키랑 관계가 돈독해졌죠. 나무위키가 폭발적으로 성장하게 된 계기이기도 하고요. 남초 커뮤니티에서 나무위키가 '지식의 보고'로 인식되는 경향이 있어요. 학교 과제에도 나무위키를 출처로 쓰고 키배(키보드 배틀) 뜰 때도 나무위키 자료를 들고 오더라고요. 아주 질리죠.

**그럼 페미위키는 구체적으로 어떤 지향을 갖고 있는지 궁금하네요.**

**열심**     저희는 그냥 페미니즘의 공통분모라고 여기는 영역에 동의해요. 여성은 약자이고 여권의 신장과 소수자의 권리 신장이 필요하다, 이 정도에 동의하고 있고 다른 부분에 대해서는 사람들마다 달라요. 워마드 하시는 분도 계시고 저는 채식인이라는 정체성이 있고 어떤 분은 지지자에 가깝고요. 의견 충돌이 있을 수도 있지만 그것도 긍정적으로 봐요. '페미니스트 집단이라면 기본적으로 보호해야 된다'는 생각이 베이스에 있어요. 메갈리아도 그렇고 워마드도 그렇고 페북 페미, 트페미 모두요. 기본적으로 페미니스트이기 때문에 좋은 방향으로 서술을 해야 한다고 생각해요. 그런 서술이 페미니즘 운동에 도움이 된다고 생각하고요. 기본적으로 여성뿐만 아니라 약자 쪽으로 기울어진 위키가 되자는 거 하나는 합의가 되어 있는 거 같아요. 예를 들어서 성매매 관련 글은 성매매 여성 입장에서, 채식 관련 글은 채식인 입장이나 동물의 입장에서 쓰는 거예요. 이 정도가 저희의 지향이에요.

**혜원**     지향점을 일치단결해서 가는 것도 좋지만 다양한 의견을 하나씩 조율해 나가는 것도 꼭 필요한 일이라고 생각해요. 그래서 그런 걸 굳이 규정하고 싶지 않아요. 위키에서도 서술하다가 여러 가지 충돌이 생기면 토론하면서 풀어 나가고 있어요. 그런 과정을 굉장히 긍정적으로 생각하고요. 열심 님이 말씀하신 것처럼 가급적이면 약자 입장에서 쓰는 쪽으로 가요. 기계적 중립보다는 한 번 더 생각하고 이해하고 포용하는 쪽으로요.

### 페미위키 운영진에는 주로 어떤 일을 하던 분들이 모이신 거예요?

**열심**    SNS에서 페미니즘 운동하던 분들이 많고요. 아니면 아예 페미니즘이 뭔지 잘 모르셨는데 이 프로젝트가 재미있어 보여서 하러 오신 분들도 계세요. 그런 분들은 여기서 페미니즘에 물들어 가고 계시고요.

**혜원**    저는 사실 단체 활동이라고 할 만한 건 이게 처음이에요. 시위 같은 데 나가 본 적도 없고 별로 관심이 없었거든요. 그런데 강남역 여성 살해 사건 이후에 말도 안 되는 기사들과 댓글들이 올라오는 걸 봤어요. 제 의견을 얘기하면 저보고 '메갈'이라고 하더라고요. 메갈이 뭔가 하고 봤더니 맞는 말만 해요. 그래서 '메갈이 왜 욕이야' 하고 생각했죠. 메갈리아를 통해서 위안을 많이 받았고 본격적으로 활동을 시작하게 되었어요.

**열심**    저도 메갈리아가 있기 전에는 페미니즘이라는 게 뭔지 몰랐어요. 전형적인 '개념녀'였거든요. 여자도 군대 가야 한다고 얘기하는 개념녀요. 전 여성시대 회원이기도 했는데, 여성시대 사태라는 마녀사냥을 보면서 깨달았어요. 애네는 그냥 여자가 싫어서 이런다는 것을요. 그런 인식에 대한 분노를 갖고 있던 중에 메갈리아가 생기더라고요. 그래서 그 흐름을 타고 메갈리아에 들어가게 되었고 페미니스트가 되었죠.

**운영진분들은 본업이 따로 있으시고 이 활동을 하시는 건가요.**

**열삼**  네, 지금 페미위키는 수익이 없고 그냥 소소하게 돌아가는 비즈니스 같은 거라서 다들 자발적으로 시간 내서 자원봉사 개념으로 짬짬이 일을 하고 계세요.

**그렇군요. 홈페이지가 깔끔하게 잘 만들어져 있어서 팀에 전문가가 계신가 했어요.**

**열심**  저희 기술팀장님이 IT 업계에서 일하는 분이세요. 그래서 도움을 많이 받았죠. 구글에서 검색 최적화하는 거랑 사이트 속도가 빨라지는 거랑 다 해 주셨어요. 저희는 어떻게 하는 건지 잘 모르지만요. 그분 없으면 망해요. (웃음) 원래 페미니스트는 아니었는데 페미니즘이 뭔지 궁금해서 오셨다가 여기서 많이 배운다고 말씀하시더라고요.

**페미위키는 위키라는 형식의 특성상 다른 페미니스트**

**그룹들과는 상이한 방식으로 활동이 이루어질 것 같은데요.**

**열심**　　규칙을 만들어 보려고 준비는 하고 있는데 지금은 좀 허술해요. SNS에 글을 올릴 때는 먼저 단체 채팅방에 올려서 두 사람한테 인준을 받고 올린다는 식의 자잘한 규칙만 있어요. 원래 팀 체제가 있었고 5개 팀으로 나눠서 운영을 해 보려고 했는데 사람들이 너무 많이 빠져나가서 팀 유지가 어렵더라고요. 지금은 다 같이 평등하게 의견을 나누고 자발적으로 일을 맡는 식으로 운영하고 있습니다. 페미위키의 문서를 작성해 주시는 분들을 '기여자'라고 하는데 이분들이 문서를 많이 써 주시죠. 위키라는 게 정보가 있어야 쓸모가 있잖아요. 처음에는 운영진들이 모여서 문서를 열심히 썼는데, 요즘 운영진들은 말 그대로 운영하는 데 전념을 하고 있고 일반 기여자분들이 문서의 대다수를 작성해 주세요. 지금 문서가 1만 493개 정도 있는데(2018년 4월 기준) 그중 대부분은 기여자분들이 써 주신 거예요. 문서를 많이 써 주시는 분들에게는 운영진으로 들어오실 생각이 있으시냐고 제의를 드리기도 해요.


# 여성의, 여성에 의한, 여성을 위한 위키

**문서 작성은 어떻게 하는 건가요?**

**열심**  그게 자기가 쓰기 나름이라 사람마다 달라요. 저 같은 경우는 문서를 쓸 때 정보를 한 줄만 써 놓기도 해요. 그러면 문서를 작성하는 데 1분도 안 걸려요. 반면 어떤 분들은 문서를 A4로 2~3장씩 써 주시는 분들도 계세요. 사람마다 스타일이 다른 거죠. 개인적으로는 문서 작성을 하다 보면 재밌어요. 공부도 많이 되고요. 저는 그냥 제 머릿속에 있는 생각을 주로 적긴 하지만요. (웃음)

**혜원**  열심 님 문서 중에 되게 귀여운 거 많아요. 그 사물에 대한 애정이 느껴지는 문서들도 있고요. 예를 들어서 '돼지'에 대한 문서에는 '가장 착취당하는 동물'이라는 서술이 있어요. 돼지의 아픔에 공감하는 내용이 들어 있는 거예요. 제 생각에 그 어떤 백과사전도 돼지가 착취당하는 것에 대한 아픔을 서술하진 않을 것 같아요. 한번은 이런 얘기를 들었어요. 페미니즘 얘기만 쓰자, 페미위키니까. 그런데 그럼 누가 와서 보겠어요. 저는 이게 고인물이 되면 절대 안 된다고 생각해서 오타쿠 관련 문서 같은 걸 써요. 그런 걸 쓸 때 즐거워요. 또 저희가 쉴 때 새로 오는 분들이 문서를 써 주시는 걸 보면서 다시 충전이 되어서 문서를 쓰기도 하고요. 즐기면서 가야 오래 지속할 수 있지 않을까 싶어요.

저는 원래 위키에서 검색만 하던 사람이라 막상 위키 문서를 작성하려니 밑도 끝도 없더라고요. 어디서부터 어떻게 써야 할지도 잘 모르겠고, 다른 사람들이 쓴 걸 보니 목차 정리도 잘 되어 있고 그래서요. 제 대학 리포트보다 훌륭한 문서들이 많아서 처음엔 부끄러웠어요. 그런데 별 생각 없이 몇 개를 만들어 보니까 또 그럭저럭하게 되더라고요. 이게 시간이 지나고도 수정이 가능하니까 다듬어 가는 재미도 있고요. 제 문서를 다른 분이 와서 예쁘게 정리를 해 놓기도 하세요.

**열심**　맞아요. 처음 작성할 땐 되게 겁나고 내가 백과사전 같은 글을 적어도 되나 이런 생각이 들어서, 위키라는 게 진입 장벽이 높다는 걸 느꼈어요. 기여자분들이 이런 진입 장벽을 딛고 글을 작성하게 하려면 어떻게 해야 되나 고민도 많이 했고요. 위키를 좀 친밀한 분위기로 만들고 싶고 그런 분위기로 만들기 위해서 얘기를 많이 하고 있는데 잘 안 되는 거 같아요. 되게 딱딱하고 학술적인 학자들의 놀이터처럼 보이나 봐요.

**저도 해 보진 않았지만 상상해 보면 '혹시 내가 쓴 게 틀리면 어떡하지?' '잘못된 정보가 일파만파 퍼지면 어떡하지?' 하면서 되게 겁날 거 같거든요. 그런 분들이 많을 거 같아요.**

**열심**　도움말에 적어야겠어요. '잘못된 정보를 적어도 괜찮습니다'.

**아, 정말요?**

**열심**　네. 누군가 고쳐 주니까요.

**막상 직접 써 보면 머리에 남으니까 공부가 많이 될 거 같긴 해요. 제가 오늘 몇 개를 읽고 왔는데 다 어려운 걸 봐**

가지고 '이거 쓰려면 똑똑해야겠다'는 생각을 했거든요. 보니까 번역 작업 같은 것도 하시더라고요. 능력자들은 다 어디서 오셨을까요.

**열심**　지금 등록된 사용자가 500명에 육박하거든요. 한 사람 한 사람이 하면 별거 아니지만 여러 명의 조그만 지식들이 다 모이면 대단한 지식을 이룰 수 있는 거 같아요. 위키의 가치는 바로 여기에 있다고 봐요.


'#○○계_내_성폭력' 해시태그 운동들을 아카이빙한 항목도 봤어요. 이렇게 많았었나 할 정도로 목록이 정말 길더라고요. 그건 어떻게 시작하게 되신 거예요?

**혜원**　처음 저희의 취지에는 레퍼런스 쓰는 것도 있었지만 공론화된 성폭력 사건들을 박제해 놓자는 것도 있었어요. 모 님 말마따나 여성 혐오를 한 사람들을 박제해서 여혐 박물관을 만들자고요. 그런데 법률 자문을 받아 보니 함부로 그렇게 할 수 없어서 본격적으로 하진 못했고, 일단 트위터 해시태그 운동으로 일어난 일들을 정리해서 써 놓긴 했는데 못 쓴 부분들도 있고 부족한 게 많죠. 이름만 있고 내용이 없는 문서들도 있고요. 저희가 이 문서를 만든다고 했더니 피해자분이 직접 와서 문서를 써 준 경우도 있었어요. 마음이 안 좋았죠. 피해 당사자가 말할 곳이 없어서 여기에다 글을 쓴다는 거니까요.

**아카이빙 작업 말고 가끔 오프라인 행사를 열기도 하시던데, '에디터톤'이라는 행사가 있더라고요. 그런 종류의 행사를 처음 접해서 그런지 굉장히 신선하게 느껴졌어요. 에디터톤은 어떤 행사였고 몇 분이나 오셨나요?**

**열심**　처음에 페미위키를 만들 때 운영자들이 열심히 문서를 썼는데 그래도 역부족이었어요. 문서가 불어나질 않는 거예요. 그래서 다 같이 모여서 문서 작성하는 행사를 열었어요. 온라인에서 문서 작성해 주시는 분들을 직접 뵙고 싶기도 했고요. '수정하다'라는 뜻인 'Edit'에 마라톤할 때의 '톤'을 붙여서 '에디터톤'이라고 해요. 원래 위키 커뮤니티의 문화고, 앉아서 꾸준히 수정하는 행사를 뜻한대요. 처음 했을 때는 운영진밖에 안 왔어요. 두 번째 할 때는 페미니즘 카페 '두잉'에서 했었는데 20명 정도 오셔서 카페가 꽉 찼어요. 뿌듯했죠.

　오프라인 단체로 만들 계획도 있긴 한데 속도가 나진 않아요. 역량이 부족하기도 하고, 여러 문제가 있어서요. 만약 단체가 설립된다면 페미위키에서 못 했던 활동들을 하고 싶어요. 페미위키 이름으로 페미니즘 운동을 하고 싶어 하는 분들이 계시거든요. 예를 들어 성폭력을 규탄하는 성명서에 저희 이름을 같이 낸다든가 하는 식으로요.


**그럼 지금 페미위키의 조회수는 어느 정도 되나요?**

**혜원**　매일 집계하진 않는데 지금 보면 대충 하루에 한 5,000건에서 6,000건 정도예요. 이건 오픈되어 있는 정보라 누구든 볼 수 있어요. 페미위키에서 '페미위키'를 검색하면 지금 실시간으로 문서가 몇 개 작성되어 있고 이용자가 몇 명이고 조회수가 몇인지 다 알 수 있죠.

**열심**    그런데 이 조회수가 다 페미니스트라고 생각하면 안 돼요. 성매매 관련 용어 치다가 여기에 들어오는 분들도 많거든요.

**혜원**    그 문서에 머무르는 시간 같은 걸 보면 알 수 있어요. 체류 시간이 30초 미만이면 글을 안 읽었다는 얘기죠.

### 위키 문서는 누구나 수정할 수 있다는 점 때문에 악의적으로 이용될 수도 있잖아요. 그런 사례가 페미위키에서도 있었나요?

**혜원**    종종 있죠. 그런데 위키는 워낙 복구가 쉬워요. 버튼 하나만 누르면 이전 버전으로 다 복원이 돼요. 왜 그러는지 모르겠어요. 저희 위키는 문서를 수정하려면 가입을 해야 하는데 굳이 가입까지 해서 이렇게 하는 이유를 모르겠어요. 예전에 한번은 불법 약물 파시는 분이 자꾸 광고를 올린 적이 있어요.

**열심**    임신 중단 약물 파는 분이 들어오셔서 임신 중단 문서에다가 자기 약물을 홍보한 거예요. 자기 사리사욕을 채우기 위한 정보를 계속 올린 거죠.

**혜원**    기업 광고도 페미니즘에 도움이 된다고 하면 막을 이유는 없다고 생각해요. 그런데 그분 같은 경우에는 광고가 엄청 여성 혐오적이었어요. 임신 중단 수술을 받으면 나중에 감도가 떨어져서 사랑

받을 수 없다는 식이었어요. 여성을 섹스를 위한 도구로 서술해 놓았더라고요. 그래서 삭제했죠.

## 목표는 '가장 평범한 위키'

**두 분은 페미위키를 통해 처음으로 페미니즘 운동을 해 봤다고 하셨는데요, 처음이다 보니 여러 고민이나 어려운 점들이 있을 것 같아요. 어떨 때 힘들다고 느끼시나요? 재정적인 어려움 같은 건 없으세요?**

**열심** 초창기에 계좌에다가 후원금을 빵빵하게 넣어 놓기도 했고 중간에 굿즈를 판매하며 돈을 벌기도 해서 아직 몇십만 원 남아 있어요. 지금은 서버비가 한 달에 2~3만 원 나가는 정도예요. 힘들 때는 그냥 일이 잘 안 풀릴 때죠. 예를 들어 어제는 페미위키에 문서가 많이 올라왔는데 오늘은 써 주시는 분이 없다거나 하면 속상해요. 얼른 페미위키가 성장해서 사람들에게 페미니즘을 보급했으면 좋겠는데. 여성 혐오가 공기 중에 떠다니는 것처럼 페미니즘을 공기 중에 전파해야 하는데. (웃음) 제가 성격이 급해서 일이 제 맘대로 빨리빨리 진행이 안 되면 짜증이 나고 그래요.

요즘 스트레스는 오프라인에서 주로 받는 것 같아요. 온라인에는 페미니즘 담론이 거대한데 오프라인에는 페미니즘이 뭔지조차 모르는 사람들이 많으니까요. 여성학 수업 시간에 들어와서 남성들이 역

차별받는다는 얘기를 하는 경우도 있고요. 그런데 그런 것들이 원동력이 되기도 해요. 열심히 하다 보면 저런 분들도 언젠가 페미위키의 문서를 읽게 되겠지, 이런 심정이에요. 저 같은 경우 오프라인에는 페미니스트 친구밖에 안 남았어요. 온라인에서는 '나는 성소수자이자 성 노동자이고 섹스도 좋아한다'고 얘기할 수 있는데 오프라인에서는 그게 안 되니까요. 페미니스트가 아닌 친구들은 점점 멀어지더라고요. 다들 제가 하는 활동을 보고 '쟤 메갈이래' '꼴페미래' 이런 말을 해요. 제 귀에 그런 말들이 들려요.

**혜원**　　저도 열심 님하고 비슷해요. 제 주변 친구들이 계속 성희롱 당하고 피해를 입는데 내가 인터넷에서 이런 활동하는 게 실질적으로 얼마나 도움이 될 수 있을까 고민하게 돼요. 저는 백화점에서 일을 하고 있는데 한 매장에 어떤 남자가 와서 특정 여직원을 너무 괴롭혔어요. 와서 계속 차 한 잔 하러 가자, 밥 먹으러 가자며 지나치게 부담스럽게 구니까 좋게 좋게 사양을 했는데, 자기 제안을 받아 주지 않았다고 고객센터에 컴플레인을 걸었어요. 그 내용을 보면 이 쌍년이 자기를 바보 취급을 했다는 등 가만두지 않겠다는 등 이런 얘기예요. 계속 전화하면서 사과받아야겠다고 보름 가까이 사람을 괴롭히는데, 이런 현실을 타파할 수 있는 뾰족한 방법이 없는 거죠. 명백히 이 사람이 잘못한 거고 확실히 위협적이지만 명백하게 폭행을 한 것도 아니라서 노동자 입장에서 강경하게 대응할 수 없는 상황을 보면서 굉장히 스트레스를 받았어요. '내가 인터넷에서 이렇게 하는 게 과연 얼마나 실질적으로 도움이 될까' '온라인에서 나오는 담론이 오프라인까지 나오기까지 시간이 도대체 얼마나 걸릴까', 이런 생각들에 이르니까 답이 안 나오더라고요.

**그럼에도 활동을 하면서 보람 있는 일들도 많이 있었을 것 같은데요. 기억에 남는 일이 있으신가요?**

**혜원** 젠더 이퀄리즘이죠. (웃음)

**제가 나무위키가 유명해졌다고 인지한 게 '이퀄리즘'\* 이야기가 떠올랐을 때였거든요. 얼마 있다 보니까 그게 다 날조된 거라는 걸 보고 이게 뭔가 싶어 되게 황당했었는데, 그때의 일을 좀 설명해 주시겠어요?**

**열심** 이퀄리즘이라는 말이 수면 위로 떠오르기 시작할 때 페미위키 기술팀장님이 그 개념에 굉장히 관심을 가지셨어요. 이퀄리즘이

---

\* 실제 쓰이는 단어는 아니나 일부 사람들이 '페미니즘'이라는 단어가 편향적이니 평등을 지향한다는 뜻의 '이퀄리즘'이라는 단어를 쓰는 것이 적절하다고 주장했다. 2015년경 인터넷 커뮤니티 디시인사이드의 몇몇 갤러리에서 안티 페미니즘적 성향의 게시물이 올라오며 '이퀄리즘' '섹스 이퀄리즘' '젠더 이퀄리즘' 등의 용어 사용을 제안하기 시작했다. 2016년 8월 2일부터는 웹툰 갤러리의 이용자 중 한 명이 '젠더 이퀄리즘'이라는 용어의 전파를 시도하며 나무위키에 '이퀄리즘' 문서를 만들고 홍보하기도 했다. 이 이용자가 약 30분 만에 만든 이퀄리즘 문서에는 약 6개월에 걸쳐 여러 기여자들의 근거 없는 주장들이 추가되기 시작해 점차 실제로 존재하는 사상으로 포장되었다. 더 자세한 내용은 페미위키의 '이퀄리즘' '젠더 이퀄리즘 날조 사건' 항목 참고.

라는 게 정말 있는 건지. 그래서 그걸 검색해 보셨는데 아무리 찾아 봐도 그런 게 없는 거예요. 그래서 나무위키에 가서 토론을 거쳤어요. 나무위키에 작성되어 있는 이퀄리즘에 관한 것들이 다 근거가 없고 거짓 아니냐고요. 나무위키에서는 토론 1개당 쓸 수 있는 최대 댓글 수가 1,000개인데 이 토론에 달린 댓글이 1,000개를 넘어가면서 토론 글이 계속 새로 교체되었어요. 처음엔 거기 있던 유저들이 다 부정을 했지만 토론이 50개 이상 열리고 논쟁이 이어지면서 결국 논파가 되었고, 이퀄리즘 문서가 뒤집어졌죠.

이후 저희 위키를 레퍼런스로 쓰는 분들이 종종 눈에 띄어요. 깜짝깜짝 놀라요. 트위터에서 오는 반응들도 너무 고맙죠. 여기서 공부를 해 나가고 있다는 분들이 계시거든요. 뿌듯해요. 그래도 논문 같은 데 참고 자료로 쓰실 때는 생각을 좀 해 보셔야 할 것 같아요. 많은 사람들이 말도 안 되는 정보들로 가짜 뉴스를 생산하잖아요. 그럴수록 저희는 사실에 입각해서 쓰면 좋겠다는 생각을 해서 참고 자료를 정확히 구비하는 데 신경을 쓰고 있어요. 그러니까 저희가 쓴 문서를 참고해 주시는 것도 좋지만 저희 문서에서 참고 자료로 언급한 것들을 직접 보시고 공부하시면 더 좋을 것 같아요.


**페미위키는 앞으로 어떤 일들을 해 나가게 될까요?**

**혜원**　아직 구체적으로 정해진 건 없는데 페미위키를 더 많이 알릴 수 있는 방향을 고민하고 있어요. 공개 토론회나 오프라인 활동을 구상 중이에요. 하지만 위키 운영자는 말 그대로 운영하는 사람이지

대표하는 사람은 아니라서, 정치적 입장이나 견해를 나타낼 땐 어디까지나 개인으로서지 저희 위키를 대변하는 게 아니에요. 그래서 오프라인 행사에 초대를 해 주셔도 나가기가 어려워요. 위키의 모든 이용자가 그 행사에 동의하는 게 아닐 수도 있으니까요.

**열심** 구성원들끼리 길게 가야 한다는 합의는 된 상황이에요. 다른 분들도 에너지를 한꺼번에 소모하지 않도록 노력하고 계신 것 같고요.

## 페미위키 운영진으로서 바라는 세상은 어떤 세상인지 궁금합니다.

**열심** 페미위키가 페미니즘 위키가 아니라 나무위키처럼 그냥 평범한 위키가 되는 세상이 되면 좋겠어요. 페미위키라고 말하면 "아, 그거 제일 큰 위키?"라고 얘기하는 세상이 되면 좋겠네요. 페미니즘이 공기같이 느껴지는 세상이 되기를 바라요. 그리고 다들 세상이 바뀔 수 있다는 확신을 갖고 살아갔으면 좋겠어요. 정말 세상은 바뀔 거니까, 힘냈으면 좋겠고요.

**혜원** 저는 당연한 게 당연한 세상이 되었으면 좋겠어요. 그리고 한참 후에 지금을 되돌아보면서 '우리가 젊었을 때 이런 걸 했네' 하면서 웃을 수 있으면 좋겠어요. 과거의 기사들을 보면서 '아니 세상에 이런 일이 있었다니' 하면서 놀랄 수 있었으면 좋겠어요. 또 다 같이 오래 갔으면 좋겠어요. 다 같이 오래, 굉장히 어려운 말이라고 생각해요.

페미위키와 나무위키에서 각각 '낙태'라는 키워드를 검색해 봤다. 페미위키에서 '낙태'를 검색하면 자동으로 '임신중절' 문서로 넘어가며 이 문서가 낙태 대신 임신중절이라는 단어를 사용하는 이유에 대한 설명이 있다. 또한 다양한 임신중절 방법을 서술하고 원치 않는 임신을 했을 경우 도움을 받을 수 있는 경로를 알려 준다. 반면 나무위키의 '낙태' 항목은 주로 범죄로서의 낙태를 서술하고 있다. 낙태를 '좁은 의미로는 모체 내에 있는 태아를 살해'하는 것이라고 설명하고 있기도 하다. 같은 단어를 두고도 가치관이나 정보 사용 대상을 누구로 상정하는지에 따라 이렇게 서술이 달라지는 것이다.

페미위키는 우리가 매일 공기처럼 접하는 수많은 정보들에 대해 다시 생각해 보게 한다. 궁금한 것이 생길 때마다 자연스럽게 인터넷으로 검색을 하고 검색 결과로 나온 정보를 대체로 신뢰하고 살면서도, 그 정보들이 누구의 입장에서 작성된 것인지에 대해서는 크게 신경 쓰지 않는다. 열심이 페미위키 제작 프로젝트를 알리는 글에서 썼듯, 이렇게 무심코 접하는 정보들은 사람들의 생각에 많은 영향을 미친다. 그렇기 때문에 정보를 만들어 내는 권력이 누구에게 집중되어 있는가를 성찰하는 일이 중요하다. 여성을 위한 혹은 페미니스트를 위한 더 많은 정보와 지식을 기록하고 공유하고 싶은 이들이라면 꼭 페미위키에 들러 보길 권하고 싶다.

## 페미위키를 만날 수 있는 곳

홈페이지 https://femiwiki.com

페이스북 www.facebook.com/femiwikidotcom

트위터 @Femiwikidotcome

## 활동 약력

2016년 7월 발족

〈우리의 언어 그리고 기록을 위한 '페미위키' 굿즈 텀블벅 모금〉 프로젝트 진행

〈위키♥페미니즘 에디터톤〉 공동주최

〈페미위키: 제1회 정기 포럼 및 에디터톤〉 주최

〈1주년 기념 페미니스트 네트워킹 파티〉 주최

〈페미위키: 제2회 페미니스트 네트워킹 파티〉 주최

# 게임하는
여자들

● 아홉 번째 인터뷰
페이머즈

**영운**    저는 영운이에요. 초기 멤버 중 한 명이고, 활동한 지 2년 다 되어 가요. 지금은 상근 활동가로 일하려고 생각하고 있습니다. 평소 관심사나 취미는 트위터와 모바일게임이고요. 게임 외에도 영화나 문화예술계 전반에 흥미가 있어요.

**안나**    SNS 매니저를 맡고 있는 안나입니다. 어릴 때부터 취미는 게임밖에 없었어요. 게임 좋아하고 영화 좋아하고 여자 나오는 영화랑 드라마 좋아해요. 오늘도 회원들이랑 조그만 상영회를 했어요. 〈루머의 루머의 루머〉라는 넷플릭스 드라마인데, 여자가 겪는 사이버불링에 대한 내용이에요.

"나는 그런 거 못 봤는데? 너만 그런 거 아니야?"라면서
증거를 내놓으라고 요구하는 일이 많았어요.
미투를 하면 그러잖아요. 증거 있냐고.
"증거 있어? 증거 내놔 봐."
그 말이 지긋지긋해서 활동을 시작했어요.

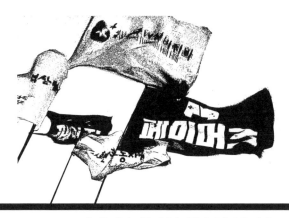

2018년 4월 7일, 〈#미투 성차별, 성폭력 끝장 집회〉 당시
페이머즈 깃발
ⓒ 페이머즈

여성들이 안심하고 파티원을 모집할 수 있는,
혐오표현을 듣지 않으면서도 게임할 수 있는
환경을 좀 더 넓게 제공하는 게 목표예요.
지금 열심히 싸워서,
"그땐 정말 그랬어? 지금은 안 그런데."라고
말할 수 있는 미래가 왔으면 좋겠어요.

2016년 겨울의 초입, 100만 명이 거리로 나왔던 광화문 광장에 '전국 디바협회'라는 거대한 깃발 하나가 등장했다. 현실과 가상 세계 어딘가에 있을 것 같았던 페미니스트 여성 게이머들이 이 세상에 존재함을 알린 것이다. 전국디바협회는 게임 '오버워치'의 캐릭터인 '디바'*와 같은 인물이 실재하기 위해서는 우선 성평등한 세상이 되어야 한다는 생각에서 시작된 페미니스트 게이머들의 모임이다. 디바는 한국인·여성·천재 프로게이머 '송하나'의 닉네임으로, 전디협은 미래의 한국이 지금처럼 성차별적인 사회라면 디바가 등장할 수 없다는 위기감을 갖고 '2070년의 디바를 위하여' 출범했다. '유머'처럼 등장했던 이들은 어느덧 2년째 활동을 이어 가고 있고, 2018년 2월에는 단체 이름을 '페미니스트'와 '게이머'를 결합한 '페이머즈'로 변경했다.

　2018년 4월, 하루 종일 일정을 소화하는 중이었는데도 지친 내색이

---

* '디바'는 오버워치 안에서 제일 어리고 날씬하고 예뻐요. 전신 타이즈를 입고 있고 아시안 스테레오 타입이기도 해요. 외모만 보면 남자들 마음에 들기 딱 좋은 캐릭터라고 할 수 있어요. 그래서 성 상품화가 제일 많이 되는 캐릭터죠. 그럼에도 불구하고 게임 안에서 디바는 세계적인 스타예요. 매력 있고 능력 있는 천재 프로게이머로서 전 세계에서 활약하거든요. 그런데 사람들은 단순하게 디바의 외모만 보고 섹시하다, 따먹고 싶다, 이런 식으로 납작하게 소비해요. '자리야'라는 캐릭터가 있거든요? 역도 선수고 여자인데 이런 캐릭터는 그들의 성적 대상이 아예 아닌 반면 디바는 자기들의 성적 대상이에요. 디바는 아무리 "꺼져!"라고 해 봤자 위협적이지 않거든요. 귀여운 수준으로 받아들일 수 있기 때문에 더 소비하기 좋은 캐릭터죠. 전디협이 디바를 상징으로 쓰니까 '디바가 예뻐서 그걸 이용하는 거'라는 말도 많이 들었는데 이용해서 얻은 건 하나도 없어요. (웃음) _2017년 4월 전국디바협회 前 대표 감나무 님과의 인터뷰 중 '디바' 캐릭터 소개

없었던 안나와 영운을 만났다. 한참 게임 내 페미니즘 사상 검증이 이슈가 되고 있던 시기여서 더 분주하고 할 이야기가 많았다. '우리가 하는 것은 모든 것이 처음'이라는 그녀들, 무엇보다 재미있고 말이 잘 통하는 것이 좋아서 활동한다는 그녀들과 이야기를 나눴다.

• • •

## "어디 여자가 게임을 하냐. 집에서 설거지나 하지"

**최근 여러 분야에서 미투 운동이 있었는데요, 페이머즈도 미투 이후에 게임계 내의 변화를 느끼셨나요?**

**안나**  게임계는 미투가 거의 없었어요. 터져도 익명으로…… 그게 더 무서운 것 같아요. 가장 무서운 곳은 미투가 안 터진 곳이라는 이야기도 있잖아요.

**영운**  게임에는 온 서버에다가 메시지를 쓸 수 있는 '전체 채팅' 시스템이 있는데 거기에서 이상한 소리 하는 사람이 되게 많아요. 그런데 그걸 하나하나 신경 쓰다 보면 게임을 못 하니까 사람들이 그냥 무시하거든요. 그래서 무감각해지는 게 있어요. 고발할 게 없다기보다 수위가 너무 높으니까 이 정도는 별거 아니라는 생각이랄까요?

## 너무 많았기 때문에 이 정도는 폭로할 거리가 아니라고 느끼는 건가요?

**영운** 네. 2016년 10월 전후로 '#○○계 내 성폭력'이 먼저 터졌잖아요? 제가 그 해시태그가 시작할 때부터 추이를 지켜봤는데 그때 분명히 게임계 내에서 불링이나 성적 착취, 이런 게 있었다고 했어요. 그런데 그게 왜 수면 위로 떠오르지 못했는지 생각해 보니 법적으로 보호받을 처지가 전혀 아니더라고요. 쟤도 익명, 나도 익명, 사실을 증명할 수 있는 건 캡처 아니면 동영상 녹화인데 당시 동영상 녹화는 보편화되지 않았고 캡처해서 사이버수사대에 가져다줘도 지워하고 처리를 잘 안 해 주는 거 같아요. 그런 복합적인 부분들이 있고 게임 커뮤니티 내에서도 피해를 호소할 수 있는 방법이 전혀 없는 거예요. 피해자들이 모이는 모임도 없고. 어딜 가도 이런 경험이 만연해요.[*] 그래서 이야기하기 힘든 거 같아요. 말해서 공론화되어도 '맞아, 그래 그런 애들 많아' 이러고 넘어가고요.

---

[*] 친구랑 둘이서 같이 게임하고 있었는데 제가 보이스를 켜 놨나 봐요. 말은 안 했는데 숨소리 같은 게 났겠죠. 상대방이 제가 여자인 걸 알자마자 "이 소리 여잔데?" 하면서 "뚱뚱한 년아, 살이나 빼, 가서 남자나 꼬시라고." 이렇게 얘기했어요. 여자라는 걸 정확히 알 수 없었는데도요. 제 친한 친구는 아이디가 여성스러우면 여자라고 생각한다는 말을 듣고, 추측당하는 걸 피하기 위해서 남자인 친구한테 군대 용어를 물어보고 그걸 외웠대요. 뭔진 모르겠는데 군대에서 외우라는 규칙 같은 게 있나 봐요? 만약 상대방이 "너 여자냐?" 이렇게 하면 그걸 읊고 "너 갔다 왔냐?" 이런 식으로 맞받아치는 거예요. 그런 식으로까지 여성인 걸 숨기는 거죠. _2017년 4월 전국디바협회 前 대표 감나무 님과의 인터뷰 중 게임 내 성희롱 사례

스스로 헤일이 된 여자들

게임계 내 여성 혐오 고발 계정 트위터에 제보된 사례
ⓒ 페이머즈

**게임계에 성차별적이고 여성 혐오적인 정서와 문화가 심하지만 '여기는 원래 그렇지' 하면서 체념했던 그 시기에, 화를 내는 데 그치지 않고 활동을 시작했다는 게 특별한 경험일 거 같다는 생각이 드는데요. 게임 내 성차별에 대해서 뭔가 해야겠다고 행동으로 옮길 때는 어떤 마음이셨어요?**

**영운**  저는 2016년 11월 말쯤 '옵치하는 여자들'이라는 트위터 계정을 하나 만들었는데요, 오버워치 내 채팅 로그 같은 걸 캡처해서 올리는 용도였어요. 그러니까 가공한 걸 재구성한 게 아니라 실제 경험하면서 겪었던 것들, 다른 사람들이 게임하면서 들었던 욕설이나 성차별 제보를 받아서 아카이빙하는 계정이었죠.

제가 그 계정 시작할 땐 "나는 그런 거 못 봤는데? 내 주위에는 그런 거 없는데? 너만 그런 거 아니야?"라면서 증거를 내놓으라고 요구하는 일이 많았어요. 미투를 하면 그러잖아요. 증거 있냐고. "증거 있어? 증거 내놔 봐." 그 말이 지긋지긋해서 계정 활동을 시작한 건데 시작을 하니까 많이 줄었어요. 그 계정에는 대놓고 시비 거는 애들이 없어요. 왜냐하면 눈에 보이니까. 예전에는 '난 몰라, 난 안 들려, 안 보여' 그랬거든요. 그럼 이제 "너 이거 안 봤냐? 이거 보고 와서 말해 봐. 이게 다 조작이겠니?" 이렇게 말할 수 있는 근거가 생긴 거예요. 저는 주로 증거 자료로 많이 썼어요. 헛소리하는 사람들한테 "네가 이상한 거야, 못 봤냐?" 하면서 제 계정 태그해서 보여 줬죠.

### 스스로를 페미니스트라고 생각하게 된 계기가 있으세요?

**영운** 15년 정도까지는 페미니즘에 문외한이었어요. 게임 속 성차별이나 일상생활에서 일어나는 여성 혐오적인 언행들이 문제라고 생각해 본 적이 없었거든요. 왜냐면 다 그러고 사니까. 문제라고 이야기하는 사람도 없었고 원래 여자가 어쩌고 남자가 어쩌고 그런 거지 뭐 하면서 살았으니까요. 그때 제가 디시(디시인사이드)에 있었는데 거의 명예 남성이었어요. 인터넷에서 살려면 그럴 수밖에 없어요. 커뮤니티에 상주하면서 인정을 받기 위해 제가 여자라는 걸 철저하게 숨기는 데 이골이 난 상태였고, 제가 여자라는 것도 거의 자각하지 않았는데 메르스갤러리를 구경하면서 느낀 게 있었어요. 보통 무슨 갤을 한다고 하면 그 갤에 상주를 하고 글을 100개씩 쓰고 거기서 친목을 하고 그런 걸 의미해요. 일종의 놀이고 다들 위악을 떨거든요? 그런데 남자들이 메르스갤러리에 '진심으로' 화를 내는 걸 보면서 좀 환멸이 났어요. 그럼 너네 지금까지 다 진심으로 했던 소리인 거야?

전부 농담 아니었어? 이때까지 한 거 다 장난이 아니었어? 이런 생각이 들어서요. 그러고 나서 강남역 사건이 있었고 이런저런 사건들이 터지니까 한국에서 여자로 살면서 경험하는 일들을 되돌아보고 카테고리를 나누는 작업을 했어요. 내 안에 어지럽게 쌓여 있던 것을 설명할 수 있는 태그들을 알게 된 거죠. 저는 여성 혐오를 놀이 문화의 일종으로 학습하다가, 인터넷을 통해 이 혐오가 실제로 나에게 영향을 끼친다는 걸 깨달았어요.

**안나**　저는 처음에 '메갈'을 싫어했어요. 왜냐면 제가 '진짜 페미니스트'라고 (깔깔) 생각을 하고 있었거든요. 중학교 때부터 책도 많이 읽고 공부도 많이 했고 '나는 진짜 페미니스트야, 저런 수준 낮은 애들이랑 달라'라는 생각을 많이 했었어요. 오빠가 허락한 페미니즘 같은 생각을 가지고 '오늘의 유머'라는 사이트에 있었죠. 당시는 메갈이 나오기도 전인데, 제가 엠마 왓슨의 'He for She' 연설 편집본을 오유에 올렸어요. 우리 이쁜 엠마 왓슨이 유엔에 가서 이런 연설을 했어요, 페미니스트는 나쁜 게 아니에요, 페미니스트는 여러분들을 물지 않는답니다, 이런 식으로 오빠들이 좋아하는 예쁜 단어로 정리해서 올렸더니 '역시 진짜 페미니스트'라며 막 추천을 받아서 베스트 오브 베스트 게시판에 가고 그랬어요. 그런데 댓글에 우리나라 페미니즘은 변질되어서 완전 꼴페미고 여성가족부가 어떻고 하는 이야기가 있는 거예요. 그런 댓글들이 달리는 걸 보면서 진짜 페미니스트와 가짜 페미니스트를 구분하는 게 의미가 없다는 걸 처음 알게 되었어요.

### 강남역 여성 살해 사건 이후엔 어떠셨나요? 영향이 컸나요?

**영운** 그때 저는 어떻게 이럴 수가 있나, 내가 죽을 수도 있었다는 생각에 제정신이 아니었어요. 밤낮으로 주위 사람들에게 이거 진짜 어이없다고. 있을 수 없는 일이라고. 이런 일이 다신 일어나선 안 된다고 이야기하고 다녔어요.

**안나** 술집 갈 때마다 공용 화장실이 너무너무 무서웠거든요. 제가 들어간 화장실 문을 남자가 차거나 하는 일이 많았기 때문에 이 사건이 너무 충격적이었어요. 친구들끼리는 공용 화장실이면 무서워, 택시 탈 때 무서워, 그런 이야기를 하니까 당연히 다 알 거라고 생각했는데 남자 지인들한테 이야기했을 때는 다른 거예요. 저랑 남자가 다른 세상에 살고 있다는 걸 느꼈어요. 그리고 이제 내 탓이 아니라 가해자 탓을 할 수 있게 된 거 같아요. 올바르게 항의할 대상을 찾은 거죠. 그전에는 날 공격하다가요.

### 페이머즈에는 어떻게 함께하시게 된 건가요?

**영운** 옵치하는 여자들 계정을 한창 운영하면서 여기저기 막 불려 다녔어요. 2016년에는 아카이빙하는 사람이 저밖에 없었거든요. 페미니스트 단체들 모임에 초대받고 그랬는데 거기서 감나무 님, 당시 전국디바협회 대표님이 저를 섭외해서 같은 방향인 것 같은데 같이 하자고 하시더라고요. 진짜 협회를 만들어야겠다면서 사람들을 막 모으시고. 정말 대단한 분이다 싶어서 저도 "네!" 하고 같이 일을 하게 되었어요.

　초반에는 감나무 님 도움을 받았어요. 트위터에서 공론화가 되려면 알티(ReTweet. 자신이 공감한 글을 자신의 팔로워에게 전달하는 행위)를 많이 타야 하는데 그러려면 팔로워가 많아야 하잖아요? 그때 전디협은 이미 팔로워가 많아지고 있는 추세여서, 유명세가 좀 있었던 감나무 님에게 디엠(Direct Message. 트위터 이용자들 간의 1:1 쪽지)을 보내서 좀 도와달라고 부탁을 했어요. 그렇게 2017년 1월 초반에 시작을 해서 여기까지 오게 되었습니다. 운명이었나 봐요. (웃음) 옵치하는 여자들 계정은 옵치에서 게임계로 넓혀서 지금은 게임계 내 여성 혐오 고발 계정(게게여고)으로 활동하고 있어요.

**안나**　저는 평범해요. 페미니스트고, 게이머니까 게임 친구를 만들러 들어왔는데 생각보다 너무 재미있는 거예요. 사실 게임을 할 때 불편한 점이 되게 많았거든요. 여자 게이머여서 조심해야 할 게 있었고 친구들이랑 이야기할 때 눈치도 심하게 봤어요. 그런데 여기 오니까 사람들도 재밌고 그냥 편하게 게임만 하면 되는 거예요. 내가 불편하다고 느낀 점을 말할 때 그냥 "어, 맞아. 나도 불편했어."라고 말하는 친구들이 생기는 게 너무 신기해서 스태프에 지원하고 활동하게 되었어요.

　작년 8월쯤부터 전디협 2기에 같이 했는데요, 실제로 SNS 계정을 운영하고 나서부터는 '인벤*'이나 남초 게임 커뮤니티에 가면 이런 게 있긴 해' '그래, 나도 여자 친구랑 게임을 하는데, 심하긴 하더라' 하는 분위기가 형성되었어요. 고쳐야 한다는 분위기까지는 아니지만 인정은 한다는 정도가 된 거 같아요. 예전에 어떤 남자 유저가 저희에게 이런 얘기를 하더라고요. 오버워치를 하다가 여자 유저를 만났는데 자기가 그 유저에게 뭐라고 좀 했더니 그분이 '너 전디협에 보낸다'고 그랬다는 거예요. 하하하. 아, 너무 뿌듯했어요.

## 페미니스트 게이머가 필요한 이유

**전국디바협회는 처음에 어떻게 주목받기 시작했나요?**

**영운** 저희가 트위터 통해서 유명해진 것도 있는데, 초반에 전투를 했어요.

**안나** 이상한 말을 하는 사람들이랑 싸울 때 수위를 넘지 않게 잘했고, 그게 알티를 탔어요. 미러링까지도 아니고 그냥 싸우는 건데 조롱하는 걸 잘해서 사이다 서사가 있었거든요. 최근엔 웃대(웃긴대학)**이라는 사이트에서 저희를 엄청 욕해요. 저희가 트윗을 올릴 때마다 전디협이 꼴페미라고 욕하는데 그거랑 같이 디바 마크가 그려진 티팬티 사진을 첨부해서 게시글을 쓰더라고요. 원래 중국에서 파는 건데 그 사진을 가져와서 성희롱을 하는 거죠. 디바 귀를 만져 주고

---

\* 대한민국의 게임 전문 웹진이자 커뮤니티. 인터넷 방송국을 통해 다양한 게임 리그나 프로그램을 제작, 진행하기도 한다.

\*\* 남초 유머 커뮤니티 사이트.

싶네, 성기가 있는 부분을 만져 주고 싶네, 입을 만져 주면 좋아할 것 같네 하면서요. 그렇게 성희롱을 하면서 '저기는 진정한 페미니즘이 아니'라고 이야기하고 있었어요. 뭐 그래서 귀중하신 분들의 말 잘 들었고요, 신사적인 의견 잘 들었습니다 하면서 혐오표현 없이 조롱하는 트윗을 올렸죠. 말 자체는 욕이 아닌데 그 사람 사진이랑 같이 봤을 때는 욕이 되는 그런 거요.

**영운**　그러다 보니까 그런 것만 바라는 사람들도 있어요. 왜 안 싸우냐고요. 그런데 때려도 계속 나와요. 그런 사람들은 워낙 많으니까요. 한때는 트위터에 체인블록Chain block이라는 기능이 있었어요. 만약에 제가 누구랑 너무너무 의견이 안 맞으면 그 사람을 팔로우하는 사람들을 한꺼번에 차단할 수 있게 하는 기능이에요. 그런데 저희는 팔로워가 엄청 많아서 저희를 체인블록하면 2만 명이 같이 차단돼요. (웃음)

**안나**　전디협을 체인블록하면 트페미(트위터 페미니스트의 줄임말)들을 안 볼 수 있다는 꿀팁이 돌더라고요.

### 전디협은 2017년에 11월에 '펙타'를 개최한 걸로 알고 있는데, 그 활동에 대해 소개해 주세요.

**안나**　펙타는 페미 게이머 테이크 액션Femi-Gamers Take Action, '페미니스트 게이머들의 행동'이라는 의미예요.* 줄이면 FeGTA인데, 이 중에 GTAGrand Theft Auto는 총 쏘는 게임 이름이죠. 게이머들은 아는 중의적 의미예요. 그래서 조금 더 맘에 들었어요. 게임계 내에서 페미니스트나 페미니스트 개발자들의 목소리가 커졌으면 좋겠다는 취지로 시작을 했고, 이 활동을 좀 더 다양하게 정기적으로 하고 싶다는 게 목표입니다.

**영운**　저희가 페밋[**]에 참여한 후에 텀블벅 내공이 쌓였기 때문에 할 수 있을 것 같다고 생각하고 계획을 짰어요. 페미니스트 게이머랑 페미니스트 개발자들과의 만남을 콘셉트로 해서 텀블벅을 열었고, 성공했죠.

미국의 긱걸콘GeekGirlCon[***]이라는 행사를 참고했어요. 흔히 게임계 내에서 묘사되는 게이머들은 다 남자잖아요. 너드Nerd라고 하죠. 집안에 틀어박혀서 게임만 하고 의사소통 안 되고 게임만 좋아하는 사람들? 그런데 너드인 여자는 별로 없고 그나마 있어도 성적으로 소비된단 말이에요, 송하나 같은 예쁜 너드로. 그런데 여자들 사이에서도 게임 개발하는 사람 충분히 나올 수 있잖아요?[****] 게임 일러스트

———

\*　전국디바협회에서 기획한 토크 콘서트로, 2017년 11월 25일 피스센터 대강당 평화홀에서 진행되었다. 여성 게임 개발자, 여성 게이머들이 함께 모여 여성 혐오 없는 게임 산업에 대해 이야기하는 자리였다.

\*\*　페미니즘 페스티벌의 줄임말. 2017년 5월 개최되었다. 전디협은 배지와 마우스 패드를 굿즈로 제작했다.

\*\*\*　긱걸콘은 코믹·문학·게임·과학과 기술을 사랑하는 '괴짜Geek' 여성과 소녀들이 서로의 관심사를 공유하고 임파워링할 수 있는 행사로, 2011년에 시작해 현재까지 운영되고 있다. 더 자세한 사항은 긱걸콘 홈페이지(https://geekgirlcon.com) 참고.

\*\*\*\*　레드민스가 개발한 게임 '뮤그'는 주인공 뮤그가 일상 속의 성차별을 딛고 자신을 찾아 나가는 과정을 플레이어가 함께하며 공감과 위로를 얻을 수 있는 게임이다.

레이터는 거의 다 여자고요. 그래서 긱걸콘에서는 개발자들, 이런저런 게임업계 관계자들, 게임 소비자들이 모여 가지고 행사를 하더라고요. 되게 크게 해요. 너무 좋다, 우리도 하자, 그래서 만든 거예요.

**안나** 개발자분들을 만나 보면 이런 이야기 들을 곳이 없다고 하세요. 여자 게이머들은 겉으로 잘 드러나지 못하잖아요. 공격받으니까. 실제로 한 여성 개발자분은 여성의 삶을 표현한 게임을 만드셨는데 이걸 디시나 루리웹(비디오 게임 전문 사이트) 같은 남초 게이머 집단에 홍보할 수 없으니 이 게임을 어디에 홍보해야 할지, 피드백을 어디서 받아야 할지 고민하고 계시더라고요. 거기에서 시작했어요. 페미니스트들이 의견을 서로 주고받을 수 있는 기회를 만드는 것. 나중엔 콘서트가 아니라 커뮤니티를 만들고 싶어요.

**영운** 콘퍼런스에 기업들이 와서 "저희 게임 좀 팔아 주세요."라고 할 때까지, 여성 소비자도 게이머다, 게임업계에서 한 축을 담당하고 있다는 것을 보여 주는 거죠. 지금 여성들은 다 지워지니까 소모되는 부품으로 취급되잖아요. '어차피 게임 졸업할 애들'이라고 하면서.

**안나** 얼마 전에 인터뷰를 하게 되어서 질문지를 받았거든요. 회원들 연령층이 어떻게 되냐는 거였는데, 질문 중에 아무래도 여성 게이머니까 슈팅게임이나 드레스게임을 많이 하지 않겠냐는 내용이 있는 거예요. 보자마자 너무 화가 났어요. 그런 게임도 할 수 있지만 '여자라서 그런 게임을 하겠지?'라는 생각으로 써 놓은 거 같아서 나이브해 보였고 어이가 없었죠.

**전디협에서 페이머즈로 바뀌게 된 이유는 뭔가요?**

**안나**　일단 전국디바협회라는 이름이 좀 유머스럽잖아요. ○○협회 이런 게 박근혜 하야 시기에 유행했었는데 유행이 지나고 나니 뭔가 뒤처진 느낌이 있고, '협회'가 들어가면 나중에 여성단체로 등록할 때 힘들다고 해서 바꿨어요. 사소한 이유지만 전국디바협회기 때문에 오버워치를 하는 사람들만 가입할 수 있는 단체라고 생각하시는 분들이 많기도 했고요. 좀 더 포괄적인 의미를 담고, 좀 더 넓게 활동을 하자는 뜻에서 페미니스트와 게이머를 합쳐 '페이머즈'라고 지었어요.

**요즘은 게임 내 페미니즘 사상 검증이 이슈인데 어떻게 생각하세요?**

**영운**　사실은 옛날부터 있었어요. 재작년에 있었던 넥슨 클로저스 게임 성우 사상 검증 사건이 1차 티셔츠 게이트고, 지금은 2차 티셔츠 게이트라고 불러요.*

─────
　* 2016년 7월 18일, 대한민국의 성우 김자연이 페이스북의 '메갈리아4' 페이지에서 펀딩 리워드로 증정한 'GIRLS Do Not Need A PRINCE' 티셔츠를 입고 트위터에 인증을 했다. 이에 반발한 일부 네티즌들은 김자연 성우가 참여한 게임 '클로저스'에 대한 집단 보이콧을 펼쳤다. 다음날인 19일 김자연 성우는 게임 회사 넥슨으로부터 계약 해지 통보를 받았다. 그리고 2018년 3월 26일, 넥슨에서 퍼블리싱 중인 게임 '트리 오브 세이비어' 제작사의 김학규 대표는 한 직원이 한국여성민우회, 페미디아 등의 단체를 팔로우했다는 이유로 페미니즘 사상 검증을 진행했다. 사건의 전개에 대한 자세한 사항은 페미위키 참고.

**안나**　게임계가 폐쇄적인 게 문제예요. 이분이 페미니즘을 지지한다고 해서 당장 불매가 일어나 수익에 직접적으로 영향을 준다는 증거가 전혀 없잖아요. 그럼에도 불구하고 게임업계 내부에서 그렇게 빨리 '이 사람은 메갈이니 잘라야겠다'고 결정한 건 루리웹이나 디시인사이드 같은 남초 사이트에서 활동하는 사람들이 게임 씬에서 일을 하고 있기 때문인 거 같아요. 남초에서는 '그럼 여자들이 게임을 더 많이 사면 되지 않냐'고 하는데 그게 문제가 아니라고 생각하거든요. 메갈의 영향을 받아서 수익이 떨어졌다는 증거가 단 하나도 없으니 여자가 돈을 쓴다고 해서 해결될 일이 아니잖아요?

**영운**　이 논리가 말이 안 되는 게 뮤지컬업계는 여자가 돈 쓰는 게 90%예요. 그런데도 여자 소비자들 후려치고, 자조적인 농담으로 하는 건 상관없는데 생산자가 관객들을 '회전문'이라고 하면서 우리가 아무리 이상한 거 만들어도 애들은 다 보러 와 준다고 얕잡아 봐요. 그런 거 보면 여자가 팔아 주지 않는 게 문제가 아니에요. 사실 이 문제는 부당한 계약 해지랑 노동권과 관련된 거라고 생각하거든요.

**안나**　"그럼 일베는 자르면 보호해 줄 거야?" 하는 사람도 있는데, 사실 일베를 한다는 이유만으로 사람이 잘리면 안 되잖아요? 지금까지 일베라면서 잘렸던 사람들은 일베인데 실제로 범죄를 저지르고 그것을 인증했기 때문에 잘린 거죠. 일베를 가입했다는 이유만으로 자르진 않았잖아요.

**영운**　게임의 시스템이나 콘텐츠에 문제가 있어서 유저가 항의하고 피드백하는 방식이 아니라 게임 외적으로, 일러스트레이터의 개인 SNS를 뒤져서 '얘가 성향이 이상하다'고 제보했을 때 넥슨이 "그래?" 하고 반응한 게 문제라는 거죠.

**안나**　"이거랑 이게 무슨 상관이야." 그러면서 쳐냈으면 큰 문제가 될 게 아닌데 넥슨 같은 큰 회사에서 적극적으로 "아, 그럼 자를게." 해 버리니까 작은 회사들은 그것을 따라갈 수밖에 없는 분위기가 되어 버리는 거예요. 처음에는 티셔츠를 입었다고 잘리고, 그다음에는 한남이라는 단어를 썼다고 잘리고, 이번에는 리트윗을 하고 관심글을 눌렀다고 그랬잖아요. 심지어 이번에 눌렀다던 관심글은 그 사람들이 말하는 폭력적인 단어가 하나도 없었음에도 불구하고.

**영운**　아예 퍼블리셔(Publisher. 사업 운영·마케팅·홍보 등을 담당하는 사람 혹은 팀)가 그 사람에게 개인적으로 카톡을 했대요. '나는 페미니즘에 반대합니다'라는 요지의 트윗을 작성해 달라고. 그렇지 않으면 보호해 주기 힘들다면서요. 정말 말 그대로 그렇게 와서 그분이 카톡 전문을 공개하셨어요.


**그런 사례들이 페이머즈에 제보가 되나요?**

**안나**　최근에 받기 시작하긴 했는데, 어려운 점이 있어요. 국내 게임업계가 너무 좁아서 한 다리 건너면 다 알기 때문에 제보자들이 두려워하세요. 아무리 저희가 비밀로 한다고 해도 사례가 공개되는 순간 바로 알아차릴 수 있으니까요. 게임업계는 거의 다 특수 계약이라 대가를 지불한 상태에서 작업물을 내리는 건 상관없다고 여겨요.

특정되기가 너무 쉬우니 도움을 요청하고 싶어도
제보자들이 걱정을 훨씬 더 많이 하게 되고,
특수고용형태의 계약 방식을 취하니까 노동자로서 문제를
제기할 수 없는 거군요.


## 페이머즈의 생존법

**그러면 페이머즈는 최근에 어떤 활동을 어떻게 운영하고 계시나요?**

**안나** 지금은 티셔츠 게이트 쪽에 집중을 하고 있어요. 뭘 할 수 있는지 고민하면서 성명문을 정리하고 있고, 원래 하던 활동은 회원 모임들이에요. 게임 모임이나 여성이 주인공인 게임 모임 같은 거 하고요. 정기 모임은 한 달에 두 번인데 비정기적으로도 하기 때문에 거의 1주일에 한 번 정도는 동아리처럼 모이고 있어요.

**영운** 페이머즈 활동가들은 사실상 다 상근을 해요. 의견을 받고 사안을 결정할 수 있는 자리에 참여할 수 있는 사람이면 다 상근자라고 불러요. 일들이 다 온라인으로 할 수 있는 거라서요. 텔레그램 메신저에 거의 상주를 하고 있다 보니 피드백이 되게 빨라서 의견을 계속 들을 수가 있어요. 모일 수 있는 시간을 정해서 안건을 공유하죠. 인터넷으로 참여하면 접속하는 시간만 있으면 되는데 실제로 참여하려면 1~2시간 이상 걸리잖아요. 그게 부담이 되는 사람이 있기 때문에 온라인에서 방안을 마련하는 게 효율이 좋다고 생각해요. 저는 만족하고 있어요, 현재 시스템에. 지금 부르면 오는 사람이 8명 정도 돼요. 활동가들은 대부분 학생 아니면 직장인이고요.

**안나**　회비를 걷기는 하는데 활동비로 쓰지는 않고 대관비나 모임 비용으로 써요. 현재 저희 활동비는 없어서 재정에 대한 고민을 계속 하고 있어요. 텀블벅에서 굿즈를 팔아 번 돈으로 사무실 유지비나 기타 유지 비용을 충당하고 있었는데 점점 바닥을 보이고 있고 그걸 다시 모아야 하는 시기예요.

**영운**　전디협 때 대표제를 해 봤는데 효율이 별로더라고요. 공동 대표가 좋은 것 같아요. 일단 대표라는 자리에 있으면 조직이 상하 관계가 되어서요. 회사처럼 돈을 받는 시스템이 아니니까 불만이 생기는 거죠. 말하는 사람은 그런 의도가 없는데 직책이 있다 보면 '나는 돈도 안 받는데 왜 이래라저래라 하는 거지? 시키는 거 같지?'라는 생각이 들기 쉬워요. 그래서 전디협 3기 들어가기 전에 공동대표로 바꿨어요.


**페이머즈 활동하면서 가장 신나는 때는 언제인가요? 또 활동하면서 힘든 부분이 있다면요?**

**안나**　저는 같이 놀 때가 제일 즐거워요. 저에게 공감해 주는 사람들로만 가득 차 있다는 느낌을 페이머즈에 들어오고 나서 처음 느꼈어요. 그러고 나니까 일반 친구들이랑 만날 땐 너무 불편하고 이쪽 사람들 만나면 편해요. 시위하거나 활동할 땐 '이 많은 사람들이 다 페미니스트야!'라는 생각이 들면서 임파워링이 되죠. 그리고 지금은 사라졌지만 저희 신청서에 '당신에게 전디협이란 무엇입니까'라는 질문이 있었어요. 거기에 되게 좋은 말을 써 주신 분들이 많아요. 개인적인 술자리에서 '힘들었는데 전디협 활동을 보면서 위로를 받는다. 나에게 영웅 같다'는 이야기를 들을 때도 있었고요. 그럴 때 좋아요. 내가 이 세상을 바꾸는 건 느리잖아요. 답답하고 무기력하다가도 이런 개개인들이 페이머즈를 만나고 페이머즈를 통해 페미니스트 게이머들을 만나고 페미니즘을 배우고 삶이 조금씩 바뀌어 가고 있다는 이야기를 들으면 뭔가 해야 한다는 책임감도 생겨요.

하지만 활동을 하다가 피해자들을 만났을 때 내가 해 줄 수 있는 게 없거나 한정되어 있으면 무력한 거 같아요. 이번 티셔츠 게이트도 그렇고요. 다 도와드리고 싶은데 한계가 있잖아요. 법의 한계도 있고, 능력의 한계도 있고. 여기에 좀 더 집중하고 싶은데 다른 것 때문에 이걸 하지 못하면 좀 슬퍼요.

**영운** 제가 친구한테 게계여고 계정 운영자라고 밝힌 적이 있어요. 그때 친구가 놀라면서 네가 그 계정 운영자냐, 너무 잘 보고 있고 너무 잘 써먹고 있다고 하더라고요. 그 친구는 페미니스트까지는 아닌데 계정을 보고 게임 내 여성 혐오가 심각하다는 걸 알게 되었대요. 자기는 그런 걸 별로 안 겪어 봤고, '설마 그렇게까지 하겠어'라고 생각했는데 심하다는 걸 알게 해 줘서 고맙다고 했어요. 엄청 뿌듯했던 경험이었어요.

그런데 뿌듯함과 임파워링의 반대편에 책임감이 있더라고요. 막

중한 책임감이요. 지금 활동하는 게임계 내 페미니스트 단체가 거의 없잖아요. 우리가 흩어지면 안 되겠다, 이 사람들을 위해서 여기 계속 있어야겠다, 계속 해야겠다는 생각이 들어요. 그리고 돈이 있어야 법이 바뀔 때까지 우리가 농성할 수 있는데 돈이 없어서 구심점이 약해지고 흩어지는 거 같기도 해요. 여자들이 아무리 여성운동에 돈을 쓴다고 해도 임금격차가 심하기 때문에 먹고살려면 둘 중에 하나를 택하는 수밖에 없어요. 둘 다 못하는 상황에 좌절감을 느껴요.

### 지속 가능한 페미질을 위해 소진되지 않으려는 노력은 어떻게 하고 있나요?

**안나** 저희 단체에서는 6개월간 업무 분담을 체계화했어요. 효율적으로 하기 위해서 팀도 열심히 나누고 텔레그램 채팅방이랑 회의 시스템도 만들고, 서로를 존중하기 위한 준비를 많이 했어요. 지금은 정비가 좀 되었는데 개인적으로는 계속하려면 주변에 사람들이 좀 있어야 할 것 같다고 생각해요. 가끔 두려움을 느끼거든요. 저는 이걸 계속 하고 싶은데 주변 친구들이 지쳐서 떠나면 어떡하나 싶어서요.

**영운** 맞는 시스템을 찾아 가는 과정을 버티고 서로 조율해 나가는 게 필요했던 것 같아요. 사람 사는 게 다 그렇겠지만 활동가들은 특히나 상대방이 나를 더 잘 이해해 줄 거라는 그런 믿음이 있어요. 그런데 누군가한테 너무 기대면 안 된다는 걸 깨달았어요. 결국 사람과 사람 간의 관계기 때문에 이야기를 많이 해야 하는 거 같아요.

물론 힘들 수도 있겠는데 이야기를 해야 해결되는 것들이 있으니까. 그래서 저는 중간중간에 쉬었어요. 그때는 일을 많이 하기도 했었고요. 페이머즈로 넘어오면서부터는 좀 더 능숙해지기도 했지만 일을 하는 시간을 줄이고 강도를 좀 약하게 하자고 합의를 봐서 잘 해결된 것 같아요. 저희 내부의 일이 그렇게 힘들지는 않지만 예상할 수 없었던 외부의 일 때문에 바빠서요. 조그만 나라 같아요. 지내다 보니까 이 나라 안에서 서로에게 의지를 하고 솔직하면 외적이 쳐들어왔을 때 똘똘 뭉쳐서 방어를 잘 하는데 그렇지 않으면, 조금이라도 균열이 있으면 와장창 깨지더라고요. 아래에 사람들이 없고 우리 각자가 다 장관이어서 누군가가 제 역할을 안 하면 너무 힘들어져요. 서로를 믿는 게 중요해요. 서로에게 부담 주지 않는 것도 중요하고요.

**안나**　저희는 '회고'와 '항해일지'를 매일 써요. 항해일지가 뭐냐면요, 예를 들어 '오늘은 영운 님이 일을 하기로 했는데 나에게 넘겨서 너무 힘들었다' '오늘은 영운 님이 뭘 약속했는데 뭘 안했다' 또는 '영운 님이 매일 뭘 했으면 좋겠다. 사심을 좀 빼고 일시를 좀 맞춰 줬으면 좋겠다', 이런 식으로 쓰는 거예요. 개인적으로 술 먹고 '그런 식으로 하지 말라'고 하면 감정이 상해 버리니까요. 항해일지 쓰고 나니까 "왜 일 안 하세요?"라고 할 필요가 없어서 서로 말하는 데 부담이 없어지더라고요. 감정도 덜 상해요.

**영운**　속에 감정만 남는 거보다는 이때 왜 서운했는지 기록을 해 놓고 이걸 시정하는 게 앞으로도 좋잖아요. 이 사람이 자주 기한을 어긴다면 어기지 않을 정도로 일을 할당하는 거예요. 이렇게 좀 건설적인 방향으로 나아가는 게 낫죠. 서로 탓하기만 하면 해결이 안 되잖아요.

**안나**    그리고 회고는 한 주의 총평 일기 같은 거예요. 회의 끝나고 이번 주에 있었던 일을 쓰는 거죠. '이번 주는 다른 일이 많아서 일을 못 해 죄송합니다' '이건 조금 감정적이었습니다', 그렇게요.

**기존 단체들이나 동세대 페미니스트들과의 연대 활동은 좀 어떤가요? 그녀들에게 전해 주고 싶은 이야기가 있으세요?**

**영운**    굵직굵직한 기존 단체들은 현재 미투 운동에 주력을 하고 있기 때문에 게임계 내에 있는 애매한 사건들을 다루기에는 여력이 없는 상황이라고 하더라고요. 그리고 사실 게임이나 게임계의 분위기가 어떤지를 잘 모르시는 경우가 있어요. 서로 교류를 해서 간극을 좁히고 서로 얻을 수 있는 것들을 교환하는 게 도움이 될 거 같아요. 저희는 출범한 지 얼마 되지 않은 단체라서 기존 여성단체들 중 엄청 큰 곳 말고 작은, 롤 모델이 될 만한 단체들과 만나서 직접 대화하고 싶은 생각이 있어요. 그분들은 어떨지 모르겠지만요. 지금은 애기가 막 일어나서 걸으려다 아무거나 잡고 우당탕하는 그런 상황인데 도와주시면 보행기 정도는 탈 수 있지 않을까요? 하하하하하.

**안나**    도움이 필요하다고 느낄 때가 많아요. 왜냐면 저희는 알바하고 일하고 공부하고 그러다 갑자기 활동가가 된 사람들이어서 모르는 게 많아요. 한사성(한국사이버성폭력대응센터)에는 상근 활동가가 많으시고 기존 페미니스트들과 만나고 계셔서 저희가 한사성의 도움을 많이 받고 있거든요. 그래서 저희가 뭘 하려고 하는데 뭘 어떻게 해야 하는 건지, 기자회견을 열려면 어떻게 해야 할지 모를 때 한사성뿐만 아니라 누군가 이런 걸 알려 주거나 도움을 줄 수 있도록 연대가 강해졌으면 좋겠다고 생각할 때가 많아요. 저희는 더 배우고 같이 하고 싶은 게 너무 많아서, 연결점들이 있으면 좋겠어요.

이번 주부터 '페밋골'이라고 '페미골짜기'라는 게 출범할 예정이에요. 뒤집어서 '꼴페미'요. 하하. 영영페미니스트들이 속한 고등학교 소모임, 대학 소모임 같은 소규모 단체들 있잖아요. 이런 단체들끼리 부담 없이 서로 연락하고 그러면 좋겠다 싶어서 한사성이랑 같이 준비하고 있어요. 80~90개 단체 간에 네트워크가 형성되도록 해 보려고요.

서로 계속하고 있다는 것을 알았으면 좋겠어요. 되게 외롭다고 생각할 때가 많기 때문에 서로 연대하고 있다는 느낌이 중요하다는 걸 활동을 하면서 많이 느꼈어요. 저기서도 항상 나름대로 일을 하고 있고, 나와 같은 사람들이 비슷한 고민들을 하고 있다는 걸 서로 깨닫고 연결되었으면 좋겠어요.


**앞으로의 활동 계획은 무엇인가요?**

**안나**　최종 목표는 페미니스트 게이머들의 커뮤니티를 만드는 거예요. 남자 게이머 커뮤니티는 많은데, 여자 게이머들이 거기 있기는 힘들어요. 페미들 혹은 여성들이 안심하고 게임하고 게임 이야기할 수 있고 파티원을 모집할 수 있는 커뮤니티를 만들고 싶어요. 저희 회원들끼리 그런 걸 해 봤는데 너무 좋았거든요. 그래서 더 많은 여성들이 '아, 이렇게 하면 되게 즐겁구나' 하고 알게 하고 싶어요. 혐오 표현을 듣지 않고, 그런 표현을 들을까 봐 신경 쓰지 않으면서도 게임할 수 있는 환경을 좀 더 넓게 제공하는 게 저희 목표예요. 그래서 게임업계의 여자들, 페미니스트들의 목소리가 조금 더 커졌으면 좋겠어요.

**영운**　우리도 좀 살아남고요. 그리고 이 책이 나중에 계속 나왔으면 좋겠어요. 많이 내서 돈도 많이 벌고 리디자인해서 총서도 내고. 이 책은 영영페미 단체들의 연혁, 살아남는 방법이라고 생각해요. 다음 책에도 참여하게 된다면 영페미들과의 맥락 속에 있으면 좋겠어요. 저희를 영영페미 단체들이라고 명명을 하지만 지금은 서로 약간 떨어져 있잖아요. 예전부터 있었던 이 줄기에 저희가 뚝 떨어져 있는 게 아니었으면 좋겠어요. 요새 저희를 '신인류'로 보는 것 같아요. 기존 페미니스트들이 생각하는 영영페미 단체들에 대한 생각을 한 꼭지 정도 쓰는 것도 좋은 거 같아요.

**안나**　이번에 바꾼 로고가 참 좋아요. '미래의 여성을 위해서 지금의 페미니스트가 싸운다'. 과거의 페미들이 존재했기 때문에 변화가 있었고 그래서 저희가 뭔가 할 수 있는 거기 때문에 지금 열심히 싸워서 "그때 그 사람들 뭐했어?" 하는 원망 말고, "그땐 정말 그랬어? 지금은 안 그런데."라고 말할 수 있는 미래가 왔으면 좋겠어요. 그래서 저희는 항상 캐주얼하고 미래지향적인 그룹으로 남고 싶어요. 저희는 디바를 만들 수 있는 사람이면서 디바예요.

· · ·

영운은 온라인 공간에서의 여성 혐오가 장난이나 놀이 문화라고 믿었고, 게임 내에서 살아남기 위해 '명예 남성'의 위치를 자처할 수밖에 없었다. 그러나 메르스갤러리를 통해 그것이 '장난'이 아니고, '진짜'였다는 것을 자각하는 순간, 게임 속의 영운과 현실의 영운은 '페미니즘'을 통해 조우했다. '오빠들이 좋아하는 말투'로 '진짜' 페미니즘을 이야기했지만, 그것의 무의미함을 자각한 안나는 내가 느끼는 두려움은 '여성이기 때문'임을 깨달음과 동시에 스스로에 대한 공격을 멈추고 '올바르게 항의할 대상'을 찾았다.

그녀들의 활동은 남성화된 게이머가 아닌 여성이자 게이머로서의 자신이 분열되지 않기 위한 당연한 몸부림이었을 것이다. 여성 혐오가 가득한 그곳에서 나와 같은 존재들이 부정당하는 '낯익음'을 '낯설게' 받아들인 순간, 영운과 안나는 깃발을 들었다. 게임 안에서 그리고 페이머즈 활동 안에서 이들이 끊임없이 벌이는 시도들은, 함께 살아남고 함께 생존하기 위한 성장기이기도 하다. 이 책이 계속 나와서 다르게 변한 모습들도 기록되었으면 좋겠다는 영운의 말 속에서, 이전 세대의 페미니스트들이, 또 그 이전의 이전 페미니스트들의 얼굴들이 떠올랐다. 우리의 변화는 당연하고, 우리는 맥락 안에서 존재한다는 것을 함께 기억했으면 좋겠다. 미래의 페이머즈(Female-gamerz)를 위해 지금의 페이머즈(Feminist-gamerz)가 싸운다!

**페이머즈를 만날 수 있는 곳**

페이머즈 공식 커뮤니티 http://cafe.daum.net/famerz
홈페이지 http://fordva.com
텀블러 famerz.tumblr.com
트위터 @famerz_
게임계 내 여성 혐오 고발 트위터 계정(계계여고) @famerz_GGYG

**활동 약력**

2016년 11월 21일 전국디바협회 발족
박근혜 퇴진 촛불집회, 페미존 참석
세계공동여성행진 참가
〈페미답게 쭉쭉간다〉 부스 참가
텀블벅 프로젝트 〈헬페미게이머를 위한 전국디바협회의 굿즈 제작〉 성공
페미니즘 페스티벌 〈페밋〉 부스, 핀치라운드 토크, 〈컴퓨터를 부수는 101가지 이유〉 게임
시연, 한국여성민우회 미디어운동본부 특강 〈미디어 씨, 여성 혐오 없이는 뭘 못해요?: 게임 편〉 진행
〈펙타FeGTA: 페미 게이머와 게임 개발자들과의 만남〉 개최
2018년 2월 1일 단체 이름을 페이머즈로 변경
게임계 내 여성 혐오 고발 계정 운영 시작
〈페이머즈 오프 게임 파티〉
한국양성평등교육진흥원 양성평등교육 전문강사 보수과정 〈온라인 게임의 젠더 이슈〉
강연 진행
서울시 성평등 주간 기념행사 〈"청소년 #미투 우리에게도 목소리가 있다": 게임은 남자만
의 놀이 문화가 아니다〉 강연 및 워크숍 진행

# 이 성전을
# 허물라,
## 우리가 다시
# 일으키리라

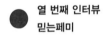 **열 번째 인터뷰**
**믿는페미**

**새말**    믿는페미에서 책 모임을 담당하고 있고 기독교 여성단체에서
일하고 있습니다.

**폴짝**    저는 믿는페미 웹진을 맡고 있어요.

**희년**    믿는페미 팟캐스트 PD입니다. 풀 네임은 도라희년이에요. 이
판에서 살아남으려면 제정신으로 못 살겠구나 싶어서요. (웃음)

아직까지도 교회에서는 여자가 기저귀 차고
설교할 수 없으니 안수를 줄 수 없다는 발언을 해요.
남자 선교사는 사역을 하고 세례를 주는데
여자 선교사는 밥을 하는 역할에만 머물러 있어요.
나는 기독교인인데 페미니스트일 수밖에 없다는 걸
거기에서 느꼈어요.

교회 성폭력 근절과 피해자 회복을 위한 예배
ⓒ믿는페미

'기독교랑 페미니즘이 어떻게 양립할 수 있어,
설명해 봐' 하는 사람들이 알았으면 좋겠어요.
우리의 존재 자체가 양립 가능함을 보여 주는
몸의 언어입니다.
저희는 종교의 가부장성에 균열을 내면서
새로운 하나님 나라를 보여 주는 또 하나의 방법을
제시하는 사람입니다.

초등학교에 다닐 때, 교회에 가면 선물을 준다는 말에 일요일 아침 〈디즈니 만화동산〉을 포기하고 열심히 교회에 나갔다. 몇 번의 선물을 받고 성경을 배우고 성가대도 해 보다가 재미가 없어져서 그만두었다. 이후로는 교회에 드나든 적이 없다. 정치인들과 결탁해서 부정부패를 일삼는 교회의 권력자들과 성소수자들에게 혐오 발언을 일삼는 교인들을 보며 '저들은 답이 없다'고만 생각했고 교회에서 일어나는 일들에 관심을 가지진 않았다. 그러다 교회를 바꾸기 위해 곳곳에서 싸워 나가고 있는 페미니스트들을 만나게 되었고, 그때부터 교회 안에서 일어나는 일들에 부쩍 호기심이 생겼다. 상상 밖의 기상천외한 일들이 일어나서이기도 하지만, 그동안 이 이야기들이 밖으로 새어 나오지 못하도록 막고 있었던 교회의 구조가 궁금해졌기 때문이다.

교회에서 활동하고 있는 페미니스트들은 폐쇄적인 문화를 뚫고 교회에 여성 목사 안수를 허할 것을 요구하고 교회 내 성폭력 문제를 해결하기 위해 머리를 맞대고 있다. 믿는페미도 그런 이들 중 하나다.

믿는페미는 "이 성전을 허물라, 우리가 다시 일으키리라"* 라는 성경 말씀에 따라 가부장적이고 남성 중심적인 교회 문화를 바꿔 나가기 위해 기꺼이 지금의 성전을 허물고 다시 교회를 일으키고자 한다. 믿는페미를 만나 여자는 왜 목사가 될 수 없는지, '참자매'는 무엇이며 '교회 오빠'와는 어떻게 다른지, 페미니스트 기독교인 혹은 기독교인 페

---

* 요한복음 2장 19절. 믿는페미가 공동주최한 강남역 여성 살해 사건 2주기 추모 예배의 제목이기도 하다.

미니스트로 산다는 건 어떤 건지 물었다. 이들의 삶에서 페미니즘과 기독교가 어떻게 만나고 있는지를 들어 보자.

• • •

# 여자는 왜 목사가
# 될 수 없는가

**이렇게 뵙게 되어 반갑습니다. 먼저 간단한 자기소개 부탁드려요.**

**새말** 새말입니다. 세상이 말세인 것 같아서 지은 이름이에요. (웃음). '새로운 말'이란 뜻도 되고 좋더라고요.

**폴짝** 안녕하세요, 폴짝입니다. 예전에 하던 일을 그만두고 새로운 삶이 가능할지 고민할 때 한참 우울했는데요, 버스에서 폴짝 하고 뛰어내린 그 순간이 너무 경쾌하고 즐거워서 '뭐라도 시작할 수 있겠다'는 마음을 얻었던 적이 있어요. 그 마음을 기억하고자 폴짝이라는 이름을 쓰고 있습니다.

**희년** 희년이라고 합니다. 기독교에서 '희년'이란 50년마다 돌아오는 자유와 해방을 선포하는 해예요. 이때는 고통받고 억압당한 생명들이 그 착취에서 풀려나요. 교회에서는 이러한 희년의 정신을 기억해요. 마찬가지로 '기독교인 여성에게도 빨리 희년이 왔으면 좋겠다! 평화가 도래했으면 좋겠다!'는 의미를 담았습니다.

**교회에서 일어나는 여성에 대한 성차별이 매우 심각하다는 이야기를 들었어요. 직책이 높을수록 남성 신도의 비율이 압도적으로 높다는 통계자료도 봤고요.**

**폴짝** 아직까지도 교회에서는 여자가 기저귀(생리대) 차고 설교할 수 없으니 안수를 줄 수 없다는 발언을 해요. 여자의 목소리가 설교하기에 적합하지 않아서 안수를 줄 수 없다는 식의 얘기도 하고요.

**희년** 교회에 직분이 있어요. 집사, 권사, 장로. 사실 이게 위계가 있는 건 아니지만 어쨌든 장로급이 되면 영향력이 커요. 이명박 대통령도 장로였잖아요? (웃음) 집사나 권사 비율만 해도 여성 비율이 확연히 높은데 장로 중에는 여성이 거의 없어요. 주방에 가면 항상 여자들이 있고요. 어떤 교단의 경우, 여성은 아예 목사가 될 수 없어요. 요즘 신학대학교 입학생 남녀 성비가 1:1에 가까운데 목사는 거의 남성이 해요. 여성은 사모가 되고요. 최근에 목사님들끼리 지방 모임이 있었어요. 제가 목사님들을 맞이하는데 저희 교회 사모님이 와서 이따가 여자 목사님이 한 분 오실 텐데 목사님처럼 안 생겼으니까 염두해 두라고 하시는 거예요. 그 말을 안 들었으면 저도 여자 목사님을 그냥 지나쳤을 수도 있어요. 목사님들이 사모님하고 동행하는 자리니까 사모님인 줄 알았을 수도 있겠죠. 슬펐어요. 남자가 지나가면 당연히 목사라고 생각하는데 여자 목사님은 누군가 여자 목사님이 온다고 해야 제가 인지를 하고 차를 대접하고 하니까요.

**폴짝**    저희가 '짓는예배'* 때 두 번 다 여성 목사님을 세운 이유가 있어요. 사회적으로도 그렇고 교회 내에서도 여성 목사의 설교를 들어 보지 못한 사람이 너무 많고 상상을 못하니까요. 여성도 목사가 될 수 있고 설교할 수 있다는 걸 보여 주려고 짓는예배 때마다 여성 목사님들을 섭외해서 말씀을 부탁드려요.

**희년**    교회에는 이분법적 사고가 있어요. 세상의 것과 거룩한 것, 교회 세상과 세상의 세상. 세상의 것, 세상 사람들, 이런 말을 되게 많이 해요. 그래서 교회 밖에서는 이미 성교육이나 성평등에 대한 이야기들이 논의되고 있는데 교회에서는 미비해요. 제가 교회에 남아 있는 이유는 이러한 이분법적 사고에 균열을 내고 싶기 때문이에요. 20년 이상 교회를 다녀서 익숙한 것도 있어요. 신학대학교와 신학대학원 과정까지 총 6년을 다녔는데 교회 안에서 먹고살지 않으면 내가 뭘 할 수 있나 싶기도 하고요. 제가 지금 다니고 있는 교회가 제 신념과 맞지 않는 혐오 발언을 하면 문제 제기를 하고 뭐라고 해야 되는데 저 혼자 하는 것 같은 느낌 속에서 계속 할 수 있을까 싶기도 해요. 여기서 밉보이면 목사 안수를 못 받고, 그러면 여자 목사 하나 더 줄어드는 건데, 이런 생각도 들고요. 살기 위해서 가면을 쓸 수밖에

---

\*    믿는페미가 기획한 여성주의 예배다. '여성주의 예배'란 여성주의를 지지하는 이들이 모여 성차별적 억압과 혐오로부터 보다 안전한 예배를 지향하고 그 의미와 실천을 담아 예배를 구상하는 것이다. 이러한 접근을 통해 믿는페미는 예배에서조차 소외된 이들을 배려하는 공간을 마련하고자 했다. 첫 번째 짓는예배는 2017년 5월 11일 〈살아남아, 다시 붙인다〉라는 제목으로 했던 강남역 여성 살해 사건 희생자 1주기 추모 예배다.

강남역 여성 혐오 범죄 희생자
1주기 추모 예배
ⓒ믿는페미

없어요. 주일에는 사역자로서, 평일에는 믿는페미로서 사는 거죠. 아예 구별을 해 버려요.

**세 분은 모두 교회를 오랫동안 다니신 것 같은데, 페미니즘 운동을 하기까지 교회 안에서 정말 많은 일들을 겪으셨을 듯해요.**

**희년** 휴지 없어? (일동 웃음)

**폴짝** 저는 고등학교 3학년 때 수시에 다 떨어지고 울면서 집에 가다가, 울면서 집에 들어갈 수 없다는 생각에 그냥 동네에서 왔다 갔다 하던 교회에 가서 울고 집에 갔어요. 그게 계기가 되어서 그때부터 교회를 가기 시작했는데 처음 갔을 때 교회 언니들이 너무 친절한 거예요. 먼저 연락해 주고 선물도 막 주고. 여기 있을 만한 곳이구나 하고 생각했죠. 사실 그땐 기독교 문화에 대해서 아는 게 전혀 없었던 상태라 참 좋았어요, 그런 문화가. 지금 돌이켜 보면 그 언니들이 보여 준 모습이 진짜 자기 모습일 수도 있지만 그 이면에는 강요가 있었을 수도 있겠다는 생각이 들긴 해요. 여성들이 교회에서 맡는 역할이 한정적이니까요. 환영해 주고 양육해 주고 축복해 주고 토닥여 주고. 처음에 들어갔을 때는 반가웠지만 가면 갈수록 저는 그런 사람이 아니기 때문에 좀 부딪쳤던 것 같아요.

이후에 대학교에서 선교단체 생활을 오래 했거든요. 그런데 거기도 여전히 여성에게 기대하는 게 있더라고요. '참자매'라고, 여자는 어때야 하고 여자의 이미지는 어때야 하고 언행은 어때야 한다는 게 있어요. 참자매라는 말이 실제로 교회에서 많이 쓰여요. 진지하게. 참한 자매라는 뜻인데 여리여리하고 머리가 단정하고 순결하고 화장도 좀 하는, 또 되게 다정하게 얘기하는 그런 이미지죠. 저는 거기에 안 맞았어요. 하고 싶은 말 해야 되고 힘도 세고 이러니까. 그런 거슬림이 계속해서 있었죠. 난 자매가 아닌가?

**희년**  참자매는 결혼하면 '좋은 배우자상'이 되어야 해요. 그래서 '사모감'이라고도 불리는데 목사의 사모가 될 만한 사람이라고 판단하는 거죠. 자기들이 뭔데 판단하는지는 모르겠지만.

**폴짝**  그런 걸로 저도 항상 판단을 당했어요. 저는 탈락이에요. 키가 크거든요. (웃음)

**희년**  보통 여자한테 섹시하면서도 청순해야 한다고 요구하잖아요. 교회 안에서도 비슷해요. 신앙심 깊어야 되고 밥 잘해야 되고 남편 보조해야 되고. 또 애를 잘 낳아야 돼요.


**참자매 되기 어렵네요.**

**폴짝**  참자매가 아닌 사람들을 조금 불쌍히 여기는 것 같기도 해요. 참자매가 아닌 여자는 연애도 못 할 거고 결혼도 못 할 거다, 이렇게 봐요. 그런데 '참형제'라는 말은 없어요.

**새말**  그나마 '교회 오빠'? 그런데 그건 너무 긍정적인 의미죠. 착하고 잘생긴 오빠잖아요. 사실 교회 오빠는 잘생긴 외모 아니어도 신앙만 좋으면 좋은 교회 오빠가 될 수 있거든요.

**희년**  참자매뿐 아니라 '자매사역'이라는 단어가 있어요. '자매사역 하러 가자'. 이 말은 참자매를 고르러 가자, 사모감을 찾으러 가자, 이런 말이에요. 자기들끼리 농담하는 건데 자기들과 연애할 대상을 찾는 거죠. 남자 신학생들은 예비 목회자잖아요. 무의식적으로 나의 목회를 잘 보조해 줄 여자를 생각하면서 찾는 거예요. 신학대 안에서도 다양한 과가 있는데 예전에는 신학과 여학생들을 안 좋아했대요. 배웠으니까 똑똑할 거고 자기한테 순종 안 할까 봐 그랬던 거예요. 사모감으로는 기독교교육과 여학생들을 선호하는 분위기가 있었대요. 뭔가 사근사근할 것 같은 이미지 때문에요. 교육과 양육이 연결된다고 생각했던 거 같아요. 요즘은 그렇지 않은데 제가 1학년 때만 하더라도 남자애들이 막 사모감 찾는다 하고 '쟤는 사모감이다' 이런 말을 하고 그런 의미에서 인기 많은 여학생이 있고 그랬어요.

**폴짝** 교회에 참한 자매가 있으면 다른 목회자가 자기 후배들과 엮어 주려고 해요. 누구 괜찮은 사역자 있는데 소개팅해 보지 않겠냐는 식으로요. 저는 결혼 안 하고 선교를 갈 생각이었거든요. 그런데 결혼하지 않고 가기가 너무 힘들더라고요. 가면 차별이 너무 많고요. 제 원래 꿈이 선교사였어서 해외 선교를 간 적이 있었어요. 1년 동안 거기서 생활하면서 현지인들, 특히 소수민족 여성의 삶에 너무 충격을 받았는데, 더 놀라웠던 건 선교사 여성 중에 싱글이 거의 없다는 거였어요. 싱글이면 선교도 가기가 어려워요. 훈련을 받고 준비를 다 마쳐도 나중에 온 부부 선교사나 싱글 남자 선교사한테 밀려서 나가기가 어렵대요. 결혼 안 한 여자분들은 완전 힘든 과정을 밟고 가신 거예요. 또 막상 가면 남자 선교사는 앞에 나가서 사역을 하고 세례를 주고 이런 일을 하는데 여자 선교사는 뒤에서 그곳의 언어를 배우고 밥을 하고 아이를 기르는 역할에만 머물러 있어요. 나는 기독교인인데 페미니스트일 수밖에 없다는 걸 거기에서 느꼈어요.

**새말**　저는 모태 신앙이에요. 시골에 있는 작은 교회에서 자랐어요. 아버지가 목사고 할아버지도 목사셨어요. 아버지가 그렇게 보수적인 사람은 아닌데 페미니즘 이슈로는 많이 부딪치게 되더라고요. 특히 성소수자를 배척하는 게 슬펐고, 그래서 성소수자 관련 이슈에 먼저 관심을 갖게 되었어요. 그러다가 메갈리아를 만나게 되었죠. 메갈리아 물결을 타고 페미니즘 책 읽고 하면서 '내가 페미니스트겠구나' 하고 생각하게 되었어요.

　그런데 신앙을 갖고 있으면 종교와 삶이 밀접해져요. 더욱이 제 세계관엔 신앙으로 이루어진 부분이 많아요. 그러다 보니까 자연스럽게 페미니즘이 제 신앙 안에 들어와야 한다고 생각했어요. 사회를 페미니즘의 관점으로 봤을 때 보이는 게 더 많듯이 신앙, 종교, 개신교도 페미니즘을 통해 바라봤을 때 걸리는 게 많아요. 예전에는 괜찮았던 게 지금은 안 괜찮고 예전에 친했던 사람들이 지금은 안 친하고 그런 게 있죠.

**희년**　저는 원래 목포에 있었다가 고등학교 1학년 때 서울로 올라왔는데, 그때 집에 일이 있어서 아빠랑 저만 서울에 살고 나머지 가족들은 목포에 1년 정도 떨어져 살게 된 기간이 있었어요. 엄마의 부재가 크게 느껴지고 가족들이 떨어져 사는 게 슬퍼서 교회를 나갔던 게 신앙이 견고해진 계기였어요. 그리고 몸이 갑자기 너무 아팠어요.

그렇게 아픈데 병원에 가도 딱히 이유는 없더라고요. 기독교인이다 보니 그런 상황을 신앙적으로 해석했죠. 이게 무슨 뜻이 있나 싶어서 신학대를 갔어요.

계획이 전혀 없다가 갔지만 저는 FM적인 데가 있어서 하라는 대로 하거든요. 스물네 살까지 성경은 모두 다 진실이고 남자와 여자 사이에는 당연히 위계질서가 있고, 남자 친구가 목회를 한다면 나의 커리어를 버리고라도 사모를 하겠다는 생각이 있었어요. 그러다 스물여섯에 신학대학원에 들어갔어요. 위기상담이라는 과목을 수강했는데 숙제를 해야 돼서 안산에 있는 세월호 분향소에 갔어요. 사건 발생 후 2년 만에 간 거죠. 몇백 명의 영정 사진이 있는데 뭔가 모를 눌림을 느껴서 1시간 반을 둘러봤어요. 그때가 인생의 터닝 포인트였어요. 이렇게 많은 아이들이 죽어 나갈 동안 기독교는 뭘 했나, 왜 기독교는 항상 세월호를 상징하는 노란 리본에 정치적인 의미가 있다고만 가르치고 이 아이들의 죽음을 애도하지 못했는가. 그때부터 제 관심은 트라우마, 애도, 상실로 향했어요. 사회적 약자에 관심을 가지니까 당연히 여성 문제에도 관심이 갈 수밖에 없게 되었는데 결정적인 계기 중 하나가 사회문제에 관심이 많았던 교회 친구예요. 저를 어느 세미나에 데리고 갔는데 지금 제 스승님이 '여성은 어떻게 교회에서 배제되는가'라는 주제로 연 세미나였어요. 이 세미나 때 만났던 교수님 수업을 쭉 들으면서 급격하게 변화했죠.

# 믿는페미의 탄생,
# 그리고 백래시

## 세 분은 어쩌다 믿는페미의 일원이 되셨나요?

**폴짝** 저는 책 모임 공고를 딱 보고 바로 신청을 했어요. 그게 작년 (2017년) 3월이었고 4월부터 만나기 시작했죠. 웹진 글도 같이 쓰게 되었고요.

**새말** 저도 페이스북에서 책 모임 공고를 보고 신청해서 참여하게 되었어요.

**폴짝** 저희가 책 모임을 하면 책 얘기도 많이 하지만 항상 내가 얼마나 힘들었는지, 내가 얼마나 고통받았는지에 대해 많이 얘기해요. 아무래도 교회 내에 그런 일이 워낙 많고, 같이 얘기하고 공감해 줄 사람이 없어서요.

**희년** 저는 믿는페미를 처음 시작한 멤버인 달밤하고 오스칼이 같은 학교 선배님이라서 함께하게 되었어요. 달밤은 대학원 수업을 같이 들으면서 알고 지낸 분인데 저를 믿는페미 팟캐스트 패널로 섭외를 해 주셨어요. 처음부터 코어 멤버는 아니었고 팟캐스트 패널로 활동을 하다가 여러 상황들을 거치면서 팟캐스트 PD를 맡게 되었고 자연스럽게 믿는페미에서 활동하게 된 거죠. 믿는페미가 사실 더께 더께, 달밤, 오스칼 이렇게 셋이서 시작을 한 건데 현재 오스칼 님은 일부 활동만 같이 하시는 정도고 잠깐 쉬고 계세요. 그리고 더께는 개인 사정이 있어서 올해 탈퇴를 했어요. 대신에 팟캐스트 패널로 활동하기로 했죠. 공식적으로는 달밤이랑 저랑 새말이랑 폴짝이랑 이렇게 4명이 코어 멤버라고 보시면 될 것 같아요.

### 코어 멤버 외에 믿는페미에 함께하는 회원들은 전국에 얼마나 계신가요?

**새말**　저희가 정체성이 좀 애매해요. 작년 3~4월 정도부터 책 모임을 만들어서 10명 내외로 사람들을 모집한 적이 있어서 책 모임 멤버가 따로 있고, 팟캐스트는 팟캐스트대로 하는 멤버가 따로 있어요. 웹진은 책 모임 하는 사람들 중에서 글을 쓰고 싶어 하는 사람들 몇 명이 만든 거고요. 그렇게 따로따로 있어서 뭔가 회원이라고 말하기가 어렵네요.

**희년**　사실 회원을 받으려면 정관이나 규칙 같은 게 있어야 하는데 아직 없고, 지금 하나하나 계획은 하고 있어요. 생각보다 믿는페미에 많이들 관심을 가져 주셔서요.

**새말**　저희가 모집해서 만든 책 모임 말고도 자율 책 모임이 좀 더 생겼어요. SNS에서 본인이 직접 '나는 믿는페미인데 같이 모여서 책을 읽자'고 해서 만들어진 모임이 4개 정도 있어요.

**희년**　믿는페미의 공식 책 모임 이름은 〈노브라〉긴 한데, 이 모임이 중심이고 다른 모임은 부차적이라는 느낌을 주지 않기 위해서 그냥 각자 알아서 운영하는 식으로 하고 있어요. 진짜 자율이에요. 믿는페미가 밖에서 보면 좀 커 보이고 착착 활동하는 것 같은데 아직 공식적으로 활동하는 건 아니라서 느슨해요.

믿는페미 페이스북 페이지를 들어가 봤는데 정말 다양한 활동들을 하고 계시더라고요. 특히 웹진과 팟캐스트가 활발하게 제작되고 있는 듯한데요. 혹시 팟캐스트나 웹진을 만드시면서 기억에 남았던 에피소드 같은 게 있으신지 궁금해요.

**희년**　　한번은 수련회 특집이 있어서 성차별 경험을 얘기해 달라고 했는데 이런 이야기가 나왔어요. 국내 단기 선교를 가서 찬물로 샤워를 해야 되는데 샤워 시설이 남녀 따로 마련되어 있지 않으니까 천막 하나로 가리고 할 수밖에 없는 상황이었어요. 당연히 방음이 안 되죠. 그런데 사람들을 지도하는 리더가 여자들 샤워할 때 찬물 때문에 추워서 신음 소리 내면 남자들이 자극받으니까 소리를 내지 말라고 했대요. 그래서 자매들이 (주먹을 입에 물고) 이렇게 샤워를 했다는 거예요! 너무 웃긴데 마음이 너무 아프잖아요. 남자들은 으어, 으어 이렇게 하는데 여자들은 이를 악물면서 차가운 지하수로 샤워를 한 거예요.

　　그리고 '라면 먹고 갈래?' 이야기도 있었어요. 레크리에이션 강사로 활동한 남자 전도사가 20대 초반 여성들과 후반 여성들에게 선물을 다르게 줬다는 거예요. 20대 초반 여자애들한테는 문신이 그려진 팔 토시를 주고 20대 후반 여자한테는 냄비를 줬대요. 그러면서 무슨 말을 했냐면 팔 토시는 남자들이 위험하니까 스스로를 보호하라는 뜻에서 준 거고 20대 후반 여자들은 결혼해야 되니까 '라면 먹고 갈래?'라는 말로 남자를 꼬실 때 쓰라고 준 거예요. 그리고 선물을 주면서 한 명 한 명씩 "라면 먹고 갈래?" 하고 말하게 시켰대요. 여자를

스스로 해일이 된 여자들

이미 나이순으로 줄 세운 거예요. 20대 초반은 순결해야 하는 존재고 20대 후반 여자는 생명 끝났으니까 남자에게 적극적으로 구애를 해야 하고.

데이트 폭력에 대해 다룬 적도 있는데 사연 절반이 신학생에 의한 성폭력이었어요. 진보 운동을 하는 기독교 남자 신학생이 자기 여자를 성적으로 학대하는 사연이 제일 마음 아팠어요. 가해자가 교회에 가서는 얼마나 신실한 척을 하겠어요. 그 이중성 때문에 치를 떨었어요.

**폴짝**  엄청 이상한 것도 있었어요. 삽입을 안 하면 섹스한 게 아니라고 생각하는 내용이요.

**희년**  삽입을 안 하는 섹스가 뭐냐면 삽입 행위를 빼고 다 하는 거예요. 교회에서는 섹스를 여성의 질과 남성의 음경이 결합하는 행위라고 정의하기 때문에 이것만 안 하면 혼전 순결을 지킨 거라고 해요. 그래서 항문섹스, 오럴섹스, 심지어는 정신이 깨끗하면 성기 결합을 해도 혼전 순결을 지킨 거라는 등, 다양한 사례가 있었어요. 상상 초월이었어요.


**진짜 흥미로운 사례들이네요. (웃음) 그럼 지금 하고 계신 주요 활동이 팟캐스트, 웹진, 독서 모임인 거죠?**

**새말**  초대받으면 강연을 가기도 해요.

**폴짝**  웹진 글을 모아서 낼 준비도 하고 있어요. 그래서 저 요즘 편집자 교육도 받아요.

**엄청난 에너지로 달려가시네요. 그런데 보수적인 교회에서 페미니스트로서 활동을 하는 건 정말 힘든 일일 것 같아요. 공격도 많이 받을 것 같고요.**

**폴짝**    저는 지금은 교회를 안 나가고 있어서 예전에 다니던 교회 얘기를 할게요. 저는 항상 사회문제에 관심이 많았어요. 그런데 교회에 가니까 사람들이 이런 것에 너무 관심이 없고 관심을 가지면 좌파로 몰아세워서 그런 얘기를 숨기고 안 하고 그랬어요. 그런데 제가 이미 그 교회를 나왔음에도 불구하고 누가 교회를 안 나오게 되면 교회 내에서는 폴짝 때문에 얘가 교회를 나간 거다, 폴짝이 페미니즘 물을 들여 가지고 나가게 한 거다, 이런 얘기가 들리더라고요. 나간지 꽤 된 후에도요. 그 이후로 다닐 교회를 찾고 있는데 한 번 가서는 여성 혐오를 하는 교회인지 아닌지 알 수가 없잖아요. 쭉 가야 하는데 그 정도까지의 신뢰가 없어요. 한국 교회에 대한 신뢰를 많이 잃어버려서요. 단순히 여성 혐오뿐 아니라 동성애자 혐오, 난민 혐오, 가난 혐오가 많아서 저에겐 안전한 곳이 아니더라고요. 가면 불편하고 내 존재를 숨겨야 할 것 같고. 그러다 보니까 아예 안 가게 되었고 교회 가는 마음으로 믿는페미에 오고 있죠.

**새말**    사람 셋이 모인 곳에 주님이 계시다고, 성경 말씀에 그런 게 있어요. 믿는페미에도 주님이 계시겠죠. (웃음) 저는 지금 서울에 온 지 1~2년 되었는데 서울로 오면서 어느 교회를 가야 할지 몰라 방황하다가 올해부터 한곳에 정착해서 다니고 있어요. 지금 교회는 조금 건강하고 열린 곳이에요. 온실 속의 화초처럼 살고 있어요. 믿는페미도 온실이고요.

**희년**　저는 '페밍아웃(자신이 페미니스트임을 밝히는 행위)'에 대한 위협을 간접적으로 듣다가 제가 실제로 당하니까 죽을 수도 있겠구나 하고 느꼈어요. 제가 지금 다니고 있는 교회를 선택하게 된 이유가 뭐냐면 어떤 신념과 가치관을 떠나 사람 냄새가 났다는 거예요. 이전에 다녔던 교회에서 상처를 너무 많이 받았는데 그걸 보듬어 준 교회가 이 교회였어요. 제가 작년에 성폭력을 공부하고 시위에도 나간다는 걸 목사님이 아셨어요. 그러다 미투 운동이 벌어지면서 교회 안에서도 성폭력에 대한 교육이 절실해졌고, 제가 있는 부서 선생님들에 한해서 성폭력 예방 교육을 하려고 목사님한테 계획서를 올렸는데 너희 부서에서만 하지 말고 교회학교 교사를 대상으로 해 보자고 하시는 거예요. 제가 얼마나 신났겠어요. "예쓰!" 이러고 기회가 왔다면서 엄청 기뻐했죠.

강의 준비를 열심히 해서 한 3시간 동안 강의를 했어요. 그런데 질의응답 시간에 어떤 선생님이 제가 아마추어 같다고 공격을 하시더라고요. 오늘 강의는 버릴 게 많다면서. 사실 이 성폭력 교육은 그 선생님 때문에 열린 거라고 해도 과언이 아니었어요. 그 선생님이 교회에 있는 아이들을 터치하는 게 좀 위험한 경계선에 있었거든요. 그러고 나서 교회 운영위원회를 하는데 반동성애 집회 나가시는 다른 부서 여자 부장님이 저한테 페미니스트인 게 무슨 자랑이냐고 하면서 어떻게 '젠더'라는 단어를 교회에서 쓰냐고 하더라고요.

**새말**　젠더라고 하면 교회에서는 동성애자를 떠올려요.

**희년**  어떻게 여자가 여자답지 않을 수가 있냐면서 저를 교회 세력을 와해하려는 진보 좌파로 몰아가는 거예요. 40분 동안 저한테 실망스러웠고, 믿는페미 페이지 들어가 봤는데 가관도 아니더라면서 어떻게 저런 사람을 전도사로 모셨냐고 그래요. 자기도 페미니스트였는데 하나님 만나고 나서 이게 얼마나 잘못되었는지 알았기 때문에 돌이켰대요. 막 엄청 심한 말도 했는데 너무 충격적이어서 다 잊어버렸어요. 그 얘기를 듣고 저녁을 먹는데 먹은 거 다 토해 내고 펑펑 울고 난리도 아니었어요. 그러면서 제가 굉장히 많이 위축되었어요. 살면서 그렇게 욕먹어 본 적이 없거든요.

교회 안에서 성폭력 예방 교육을 하는 게 이렇게 어렵다는 걸 많이 느꼈어요. 저는 성폭력, 가정폭력 예방 교육 다 받았고 한국여성의전화에서 전화 상담도 하고 있어요. 목회 상담 인턴 과정까지 하는데 아마추어 같다고 하더라고요. 제가 피드백하는 자리에 있었는데도 손가락질을 하고, 욕을 욕을 대놓고 하고. 정말 마음 아팠고 이 교회에 계속 있어야 하나 이런 고민이 들었어요. 어떻게 내가 면전에 있는데 이런 얘기를 할 수 있지?

**새말**  이래서 성전을 허물고 다시 지어야 하는 거죠. 저는 전화 온 적도 있어요. 제가 페이스북에 퀴어문화축제 다녀온 사진을 올리니까 어떤 간사님이 너무 깜짝 놀라서 전화를 하신 거예요. '새말 자매 동성애 그런 거 페이스북에 올린다 해서 너무 깜짝 놀라서 전화를 했다. 혹시 어떻게 생각하느냐' 이러면서요.

# 교회 내 혐오와
# 페미니스트 기독교인의 가능성

### 교회에서 동성애를 그렇게까지 죄악시하면서 중요한
### 이슈로 다루는 이유는 뭘까요?

**새말** 성서에서 중요하게 언급하는 이슈가 아닌데 보수 기독교 쪽에서 굳이 특별한 이슈로 만들고 있어요. 현대 한국 교회가 자본주의에 물들어 있잖아요. 똘똘 뭉치려면 적을 하나 상정해야 하는데 그전에는 그게 빨갱이, 종북이었어요. 지금은 평화 분위기도 조성되고 그게 더 이상 먹히지 않으니까 동성애, 이슬람을 가지고 들어오는 거예요. 적을 상정해야 되니까. 일반 사회가 후졌으면 교회는 20~30년 정도 더 후퇴해 있다고 보시면 될 거 같아요.

**폴짝** 믿는페미가 이번에 퀴어문화축제에 참여를 했어요. 스티커도 만들었는데 그 스티커 때문에 욕도 많이 먹었어요. '노브라의 하나님' '예수 메갈' 이런 게 쓰여 있으니까 어떻게 하나님 앞에 노브라를 붙일 수 있냐고. 어떻게 예수님한테 메갈이라고 하냐고.

**새말** '노브라의 하나님'이란 말에 의미가 있어요. 책 모임에서 《신은 낙원에 머무르지 않는다》를 읽다가, 성경에서는 하나님을 남성 하나님, 아버지 하나님이라고 수식하는 경우가 많은데 그럼 여성의 하나님은 어떤 하나님으로 호칭할 수 있을까에 대한 얘기가 나왔어요. 책에는 지혜의 하나님이라 되어 있는데 저희가 잘 공감하지 못했어요. 여성이라고 모두 지혜로운 게 아니잖아요.

**폴짝**   돌보고 양육하고 이런 식으로만 비유해서 제가 '나의 하나님은 노브라의 하나님이다'라고 했더니 다들 공감해 주셔서 만들게 되었어요.

**희년**   그들의 하나님은 '와이어의 하나님'이라 얼마나 불편한데요. 마침 '불꽃페미액션'에서도 찌찌 해방하자고 해서 그 흐름을 탔죠. (일동 웃음)

**폴짝**   아무튼 저희 입장은 성소수자 이슈뿐 아니라 차별과 혐오에 저항하고 또 연대할 수 있으면 하는 입장이에요. 그런데 확실히 교회에서는 동성애나 낙태, 페미니즘에 대해서 무조건 반대, 일단은 반대해요.

**희년**   낙태에 대해서 얘기를 하자면, 기본적으로 낙태 이슈에 지엽적으로 접근해요. 생명 대 여성의 결정 구도로 봐요. 특히 '피에는 생명이 있다'는 성경 구절을 가져와서 많이 쓰는데 너무 웃겨요. 피를 가진 아이는 생명이기 때문에 낙태를 하면 하나님께 죄라고 하는데 그러면 어제 일하다가 코피가 났으면 피에는 생명이 있으니까 코피를 다 모아 놔야 하나요? 그럴 수 없잖아요.

**새말**   낙태 얘기를 하면 결국 여성이 혼전에 섹스를 한 것부터 잘못이다, 순결을 지키지 않은 게 잘못이다, 이렇게 되어 버려요. 피임이나 관계 맺는 법에 대해서는 얘기를 안 하고요.

**희년**   성경을 다양하게 해석할 수 있는 자유가 있어야 해요. 사실 성경에서 낙태를 반대하는 구절은 많지 않거든요. 비약하는 거죠. 예를 들어서 하나님께서 "생육하고 번성하라"고 말했는데 동성애랑 낙태는 거기에 위배되는 거라고 말하는 식이에요. 정자은행의 정자를 이용하거나 대리모를 통해서 성경 구절을 지키려면 지킬 수도 있겠죠. 그런데 또 교회에서 원하는 건 이성애 관계에서의 섹스를 통해 여자 자궁에서 자라는 아이예요.

**새말** 생육하고 번성하라는 말 때문에 성관계할 때 피임하면 안된다고 생각하는 사람들이 꽤 있어요.

**폴짝** 저도 들은 이야기가 있어요. 결혼준비학교에 갔는데 거기 나온 목사인지 선교사인지가 피임을 하지 않는 게 성경의 가르침을 따르는 거라고 자랑스럽게 얘기했다고 하더라고요. 그걸 듣고 동의하는 젊은 예비부부들도 많다고 해요.

**희년** 교회에서는 임신과 출산에 대해 너무 쉽게 말해요. 여자는 임신을 하고 10개월이 되면 아이를 낳아요, 이런 식으로요. 이슬람이 성장하는 건 걔들이 피임을 안 하고 애들을 계속 낳기 때문이라고도 얘기해요. 그래서 전도를 못 하면 애라도 낳으라는 말을 많이 해요. 저는 낙태하는 사람들 중에 기독교인이 더 고립되어 있다고 생각해요. 이 사람은 신체적으로 힘든 거나 정신적으로 힘든 거에 더해서, 신의 이름으로 몽둥이를 한 번 더 맞으니까요. 사회의 법을 어길 뿐 아니라 신의 법을 어겼다는 생각 때문에 죄책감이 2~3배로 들죠.

**성경을 이런 식으로 해석하는 사람들 때문에 믿는페미를 두고 어떻게 페미니즘과 기독교가 같이 갈 수 있냐고 비판하는 사람들도 있는 것 같아요. 이에 대해서는 어떻게**

**생각하시는지 궁금합니다.**

**폴짝**　저는 처음에 기독교랑 페미니즘 중에 하나를 선택해야 되지 않나 생각했었어요. 왜냐면 너무 부딪쳐서요. 저 스스로도 교회 가면 경건해지고 말씀 좋고 하지만 너무 혐오적이라서 제가 그걸 받아들일 수 없는 상황이에요. 저도 기독교와 페미니즘이 양립할 수 있는 가능성을 발견해 나가고 싶어서 노력하는 중이긴 한데 많은 페미니스트 기독교인들이 선택의 기로에 서서 고민을 많이 하고 계실 거 같아요. 내 정체성은 무엇인지. 그런 의미에서 저희 단체에 대한 반응이 좋은 건 믿는 페미가 이렇게도 가능하구나, 두 가지를 다 할 수 있구나, 이런 새로운 가능성을 보셨기 때문인 것 같아요.

**희년**　어떻게 보면 저희는 하나님의 상징이 너무 남성 중심적이라는 데 반발하고 '노브라의 하나님'과 같이 의미를 다시 부여하려고 하는 게 있어요. 사람들이 놀라는 건 아마도 접해 보지 않아서 그런 거고 정말로 하나님을 남자라고 생각해서일 거예요. 그런 사람들의 이미지 속에 하나님은 정말 남근을 달고 있을 것 같아요. 그게 아니라는 걸 계속 노출시키고 알아 가게 해야 하는 것 같은데, 힘들겠죠.

**새말**　저는 기독교 안에서 페미니즘 하기를 선택했어요. 앞으로 어떻게 될지 모르긴 하지만 성경이나 하나님을 깊게 알면 알수록 페미니즘과 다른 게 아니고 같은 거라는 생각을 해요. 페미니즘을 알고 나서는 하나님을 좀 더 깊게 이해하게 되고 좀 더 나답게 행복하게 살 수 있고. 하나님도 그 길을 더 원하신다고 생각해요.

**희년**　성경의 활자에 해석의 여지가 있으니 한 가지 해석이 절대적인 건 아니잖아요. 그런데 유독 여성신학으로 성경을 해석하면 지엽적이다, 편견이다, 이래요.

## 지금 페미니즘이 크게 일어나고 있는데 교회 안에서도 변화가 있나요?

**폴짝** 페미니즘의 흐름 때문에 일부 몇몇 청년 자매들이 조금 인식을 하고 있긴 한데 교회를 뚫고 나올 정도는 아닌 거 같아요, 아직까지는.

**새말** 여성들은 그래도 조금씩은 느끼는 거 같아요. 인식이 아예 없던 사람도 조금씩은 이상하다는 걸 느꼈다고 해요. 교회 안에 그런 사람들이 몇 명은 있지만 이건 개별적인 거라서 그들 사이에 소통이 이루어지지 못하다 보니 교회 안에서 말하기가 더 어려운 상황이에요. 어려움을 계속 갖고 교회 생활을 하고, 조금 희생하고, 내가 예민한가 보다 생각하고. 이걸 좀 터놓고 얘기하고 문제 제기하기에는 너무 큰 용기가 필요하니까요.

**희년** 청년들이 쓰는 교재 같은 것도 기본적으로 편협하고 혐오적인 설교를 기반으로 하니 생산적인 얘기가 오갈 수 없는 게 제일 문제인 듯해요.

**새말** 성경 교재도 그렇고 교회 자체에 정상 가족 이데올로기가 굉장히 심해요.

**희년** 아마 페미니스트여도 교회에서는 그냥 있고 평일에 페미니즘 운동을 하는 것 같아요. 저희 교회에 페미니즘 동지가 한 명 있는데 그분도 교회에 문제 제기하면 오히려 자기가 이상한 여자 취급을 받는다고 하더라고요.

**폴짝**  그리고 교회 내에서 페미니즘을 얘기하면 오히려 교회 언니들이 억압을 많이 해요. 그 언니는 교회의 언어, 문화, 여성 억압에 너무 익숙해져서 저처럼 생각하는 게 이상한 거예요. 남자애들은 가만히 있는데도 언니는 그거 아닌 것 같다, 동의할 수 없다면서 이상하다고 비판하거나 공격하는 경우가 많아요.

**희년**  저도 저번에 성폭력 강의했을 때 컴플레인 건 사람 중 남성은 한 명이었고 여자 권사님들이 좀 많았어요.

**폴짝**  본인들이 직접 쌓아 왔던 견고한 삶이 있잖아요. 페미니즘을 얘기하는 순간 자기가 해 왔던 수행, 여성성은 잘못된 거고 다 헛것이 되어 버리는 게 싫어서 그런 건지…… 아무튼 그렇게 하면서 자기들 체계를 계속 유지해 나가려고 하더라고요. 이걸 여적여(여자의 적은 여자)로 해석하기에는 무리가 있어요. 그들이 그렇게 말할 수밖에 없는 건 가부장제와 교회 문화가 그들을 통해서 재구조화가 되었기 때문이니까요. 그래도 그런 피드백을 받을 때 뭔가 씁쓸하죠. 페미니즘이 막 교회를 삼켜 버릴 것처럼 생각하고 되게 경계해요.

**새말**  그래서 저는 믿는페미 활동하면서 즐겁게 한 번씩 모이고 하지만, 어떻게 각자의 교회로 침투할 수 있을까, 영향력을 넓히거나 같은 교회에 있는 사람들을 결집시킬 수 있는 방법이 무엇일까 고민하고 있어요.

**희년**  페미니즘의 언어가 남자도 구원해 줄 수 있다고 느꼈던 적이 있어요. 강의를 하고 피드백 나누는 자리에서 남자 전도사들이 자기가 당한 성폭력을 이야기하더라고요. 지금은 키가 크고 체격도 좋지만 어렸을 때는 남성답지 못해서 항상 왕따를 당했고 팬티를 이마까지 올려야 했던 적이 있었다는 거예요. 성폭력을 당한 건데도 말을 못 하다가 그날 강의를 들으면서 그때의 경험을 고백하게 된 거죠. 보니까 그 사람뿐 아니라 다른 남자들도 남자들 안에서 남성답지 못하다는 이유로 피해를 입었더라고요. 그때 페미니즘의 언어가 여자들만의 언어가 아니구나, 남자가 성폭력을 경험하는 경우가 적긴 하지만 이들에게도 힘이 될 수 있는 위로의 언어고 이들과 연대할 수 있게 하는 훌륭한 언어구나 하고 깨달으면서 서로 돈독해졌었어요.

## 삼겹줄을 만들어라

**폴짝** 믿는페미 활동가들은 교회에서 페밍아웃 했냐, 했으면 어떻게 했냐는 질문을 많이 받아요. 그만큼 교회 다니는 자매들이 교회에서 페미니즘을 얘기하고 싶은데 밝히지 못하고 있어요. 밝혔을 때 많은 압박이 있으니까요.

**희년** '삼겹줄을 만들어라'. 그런 말을 해요. 성경에 있거든요. 페미니즘 길게 하고 싶으면 섣불리 하지 말고 자기 포함해서 3명의 동지를 만들어야 해요. 3명이서 서로 쿠션 역할을 해 주는 거예요. 여기서 상처받으면 저기서 풀어 주는. 그렇게 회복할 수 있는 탄력적인 지지

기반을 만들어 놓아야 페밍아웃을 해도 덜 위험하죠. 위험하긴 해도. 저는 안전하다고 말 안 해요. 덜 위험한 거예요.

**폴짝**　전 꼭 페밍아웃을 해야 하냐고 물어봐요. 그만큼 타격이 커요, 개인한테. 교회가 내 인맥의 전부일 수 있는데 거기서 페밍아웃 하면 친구들 다 잃잖아요. 내가 페밍아웃을 해야 된다는 생각에 너무 연연하지 않았으면 좋겠어요.

**너무 조급해하지 않아도 된다, 그런 말처럼 들리네요. 한편으로는 머나먼 길을 가야겠구나 하는 생각이 들면서 믿는페미의 계획이 궁금해지는데요. 앞으로 어떤 계획이 있으신가요?**

**희년**　믿는페미에게 기대를 많이 하셔서 계획은 진짜 많아요. 페미니즘 관점에서 성경 묵상하는 것도 있고 페미니즘이 반영된 어린이 성경 교육도 있고요. 다른 분들은 수련회나 여성주의 관점의 설교를 듣고 싶다는 이야기들을 많이 하세요. 여성주의적 찬양을 하고 싶다는 의견도 있었어요.

**새말**　그런데 이야기할 수 있는 공간이 있으면 좋겠어요. 저희가 돈도 없고 시간도 없고 공간도 없어서요.

**희년**　맞아요. 자본이 진짜 중요하다는 생각을 해요. 그래서 후원 구조가 절실히 필요해요.

**폴짝**　이 책이 나오면 사야 돼요. 다른 팀들은 어떻게 하나 보고 배워야 해요.

**끝으로 이 인터뷰를 읽는 분들께 하고 싶은 말이 있다면 무엇인지, 한마디씩 해 주시면 좋을 것 같아요.**

**희년**   전국에 있는 모든 '믿는 페미'들께는 신앙과 페미니즘의 경계선에 있어도 괜찮다고 말하고 싶어요. 혼자만 경계선에 있는 건 아니니까 너무 불안해하시지 않았으면 좋겠습니다. 그리고 이 책을 읽으시는 분들께 하고 싶은 말은, 페미니스트들이 우악스러운 사람들이 아니라 그냥 보통의 사람이라고 생각하시면 좋겠어요. 연애 시장에서 탈락했다는 분노 때문에 모인 게 아니라는 것. 저희는 종교의 가부장성에 균열을 내면서 새로운 하나님 나라를 보여 주는 또 하나의 방법을 제시하고 참여를 이끌어 내는 사람이지 폭력적인 사람들이 아니에요. (웃음)

그리고 '기독교랑 페미니즘이 어떻게 양립할 수 있어, 설명해 봐' 하는 사람들이 이걸 읽으면서 믿는 페미가 존재한다는 걸 알았으면 좋겠어요. 존재 자체로 가능하다는 걸 보여 주는 건데 왜 또 구구절절 설명을 요구하는지 모르겠어요. 우리의 존재 자체가 이미 양립 가능함을 보여 주는 몸의 언어입니다. 더 구체적으로 알고 싶으시면 웹진과 책 모임과 팟캐스트 참고하세요.

**새말**   한마디 할 그런 처지가 아닌 것 같아서 민망하네요. 내가 뭐라고 누구한테 한마디 하고.

**희년**   그럼 두 마디 해요. (웃음)

**새말**   기독교 안에서 억압받았던 소수자들이 '틀리지 않았다'는 생각을 할 수 있었으면 좋겠어요. 맞게 가고 있다, 이런 자신감. 외롭지 않다는 마음을 가졌으면 좋겠어요. 그리고 함께 즐겁게 건강하게 세상을 뒤집어 봅시다!

**폴짝** 이 책을 읽으실 분들은 아마 대부분 페미니스트이실 거 같고 그런 분들이라면 조금은 믿는페미에 대해서 의심이나 호기심을 가진 분들이 많으실 것 같아요. 저희 인터뷰를 읽으면서 이런 것도 페미니즘이고, 이렇게도 페미니즘 운동을 할 수 있다는 걸 알아주셨으면 좋겠습니다. 또 많이 공감해 주셨으면 하는 게 저의 바람이에요. 동시대 페미니스트들에게 할 말이 있다면 '고맙다'고 이야기하고 싶어요. 이런 분들이 있었기 때문에 지금의 믿는페미도 있는 거고 앞으로 뭔가를 할 때 저희도 토양이 될 테니까요. 고맙고 언젠가 만나고 싶어요. 정상에서 만나자. (일동 웃음)

• • •

페미니스트가 어떻게 기독교인일 수 있어? 기독교인이 어떻게 페미니스트일 수 있어? 이 질문들 사이에서 믿는페미는 자신들이 그 가능성의 증거라고 말한다. 기독교인과 페미니스트, 둘 중 하나가 될 것을 요구하는 사람들에게 왜 그 둘이 반드시 함께할 수 없는 것인지, 이미 두가지 정체성 모두를 갖고 살아가는 사람들이 존재하는데 왜 꼭 하나를 선택해야 하는 것인지를 되묻는다. 페미니즘을 만나고 내가 알던 세계가 통째로 뒤흔들리는 경험을 하면서, 버리고 떠나기가 아니라 버티고 바꾸기를 선택한 믿는페미는 더 많은 믿는페미들과 연결되어 한국의 교회를 변화시켜 보고자 한다. 나의 하나님은 남자의 모습을 하지 않았고, 나의 하나님은 노브라의 하나님이라고 말하는 믿는페미는 모두에게 안전한, 차별 없는 교회를 만들기 위해 각자의 자리에서 고군분투하고 있다. '참자매'가 아니라 기꺼이 '믿는 페미'가 된 이들을 지지하고 응원하며 한국 교회가 더 많은 이들의 안전한 자리가 되어 주길 바라본다.

## 믿는페미를 만날 수 있는 곳

웹사이트 http://midneunfemi.tistory.com
페이스북 www.facebook.com/midneunfemi
트위터 @midneunfemi

## 활동 약력

2016년 12월 발족
영화 〈주님은 페미니스트〉 공동체 상영회 공동 주최
강남역 여성 혐오 범죄 희생자 1주기 추모를 위한 짓는예배 〈살아남아, 다시 붙인다〉 공동 주최
교회 성폭력 근절과 피해자 회복을 위한 짓는예배 〈이 성전을 허물라, 우리가 다시 일으키리라!〉 공동주최
제1회 믿는페미 간증대회 백일장 진행
웹진 〈날것〉 발행
팟캐스트 〈믿는페미, 교회를 부탁해〉 진행
〈차별금지법제정연대〉 참여
〈짖는 수련회〉 주최
책 읽기 모임 〈노브라〉 진행

스스로 해일이 된 여자들

# 지속 가능한 페미질을 위하여

왜 여성들의 역사는 언제나 처음이고, 참고 문헌은 이리도 찾기 어려우며, 우리는 외로울까. "되게 외롭다고 생각할 때가 많기 때문에 서로 연대하고 있다는 느낌이 중요하다는 걸 활동을 하면서 많이 느꼈"다는 안나(페이머즈)의 말 속에는 역동적인 활동 이면에 존재하는 무게감과 간절함이 담겨 있다.

승리한 지배자 남성의 관점에 의해 취사선택된 사실들이 모여 역사(his+story)가 되는 동안, 여성들의 역사는 배제되고, 왜곡되고, 폄하되었다. 그래서 그간의 여성운동, 업적, 이론, 역사는 분명히 존재했지만 잘 모르거나 지워졌거나 주목받지 못했고, 페미니스트 역사학자들은 이런 여성의 역사를 'herstory' 혹은 'gender history'로 명명하면서 잊혔던 것을 복원하고 발굴하려고 노력해 왔다. 또한 단순히 남성의 역사에 여성을 끼워 넣는 것에 멈추지 않고, 사회적 약자의 경험으로 재해석하는 작업들을 함께하고 있다.

## 누구의 입장으로 볼 것인가

여성학자 샌드라 하딩Sandra Harding은 여성주의 입장론Feminist Standpoint Theory을 주장한다. 남성 중심적 경험과 권력의 재배치 속에서 변화해 온 기존 과학의 중심을 바꾸기 위해서는 주변화되었던 여성의 경험들을 드러내고 낯설게 보면서 언어화하는 과정이 필요하다는 것이다. 이는 '기울어진 운동장'을 다시 평평하게 움직이기 위한 시도로서 의도적으로 좀 더 약자의 시선으로 이동해야 함을 의미한다.

'객관'으로 포장된 기존의 정보들을, 게임 세계를, 교회를 다른 경험으로 보기 시작한 이들은 매 순간 질문을 멈출 수가 없다. 페미위키 활동가들은 기존의 정보들이 남성들의 경험과 인식을 바탕으로 축적되고 있음을 인식하면서 "기본적으로 여성뿐만 아니라 약자 쪽으로 기울어진 위키"를 꿈꾼다. "기계적 중립보다는 한 번 더 생각하고 이해하고 포용하는 쪽"으로 정보를 집적해 나가는 이들의 작업은 기존의 도식적이고 기계적인 '양성평등' 담론에 균열을 내는 일이다. 한편 페이머즈는 남성 중심적 게임 세계에서 여성 소비자가 무시당하고, "여성들은 다 지워지니까 소모되는 부품으로 취급되는 것"에 대해, 믿는페미는 기독교에서 "성소수자를 배척하는 것"에 대해 문제를 제기한다.

내가, 그리고 누군가가 억압받고 있었다는 것을 '간파'하는 것은 세계를 누구의 입장으로 볼 것인가에 대한 정치적인 질문이고, 그

질문에 대한 답을 찾아 가는 과정은 기존의 지식과 다른 지식, 여성주의 지식을 획득해 가는 여정이기도 하다. 그래서 믿는페미는 "이 성전을 허물라, 우리가 다시 일으키리라"라는 성경 말씀을 재해석함으로써 기존의 '남성 중심적인 성전'에 의미를 더하는 것을 넘어, 존재를 의심하는 자들을 넘어, '새 판 짜기'를 시도한다.

> 저희는 종교의 가부장성에 균열을 내면서 새로운 하나님 나라를 보여 주는 또 하나의 방법을 제시하고 참여를 이끌어 내는 사람이지 폭력적인 사람들이 아니에요. … '기독교랑 페미니즘이 어떻게 양립할 수 있어, 설명해 봐' 하는 사람들이 이걸 읽으면서 믿는페미가 존재한다는 걸 알았으면 좋겠어요. 존재 자체로 가능하다는 걸 보여 주는 건데 왜 또 구구절절 설명을 요구하는지 모르겠어요. 우리의 존재 자체가 이미 양립 가능함을 보여 주는 몸의 언어입니다. _희년(믿는페미)

## 위계 없는 조직 운영을 상상하다

여성주의자가 된다는 것, 세상을 다른 시각으로 본다는 것은 평등한 관계와 조직 운영에 대한 고민으로도 이어진다. 페미위키는 "SNS에 글을 올릴 때는 먼저 단체 채팅방에 올려서 두 사람한테 인준을 받고 올린다는 식의 자잘한 규칙" 속에서 다 같이 평등하게 의견을 나누고 자발적으로 일을 맡는 식으로 운영하고 있다. 페이머즈는 상근비나 활동비가 없는 공간에서 혹여 발생할지 모를 권위적 체계를 막기 위해서 기존의 대표제를 공동대표제로 변경한다. 그리고 효율성을 위해서 오프라인보다 온라인 메신저를 통해 서로 모일 수 있는 시간을 정해서 안건을 공유하고, "의견을 받고 사안을 결정할 수 있는" 사람은 다 "상근자"라고 부른다. 비록 부족한 재정 때문에 어려움이 있지만, 서로가 하기로 한 일을 체크하고 아쉬운 점을 기록하는 '회고'와 '항해일지'를 꾸준히 쓰며 "건설적인 방향"으로 나아갈 수 있도록 노력한다.

> 서로를 존중하기 위한 준비를 많이 했어요. … 가끔 두려움을 느끼거든요. 주변 친구들이 지쳐서 떠나면 어떡하나 싶어서요. _안나

> 아래에 사람들이 없고 우리 각자가 다 장관이어서 누군가가 제 역할을 안 하면 너무 힘들어져요. 서로를 믿는 게 중요해요. 서로에게 부담 주지 않는 것도 중요하고요. _영운(페이머즈)

자원이 없는 곳에서 자발적인 마음으로 모인 이들이기에 존중과 믿음은 무엇보다 중요하다. 그것을 지키려고 노력한 덕분에, 서로가 서로에 대한 약속과 책임을 공유하는 과정은 단순히 소진을 예방하는 차원을 넘어 지금과 다른 질서와 관계를 만들어 나가기 위한 운동의 일부가 되었다. 아직 제도화되지 않은 운동들이 가지고 있는 힘이자 좀 더 수평적인 시스템의 가능성을 보여 주는 증거라고 할 수 있다.

## 우리는 연결될수록 강하다

변화된 미래로 가는 길에서, 우리를 연결하는 줄은 하나가 아니어도 된다. '지속 가능한 페미질'을 위한 줄은 10개일 수도 있고 100개일 수도 있다. 다양한 세대, 다양한 그룹의 목소리들이 쉽게 재단되거나 평가되기보다, 언제나 재해석될 '여지'가 있는 역사로 기록되기를 바란다.

그런 의미에서 이 책은 2010년대 중후반에 나타난 새로운 세대 페미니스트들의 등장과 활동을 한국 사회의 맥락 속에서 역사화하되, 지금 한국의 페미니스트들 앞에 놓인 뜨거운 논쟁들과 연대의 언어들을 기억하고, 과거와 현재와 미래를 연결하는 데 주력했다. 그리하여 피해자로서만이 아니라 주체로서 서로를 뜨겁게 응원하고, 전략을 공유하고, 우리의 위치를 다시 이해하려고 할 때 참조할 수 있는 '한 시대 페미니스트들의 탄생과 상처, 그리고 힘에 대한 기록'이고자 했다.

지난 1년간 우리가 더 많이 연결될 수 있으면 좋겠다는 마음으로, 누군가에겐 용기가, 누군가에겐 위안이 되길 바라는 마음으로 그녀들을 만났다. 이제 우리가 서로에게 받았던 힘들을 더 많은 페미니스트들과 함께 나눌 수 있기를 바라는 마음으로 그녀들의 생존기를 남긴다.

미래의 여성을 위해서 지금의 페미니스트들은 계속 싸워 갈 것이다. 너무 무겁고, 거창한 수사가 아니어도 좋다. "버스에서 폴짝 하고 뛰어내린 그 순간이 너무 경쾌하고 즐거워서 '뭐라도 시작할 수 있겠다'는 마음을 얻었"다는 폴짝(믿는페미)의 말처럼, 우리에게 페미니즘 운동이 오래도록 경쾌하고 즐거운 것으로 기억되고, 이어졌으면 좋겠다.